ドイツ近代著名人書簡集

伊藤哲夫 編・訳

目次

1 作家・詩人・劇作家・演出家

2 哲学者

3 学者・画家・建築家

4　音楽家

5　宗教家・国王・政治家・軍人・企業家

・本書は一九五七年にドイツで出版された*Das Buch deutscher Briefe*を、日本の読者に向けて翻訳・再編集したものです。

・原文では書簡に結語が書かれていますが、日本の書簡の形式に則ると頭語が必要となり煩雑になるため、読み易さを考慮して省いています。

・「インディアン」等の差別的とされる表現が使用されている箇所があります。書簡の時代背景を考慮すると、現在使用されている語への置き換えが困難であるため、そのままとしました。差別的表現を容認する意図は一切ありませんので、ご理解くださいますようお願いいたします。

1

作家・詩人・劇作家・演出家

ゴットホルド・エプフライム・レッシング

一七二九年、カメンツにて誕生。一七八一年、ヴォルフェンビュッテルにて死去。劇作家、作品に『エミリア　ガロッテイ』（田辺訳）、『賢人ナータン』（竹山訳）、『ミンナ・フォン・バルンヘルム』（小宮訳）、『ラオコーン』（斎藤訳）等。

ヨハン・ヨアヒム・エシェンブルクへ

一七七六年、レッシングは、不安定な生活から、長い間ためらっていたが、ヴォルフェンビュッテルの司書であり、王ご用達の商人の未亡人エヴァ・ハーンと結婚した。したがって、彼女との文通は終わった。レッシングのそれらの手紙からは、彼の慎ましい、誠実で徳にたけた性格と、偉大な著書を書いたことが読み取れよう。また、彼の子供の死と、その子供の死を追うように、一七七八年一月十日、母（妻）が死去し、レッシングは気が動転し、心中、激しくゆさぶられる手紙を残している。

ヴォルフェンビュッテル、一七七七年十二月三一日

親愛なるエシェンブルク！

私の妻は特に変わりはなく横たわっております。貴方のお見舞いのお言葉に、感謝申し上げます。

私の喜びは束の間でした。とんでもないことです、彼を失ったのです、この息子を！　息子はとても聞き分けの良い子でした！　とても理性的な子でした！――どうかお考えになってください、この数時間で、わたしの父性は子供の死で震えおののく青二才のようになってしまいました！　私が言いたいことは、私自身知っております――神様にお祈りして、子供を生きかえらせることが、理性的であるとは思いませんね？　そのようなことをしても息子は生きる屍にすぎません。そう気付くことは理性的なのでしょうか？――もちろん、私は母（妻）を心を込めて抱きます！――と言いますのは、妻に私のそばでもう少しいてほしいと思うからです。私は、ほかの人達と同じように、優しい人間でありたいと思っておりました。しかしながら、私にはうまくいきません。

レッシング

ヴォルフェンビュッテル、一七七八年一月十日

親愛なるエシェンブルク！

私の妻が死去しました。こうしたとんでもなく、恐ろしい経験をまたもしました。同じような経験がこれからはないことは、少しの慰めですが。そう思いますと、少しは気が軽くなるように思います。――私は貴方とブラウンシュワイク時代から、友人関係でありますことを考えますと、慰めになります。

ではお元気で。

レッシング拝

クリストフ・マルティン・ヴィーラントへ

ヴィーラントはレッシングの著書『エミリア　ガロッテイ』を読んだあと、「おう、シェイクスピア――レッシング」と、この詩人を称賛する手紙をしたためた。それは最初のシェイクスピア作品の翻訳者への反響であり、また、ヴィーラントはこの若い詩人による劇作が疾風怒濤時代の先駆けであることを確信した。そうして、レッシングは全世界において稀なる確固たる地位を築いた。

レッシングの死後、その充分すぎるほどの意義を、はじめて認めたゲーテは、愛人のフォン・シュタイン夫人につぎのように手紙を書いた。「レッシングの死去の報が届いた、その十五分前に、私はレッシングを訪れようと心に決めていました。彼の死去にあたって、私たちはあまりにも多くのものを失いました。それは、私たちが思うより、より大きなものです」。

ヴォルフェンビュッテル、一七七二年九月二日

私が如何にご尊敬しているか、そのことを昨日まで知らなかった方に、ご返事の手紙をしたためております。しかしながら、それだけにご返事の手紙を書くことは、むずかしいことです。

作家・詩人は誇り得るという不遜な自己愛に、私はいつも陥りますが、こうした方が――私の著書のうちでは最高ではないと思っておりました私の著書（『エミリア　ガロッテイ』）を、

拍手喝采してくださいました、ある種の方法で――ある種の方法で！――無論、皮肉ではあり得ません。

私は如何に、貴方にお答えすべきでしょうか？

貴方の称賛をまったく拒否するとしますなら、侮辱となることでしょう。

貴方を、私のほうから称賛するならば、これもまた大きな侮辱となることでしょう。無愛想ということです。

もしも、私のもう一つの著書『賢人ナータン』をお読みなりましたら、貴方はもっとおいしいワイングラスを持って乾杯するでしょう。もし、冷静な時間に――そして、残念ながら私はご返事を冷めた時間まで遅らせねばなりません――もし貴方が、以前私に送って頂いた手紙を書いたことを後悔するようなことがなければ、私にとりまして、なんと魅力的な刺激でしょうか！

私が考えられ得る最も完全なる読者が、私の著書『エミリア　ガロッテイ』をお読みになって、満足されておられる。とてももうれしいことです――。

しかし、私が貴方の称賛を、悪用することであろうことを、貴方は心配することはありません。貴方のような最も完全なる読者は、また同時に心根が優しいということを、私は忘れないようにいたします。

私の著書『エミリア　ガロッテイ』について貴方が考えていることは、まるで何かをお読みになっているかのように、貴方の心をより暖かくします。この本（『エミリア　ガロッテイ』）

に感謝します貴方のすべての感覚、感情へ、私は好意を持っております。

しかしながら、もう著者に語らせることは、これで充分でしょう。

――ああ、私の親愛なるヴィーラント様！――といいますのは、私は貴方をいつでも心の中で、そう呼び続けてきました――私達が友人となることが出来ると、貴方はお思いですか？私達はとっくの昔から友人としてお会いすることを、期待したような気がします。

そして、私達の友情という微微たるものが欠けないように、私はせつに希望いたします。

多分、今日、貴方はお会いにならないでしょうが、そのうち一度、何処かでお会い致しましょう。貴方がお会い出来ない理由としては、貴方が王子様として馬車にお乗りになっているのかもしれません！

親愛なるヴィーラント様、私は貴方に話しかけます、私達は昔からの友人です、そして、貴方を、昔からの友人としての確固たる基盤を築き上げますよう期待しております。

私は貴方へのご返事の手紙を書くことが、とても遅くなりました。しかし、私は病気だったのです。そして、私は未だもって、体調がすぐれません。

私はあまり多くの人々に、返事の手紙を書くことが嫌いです。しかしながら、知れば知るほど、親愛なる情がわくものです。

数日前、ザイラー様が突然、来訪され、私は驚きました。私達のお話合いの中で、たぶん、ザイラー様が同じことを貴方に言われることでしょう。

あの方は良い人です。しかしながら、ある事情におきましてはあまり多くの人が良い人とは限りません。

もし貴方がザイラー様をワイマールにて、迎えてくださるようでしたなら、そうしてください。宮廷におります誠実で立派な人たちが、不幸な人達を助けてやらないとは、いったいぜんたい、どういうことなのでしょうか？

しかしながら、私がそのことを誰に言ったらよいのでしょうか？

私の親愛なるヴィーラント様、お元気で、さようなら！

親愛なるヴィーラント様！

レッシング　拝

ヨハン・ヴォルフガング・ゲーテ

一七四九年、マイン河畔フランクフルトにて誕生。一八三二年、ワイマールにて死去。作家、劇作家、詩人。作品に『若きヴェルテルの悩み』（竹山訳）、『ヴィルヘルム・マイスターの修行時代』（山崎訳）、『ファウスト』（相良訳）、『イタリア紀行』（相良訳）等々。

フリードリヒ・シラーへ

シラーは、自身の精神状態について、あらいざらい明かし、手紙にしたためたという。八月二三日の日記帳に、(将来シラーの妻となる女性の妹) カロリーネ・フォン・ヴォルツオーゲンと結婚するには不服であると判断した、と書いている。

そしてゲーテも同じ考えだ、と言ったという。

どうでもよさ、誤解、一人ぼっちの孤独、寂しさに苛まれたシラーは、はじめて自身がおかれた状況を理解し、同じような性格の友人を介して、彼女との互いの信頼関係を築いたという。

エッタースブルク、一七九四年八月二七日

シラー様へ

私がこの週に誕生日を迎えましたが、うれしい贈り物よりも何よりも、友人として握手をし、お互いの協力関係を築いたこと、また、私の存在を好意的に理解されたこと、そうしたことをお書きになられたお手紙を頂戴し、とてもうれしく思いました。

私にとりまして、貴方のご協力があってこそ、私の力を、勤勉に、愉しく発揮することが出来るのです。

お互いに詩作しあうことは、純粋な愉しみであります。

たまには貴方とお会いして会話ができますなら、うれしく存じます。

私は貴方との楽しい会話がはずみますと、数日間、あるいは一世紀をかぞえるほどうれしく、満足致します。今までは、特に元気ではありませんでしたし、自分の道のりを歩き続けてきましたが、そう、貴方との予期せぬ出会いの後は、ご一緒に楽しく散歩などをするようになりました。

私は、貴方がお書きになられた詩や劇作等、そして詩や劇作の朗読、それに貴方の行い等が、いつも世間で賞賛されていることを知っておりました。

いずれまた私達がお会いしました折、とりわけこの数年間の貴方ご自身の精神状態の経緯を、私にお聞かせ下さい。

私達はお互いに、いくつかの点を明確にしました。つまり、私達が今、どこまで到達したか（二人共同の詩集『クセーニエン』）、明らかにすれば私達はよりいっそう勤勉に、協力してその詩集にとりかかれることでしょう。

私たちに関するすべてのことを、友人たちに伝えるつもりです。

私達の詩集『クセーニエン』の詩作におきまして、私はとても元気で、良好な健康な状態が続いておりますので、私の多くの詩を貴方のもとに置いていただき、そして自分だけが持っているのではなく、二人でそれらを詠じ、愉しみたいと思います。

貴方のご協力は、私にとりましてなんと大きな力となることでしょう。

もしも近いうちにお会いすることが出来ましたなら、ある種の暗闇とためらいが（ゲーテはロイマチスに病んでいた）私のうちにあることが、貴方ご自身すぐにお分かりになることと存じます。私はそれを克服することはできません。それが出来ましたなら、すぐに、はっきりと自覚することでしょう。

ですが、同じような現象が私たちの周りの自然に見られます。しかし、共に、それを克服しようではありませんか。もしも自然がとても暴君のようなものでなければ、のことですが。

私はすぐにでも、あるいは数時間後になってしまうかもしれませんが、私たちの詩集『クセーニエン』の一部分の詩集を貴方のもとにお届けいたします。そして、その時には詩集『クセーニエン』等々、を含めまして、いろいろ会話がはずむようになることと存じます。

残念ですが、私が書きました長編小説『ウィルヘルム・マイスターの修行時代』を、貴方のお招きの前、数週間前に私はウンガー様に差し上げてしまいました。

最初に印刷されました冊子はすでに、私の手元にあります。数回、時間を費やして読み直しました。

そしてウンガー様は、雑誌に、まあまあの出来だと、評したようです。それが私の耳に入りましたたった一つの評です。

厚さといい、ある種の構成上の問題があったのでしょう、とても良いドイツ語で書きましたにも拘わらずです。

最近の著作と、刷本の一部を抜粋し、一緒にし、いずれお送り致します。

その著作は、もう、とても時間をかけて書いたものです。そして自分ほんらいの考え方で書きまして、自費で今、出版しました。

そのほか、あの目標（詩集『クセーニエン』）につきまして、私はいくつかのアイデアがありますが、もっとも相応しい形で出版することに、私たちの考え方が一致すると思います。そして完成はすぐそこです。

さようなら、お元気で。私のことを忘れませんようにと、貴方のお仲間にお伝え下さい。

ゲーテ　再拝

シラー様！

シャルロッテ・フォン・シュタイン夫人へ

ゲーテがワイマールに赴いた時と、ゲーテがイタリアに旅行を企てた時との間の十年間、ゲーテによるほとんどすべての手紙は、フォン・シュタイン夫人宛てである。

この十年間には、ゲーテ博士がカール・アウグストの宮殿に招かれ、国の大臣となり、一七八二年、貴族に叙せられ、出世した。しかしながら、ゲーテによる未だ公表されていない詩行は常に目につかないようにされた。その間、長編小説、劇作『イフィゲーニア』『タッソー』『エグモント』それに『ウィルヘルム・マイスター』が著され、出版された。それらの著作に、どれほどシャルロッテ・フォン・シュタイン夫人が関わったか、『イフィゲーニア』中の数行が語っている。ゲーテがシュタイン夫人に与えた詩の一節が残っている。

「ああ、汝は過ぎ去りし時の我が妹なりしか、我が妻なりしか」。

ワイマール、一七七九年二月十四日

夜が更けまして「お休みなさい」、私は発芽しましたいくほんかの花をお送りさせていただきます（恋の芽生え、の寓意?・）。私達の朝には、草と朝露とともに青二才が、貴方にいろいろ語ったことと思います。昨夜は、準備のために十時間も眠りました。にもかかわらず、今日は、一日中、『イフィゲーニア』のことが頭から離れません。詩人のヒッポグリフスの集大成がないといいたしましても、詩『馬の鐙を釣る力革』が少しでもあったとしても、『イフィゲーニア』を書き進めるには、困難です、ルンペンのような光沢のある麻布の服装をしていましても（恋の冗談）。

ではまた明日！　最も愛する方。私達の心を和らげ、精神を解き放ちますように、音楽師をつれてこさせました。

二月十四日　G

ウィルヘルム・フォン・フンボルトへ

死の五日前、ゲーテは、この手紙の中で自身、詩人、学者、科学者としての自負をもって最後の意志をフンボルトに表明した。「自身についての、最も単純で、偉大で、内容豊かな告白がゲーテの口から静寂が支配する森の小川のように流れ出た」。

ワイマール、一八三二年三月十七日

長い間ご無沙汰しております、今まで手紙を書きませんでしたが、今日になって、即興で母方に書くことにしました。動物たちでさえ、その器官を通じて教えられることが多いと、昔の人は言いました。私はこれに付け加えます、人間もまったく同じであると。人間はその器官(視覚、聴覚、臭覚、味覚、触覚)によって、ふたたび世の人々に啓蒙することができる美点があるのです。そのいずれの行為にも。ですから、いずれの才能豊かな人それぞれは、天賦の才能を要求し、そのこと自体、行動として、必要な建設作業(詩作や小説、劇作等)を無意識に押し進めます。そして、向う方へ真っすぐに作用し続け、すぐにそれ自体、規則をもち、そして最終的には目的地に到達するのです。人間がある人、物をイデアとして認めることが早ければ早いほど、職人の仕事が芸術を生み出し、この芸術は彼の自然な建設(詩作、小説、劇作等)を規則正しく作り上げて、よりいっそう彼は幸福なのです。彼が外部から何らかの影響をうけるとしても、その個性は失われることはないのです。最上の天才は、すべてを自身に受け入れることですし、自身、あらゆることに心、好意を抱くことを知っているのです。

また、その様相を規定することに十分な根拠があります。すくなくともそれを称賛し、むしろその精神を高揚させる、その可能性はあります。

ここで自覚していることと、無意識なこととの間に、多様な関係があり、これが問題となります。ここで、重要なスコア(総譜)をとりあげる音楽の才能ある人を心に浮かべてみましょう。

意識していることと、無意識的なことの関係は、紙切れと包み紙との関係のようで、このたとえ話を私は度々使いますが、同じことなのです。

人間の器官というものは、練習や教えることと考えること、それに成功することや失敗すること、促進することとそれに抵抗すること、そして繰り返し、繰り返し考えること、これらすべては、意識することとなく行動に結びつけられ、なにがしか獲得され、生まれつき、天賦のものが得られ、それらが統一されたものとなり、世界を驚愕させるのです!!

この一般論が貴方の問いへのお答えとします。

私の戯曲『ファウスト』の構想は青春時代に遡り、明快でしたが、以来六〇年以上になりましたが、努力を重ね、今、ほとんど完成しました。

さて、私はゆっくりと、『ファウスト』の興味深い件について仕事にとりかかりまして、第二部にやや空隙がありましたので、それの埋め合わせをしようと考えているところです。戯曲の筋につじつまを合わせるには、登場人物の決意や性格、それに台詞に、大きな困難を抱えますが、自由に自然に任せるのが良いと思っております。ただし、『ファウスト』について、これまでの長い人生で考え続けてきましたが、それも良いとは思われません。これで『ファウスト』の件は終わりとしまして、いずれにせよ、読者の見識にゆだねることが良いと思います。

貴方への問いはしませんが、私の価値をお認め戴き、感謝の念に堪えません！　私が生きている間、あちこちに友人に恵まれましたが、まじめなユーモアを捧げたいものです。

日々はほんとうに（ナポレオン軍の台頭によって）不条理で混乱の世となりまして、老人の私には手がつけられません。

貴方のお仕事につきましてなにがしかお伝えくだされば、幸いに存じます。貴方宛てのこの手紙が遅くなりまして、申し訳ございません。

稀に一時間ほど、周囲から孤立した状態がありますが、私の人生のこの秘密をありありと思い浮かべます。

フリードリヒ・シラー

一七五九年、マールバッハにて誕生。一八〇五年、ワイマールにて死去。

詩人、劇作家、作品に『群盗』（久保訳）、『フィエスコの反乱』（野島訳）、『美と芸術の理論』（草薙訳）、『マリア・スチュアルト』（相良訳）。ベートーヴェンが音楽界の金字塔、第九交響曲にシラー作詩『歓喜の歌』を採用した。なおシラーは、『群盗』等の作品によって、フランス革命に大きな影響を及ぼしたようで、フランス名誉市民賞を与えられた。

ビュルテンベルグ・フォン・大公へ

一七八二年夏の月において、状況はシラー側の有利に傾いた。しかしシラーの劇作『盗賊』の作品中で、グラウビュンデンの人達を「アテン」、今日の言葉で「詐欺師」と呼んだと、幾人かのスイス人が大公に苦情を訴え、それで怒った大公は、私は彼に言う「カサチオンにおいては、喜劇を書くことはできない」と。シラーは自分を見失うことはなかった。困窮にあえいでいる家族を考慮して、もう一度大公に、小説を書きたいと願ったが拒否された。そこでシラーは九月二十二日にビュルテンベルグ公国から逃亡せざるをえなかった。

シュトゥットガルト、一七八二年九月一日

大公殿下、憐れみ深い大公殿下、それに閣下！

フリードリヒ・シラー、陸軍大将兵器局長官付き医師は 文学的書物を世間に知らしめることを、お許し申し上げます。

領主、それに閣下、また父上様私に力を与えてください。目標達成は高いところですが、力をください。そして、幾つかの構想を心の中で浮かべました。ですが、私のところにきました命令は、文学的なことを書くのではなく、外国人と意志の疎通をはかることが意図でした。

つい最近ですが、この小説は大公殿下に認められ、毎年、給与の支給は、おまけとして五五〇グルデンであり、そして私の地位を上げてくれました。また偉大な博識な人との文通、そして、勉強のために必要な補助金を得まして、知識人の世界に幸運をもたらしました。もしも、この補助金を断念しましたなら、そして私は将来の地位を外されたところです、しかしながら、私の勉学は計画通り、進歩し、私が望むことを実現することとなるのです。いくつかの私の試みが、ドイツ国民から受け入れられ、称賛の拍手喝采を得、このことによって、最高の自分自身になり、それを何もしないで証明することができ、いくらか誇りをもつことができました。偉大なカールスアカデミーの生徒は、一番の成績を得て、世界から注目を浴び、少なくとも、尊敬される人物となりました。この名誉は、私の教養を身につけてくれましたカールスアカデミーの主唱者の賜物です。大公殿下、もしも貴方のお許しを得まして、私が文学の分野で自由に書くことができましたなら、人々に将来の作品について説明し、それらの作品には厳しい評価が与えられることでしょう。

私がドイツで著名になるたった一つの道は、文学の分野で努力して、劇作か小説を書くことです。

では太閤殿下、私は恭順の念じつつ。

フリードリヒ・シラー、連隊付き医師

ヨハン・ヴォルフガング・ゲーテへ

何ものにも惑わされないシラーは、以前に二通、投函した手紙に書いている。彼は自身の固有な精神状態の経緯を伝えている。これに対してこの手紙では、これとは異なった忘れ難きいろいろな経緯を、ゲーテに対して書くことを控えた。

シラーの体力が回復すると、将来に向けての劇作、詩作、詩集『クセーニエン』について、二人は意見を交わし、お互いの一致があったに相違ない。

イエーナ、一七九四年八月三日

ご尊敬するゲーテ様！

私がヴァイセンフェルスから帰りました後、ドレスデンから来ました友人ケルナー君とお会いしました。私は貴方の最近のお手紙の内容を読ませて頂きまして、大変嬉しく思いました。貴方とお会いした折、とてもお元気になられましたご様子を、拝察しまして、心が揺さぶられるような気がしました。

私達が夜おそく、ある会合で偶然にお会いした時――そのお会いしたことは、友情の証ですが――それは、とても美しく、素晴らしい希望を抱かせてくれました。

人がどんなに努力しようとも、偶然がそうさせるのです。多くの詩作、劇作、作曲等々、人がいろいろな仕事に従事するようになるのも、ほとんど偶然と言ってよいかもしれません。

私は何か、詩作か、あるいは劇作かをしようと張りきっていました。貴方とこんなにも親しくお近付きになりまして、うれしく存じます。小説家としての精神とその小説を細かく丁寧に読む読者の関係も同じで、双方が嬉しく、幸せな感じがする、ということも可能ではないかと思います。

そう、私と貴方は、今までそれぞれ別の道を歩んできましたが、これからは、ご一緒に詩集『クセーニエン』を完成させることが出来る、と今では確信が持てました。

ご一緒に歩む道は沢山ありますが、それはそれで、二人で、より多くの詩作、劇作等にとりくみ、そしてお金が生まれることと思います（シラーの家族はお金が無く、困窮していた）。私は今、詩の構想にあまり多くの題材をもっていないことを、貴方が思ってらしても結構です。それにつきましては、私を見てお分かりになると存じます。

私の詩や劇作への努力は、多くの作品を作ることです。

そして私がこれまで得られた知識すべてが貧しいことを、貴方はもっとお知りになるべきだと存じます。さすれば、私の多くの詩作などで、もう少し上手なものが出来るではないか、と貴方は思われると存じます。

私の思考の範囲が狭いものですから、私はその範囲をより速く、拡大することによって、内容は少々乏しいと思いますが。形式を整えることによって、詩作等さまざまなことが出来ると思います。

それによって、私はわずかなお金を得、より良く使うことができると思います。

貴方は大きな構想の世界をシンプルにしようと努力されております。

私は、すでに公表されました詩や劇作の改作を練っております。

貴方は（詩、小説等々の）王国を統治するべきお方です。

ただ、家族が多いことを念頭におきまして、心から詩作、劇作等の小さな世界を広げたいと思っております。

貴方の精神は、それはとても直感的です。そして、すべての貴方の思考力は、表現力というよりは、豊かな想像力をお持ちであると存じます。

人というものは、結局、自身のものの見方を一般化することが出来、また自身の感性を規則立てることができますれば、最高の作品や仕事が可能なのです。

貴方はそれに向かって努力されております、そして劇作、小説、詩作等におきまして、なんと立派に達成されたことでしょう！

私の理性は、本来、むしろ象徴的な考え方でして、そして、私は観念と省察、規則と完成、そして技術的な頭脳と才能、これらの間のどっちつかずの人間である、と心の中で思っております。このことは、とりわけこの数年間、構想（たとえば戯曲『ヴァレンシュタイン』の副案）の分野と詩作におきまして、私は大変ぎこちない見方になりました。

と言いますのは、通常、詩人は私に哲学するべきだとせかすのです。そして、私の哲学的精神が、詩作しろというのです。

ですが今は、しばしば想像力が私の抽象性を、冷たい理性が私の詩作を妨げるのです。

私は、私の自由によってその限界を突破することが出来ますれば、その力によって、大詩人（マイスター）となることが出来ると思います。そうなりますと、私にやっと美しい運命が期待されましょう。しかし、残念ながら、自分の数々の道徳の力を良く知っておりますし、実践しようとしましたが、私の身を蝕みつつあります病が、私を葬り去ろうとしております。

人々と大精神革命を起こそうとしようとしても、私にはそうたいした時間が残されておりません。しかし、それまではできる限りのことはしようと思っております。

そして、もし私の家の建物が崩壊するようなことがあれば、多分、崩壊現場から、詩や劇作など、残すに値するものを抱えまして、私は逃げることでしょう。

貴方が、私自身のことをお話しして下さいと、お願いされましたので、そうした次第です。貴方をご信頼しまして、こうした告白をさせて頂きました。そして貴方が、私の告白を優しい心をもってお聞き下さるようお願いいたします。

今日、貴方の論文を頂戴しましたが、その詳細まで読むに至りませんでした。後日、その論文につきまして、私達が話し合うことができましたなら、大変実り多いものとなることと思います。

私は好きで、図書館巡りや、あちこち旅をしまして、歴史的事実の調査・研究をしましたが、前から思ったとおりの、多くの成果を収めました。

そして私の手紙に添えられました数枚の原稿用紙に、多分貴方は、私と同じ考えの詩の構想を見い出だすことと存じます。

また、貴方が一年半前に、お倒れになられたことを、人伝に聞きました。

その病因は局部的なもの（ロイマチス）であったとのことですが、どうぞご自愛ください。（といいますのは、思いやりのある友人の医師が、それが局部的であると認めました）。お薬をお飲みになって、充分気を付けて、ご散歩くだされば、貴方のお体はきっと快方に向かうことでしょう。

それ以来、貴方は確かにより良い基礎体力がお付きになりました。そして、それがとても確実だと、貴方の私宛てのお手紙を拝読させて頂きました。

私達のための雑誌に掲載されておりますご高著『ウィルヘルム・マイスターの修業時代』が、私の手元から失われてしまったようです。私はとても残念でたまりません。

現在、貴方は成果をめざしまして、すさまじい精神力を伴い、私たちの詩集『クセーニエン』のために、熱意をもって考えて頂いておりますところ、大変恐縮ですが、できますれば手元から失われました代わりの一冊を、お送り下されば幸いに存じます。

そして友人たちが貴方の天才ぶりを、とても褒め称えております！


私が傍らにもっております、私自身が編集・発行しております『新ターリア』誌。その『新ターリア』誌の中に、貴方の詩の朗読につきまして、ケルナー君がいくつかの考えを、書いておりますことを、あなたはお気付きのことと思います。それは貴方にとりまして、ご不満の念はお持ちにならないと思います。

私達の間でのすべてのこと、そして貴方との友好的な思い出が、よろしく、と言っております。そして、私は心からご尊敬申し上げております。

シラー　再拝

ゲーテ様！

ゲルハルト・ハウプトマン

一八六二年、オーバーザルツブルンにて誕生。一九六四年、アグネテンドルにて死去。劇作家。作品に『日の出前』『織工』（久保訳）、『ノアーナの異教徒』（奥津訳）等々。一九一二年ノーベル文学賞受賞。

テオドール・フォンターネへ

ハウプトマンの自伝『わが青春の冒険』において、そのある章に、詩人フォンターネに関する箇所がある。一九四三年、C・F・W・ベールが詩人ハウプトマンにそのことを伝えると、ハウプトマンはやや冷やかに、本来、「フォンタニスト」ではなかったと、言った。

フォンターネのおしゃべり好きに対し、ハウプトマンはそうではない。それは確かに正しい、また、正反対の性向においても、理解される。ハウプトマンは、フォンターネの精神的成果（作品）に力を貸しただけでなく、フォンターネの七〇歳の誕生日（一八八九年十二月三〇日）に、自身の二番目の劇作『平和の祭り』を、フォンターネ作とし、また、一九〇六年発行のハウプトマンの最初の全集には、はじめの部分に次のような覚書がある。「この詩作は、生前のテオドール・フォンターネに畏敬の念をもって献呈した。私はこの詩を今、逝去された者の思い出として捧げる」。事実、二人の友情は、フォンターネの死まで続いた。

ベルリン・シャルロッテンブルク、一八八九年九月十二日

ご尊敬する貴方！

貴方が、私の著書につきまして出版社の方々に批評を寄せられました。私にとりまして素晴らしく、大変光栄な投書に対しまして、心中から感謝申し上げます。

私は、告白致しますが、そのようなことがあるのではないかと、そう遠からず期待していました、一般的に申し上げて先入観にとらわれることなく、貴方が私の作品に対し、ご理解ある言葉に満足いたしました。

しかしながら、私が進んでいる方向とは、原則的にまったく逆の立場の方からのお褒めの言葉は、やや信じられませんでした。私が遠からず期待していたことが、目の前に起きたことは、なんと私の自尊心とプライドを満たしてくれたことでしょう。現在、私の内なる心が構想しておりますから、当面プライドを奮い立たせようとすること（新たな劇作）を、貴方にお約束致します。

私は目下、やや臆病になっております。差し迫った理由は、私の尊厳を冒すこと、言い換えますと私の作品に対する批判がいまだないからです。

貴方がお約束なさいましたように、私の劇作品をオットー・ブラーム様にご推撰していただけましたでしょうか、そうできましたなら、ありがたく存じます。

貴方への感謝の念は、この手紙からは伝わりようがありませんが、オットー・ブラーム様への伝言を、貴方にご依頼してよろしいでしょうか、それとも駄目でしょうか？

私の劇作品に、貴方の目から価値があると思われますように、価値がある、とブラーム様に本当にお聞きしたいものです。

お元気で、今後のますますのご活躍をお祈り申し上げております。

親愛なるフォンターネ様

ゲルハルト・ハウプトマン　拝

トーマス・マン

一八七五年、ドイツ、リューベックにて誕生。一九五五年、スイス、チューリヒにて、死去。

作家、劇作家。作品に『魔の山』（関訳）、『ブッデンブローク家のひとびと』（成瀬訳）、『トニオ・クレーゲル』（実吉訳）、『ヴェニスに死す』（実吉訳）等々。

一九二九年ノーベル文学賞受賞。

ゲルハルト・ハウプトマンへ

「私の人生というより、それとは違った題材を用いればいいのか」と言ってトーマス・マンは、ある時、長編小説『大公殿下』（一九〇九年）の風変わりな筋について、ある記者から質問されて、この質問をやめさせた。そして『ブッデンブローク家の人々』（一九〇一年）が出版されるやいなや、大衆の不愉快な好奇心に晒され、トーマス・マンは苛立ちを抑えることができなかった。

またマンの後期の作品『魔の山』（一九二四年）、『ワイマールのロッテ』（一九三九年）、『ヨセフとその兄弟』（一九四三年）、『ファウスト博士』（一九四八年）についても殆ど例外ではなかった。

トーマス・マンによる僅かではあるが、今日知られるようになった数通の手紙から、マンに対して、そのような質問をした人たちに、明るい光が見えてくる。それはドイツの劇作家、詩人ゲルハルト・ハウプトマンに宛てた手紙である。

トーマス・マンは一九二二年、北イタリア、ボルツァーノにおいて、偶然、ハウプトマンと遭遇し、数日一緒に過ごした。

マンは当時『魔の山』の執筆中であったが、なかなか筆が進まなかった――そして北ドイツ、シュレージェン地方出身の詩人と出会い、その場においてペーペルコルンという人物の名が突然ひらめき、トーマス・マンは長編小説『魔の山』の最終章において登場人物として掲げ、見事な光と影が交差するタッチで、長編小説を書き進めていった。

その著書が出版された後、トーマス・マンの「お詫び状」が発送された。それはトーマス・マンの長編小説において、現実の人物達を登場させ、その人達宛てで、その中で執筆の過程が明らかにされた。

ハウプトマンは、マンの著書『魔の山』を高く評価した。

そしてトーマス・マンは、フランクフルトにおいてゲーテ賞創設六〇年記念講演を行った。その際、マンは、聴衆による自身への眼差しに「超現実的な幻想的肖像」に心を打たれたのか、本音を吐いた。

いわく、「それは恥ずべき戯画ではありません――それは裏切りではなく、敬意の表明なのです。そして私に少しは残っておりますす人間味と、個性的な私という人物像は多大な経験により表れているものなのです。後の世界において、私の存在意義、私のための盛大な催し物で拍手喝采を浴びるよりも、むしろ私への厳しい、批判的な『トーマス・マン伝』が出版されることでしょう」。トーマス・マンは、一九二九年、ノーベル文学賞受賞。

一九二五年四月十一日、ミュンヘン、ポシンガー街　一番地

親愛なる、偉大な、尊敬するゲルハルト・ハウプトマン様

やっとのことでお手紙を差し上げる気持ちになりました！　もうずっと以前から、そのつもりだったのですが、あえてそうしませんでした。

無論、私には良心の呵責はありますし、過ちを犯したことは認めます。

私は「過ちを犯しました」。この「過ちを犯した」という言葉には、哲学の分野におきまして二つの力動説が存在します。一つ目は、寛大さと心の重いこと、二つ目は、五〇パーセントの親切心と信頼できること、そしてユーモアの精神――このユーモアは、無論、卑劣な行為に当たらないものにかぎりますが――「過ちを犯した」ということは、この二つの力動説に由るものです。

私は次のように言ってもよいかと思います。子供たちが過ちを犯すように、私は過ちを犯し

た、と。

と言いますのは、貴方は私を信じて下さい（貴方はそれを信じて下さることを、私は信じます）。

私のことを主知主義だとおしゃべり好きの人達は言いますが、私はむしろ、子供のような芸術家です。

また貴方も子供のような芸術家です、それも崇高な、理解力に富んだ、寛大な芸術の子供です、私はこの手紙の数行を書きましたが、退屈のようですから、止めとします。

貴方のお赦しは、もう結構です。――どうか、私を信じて下さい――私は長編小説『魔の山』の半分程はすでに書きましたし、いつもふところ深く持っています。

私は困難に直面しております。『魔の山』の執筆にとりかかっておりますが、いっとき、中断しました。私の困難に直面していることは芸術的なものです。

私はある登場人物を探し求めようとしました。それは小説にとりまして必要で、構成上、とうの昔に予定しておりました。ところがその登場人物を、私は見たことも、聞いたことも、まして探し得たこともありませんでした。

落ち着かなく、心配になりまして、また手立てもなく、それを捜すために北イタリア、ボルツァーノに来ました――そしてこの地で、それと気付かず、私の見るところ、人間味があり、かつ個性的な人物、ハンス・カストルプが、私にワインを提供しようとしました。ですが、私は決して受け取れる筈がありませんでした。しかし私は、頭が正常でなくぼんやりした状態でしたから、ワインを受け取りました、受け取ってもよいと思いました、盲目的に、うっとりするような確信、予見、そして自信、そして私の改作（現実の人物で、内面的には外国人的で、外面的には異質な登場人物を入れた改作と、文章として練りあげること）、いつも奇妙な登場人物――私はながらく疑念を感じてはいませんでしたが――それによりまして、奇妙な書物ができるのではなかろうかと、思っております。

それは妄想ではありませんでした。私は以前、過ちとは思っておらず、正しいと思っていました。

成功は手段を正当化すると、私は言っておりません。しかしこれらの手段、あの人の外観を私が利用した精神は、破廉恥で、邪悪で、愛に欠け、賞賛に値しないことなのでしょうか？親愛なる、尊敬するゲルハルト・ハウプトマン様、私の精神は、そうではないのです。もしも、私が裏切りをしたとしましても、――私は裏切りをしませんが――貴方と私と、二人に共通しますす感覚によりまして、明晰に、そして平明に小説、劇作等を書き続けましょう。すべての雑談好きの人びとが「小人の物語」を読むまえに、内面的に、現実とはほど遠い大きな人形（長編小説）として生まれ出させてみせましょう。

また、高い畏敬の念をもった関係で、私は私の息子ちゃん、小柄なハンス・カストルプ、初めて見ました瞬間から強気な人と設定し、カストルプはある若者の愛人を奪い、そして、その愛人はその若者を刺して、墓の中から死んだ若者を掘り出す。何の感情もない、亡霊のような若者は愛人に対して、――こうした人たちが、登場人物とされましたことに感情を害された、と思うでしょうか？　そうしたことによって、怒り、そして憤慨しているでしょうか？　事実はそうした人たちは、怒りも、憤慨もしませんでした。そうした人たちの一部は、そうではなく、嬉しく思われたようです。

この奇妙な現象は、私が思いますに、貴方のお怒りをかうことと思います。

親愛なる、尊敬する貴方！「悪どい私の小説手法、地に落ちた芸術家、そしてすべてを忘れて下さい」と、そうした人たちにお話しして下さい。私は貴方を通してお願いします。

本当は、真実の貴方が問題なのではなく、裏に何か秘密があるような仮面（自分が出合った生存するひとの名前を借用する小説技法）が問題なのです。あの私の『論文』を貴方がお読みになり、貴方と友人となるきっかけとなりましたが、私はその『論文』中で、貴方を国民の王様と言いましたでしょうか？

私が苦境に苦しんでいる場合には、私は貴方を思い出させていただいております。

そして貴方のやや厳しい奥様も、私が苦境に苦しんでいますことを、思い出されて下さいますように――私から、奥様に宜しくと、貴方からお伝え下さい。そのようなことで、私は今、貴方にお赦しを頂きたく存じます。

私達が生きて再びお会いしました折には――そうです。その見込みは充分あります――私が、貴方の好意に対しまして大袈裟で、誇張したもの言いをしないようにと、貴方は私を見守って下さい。

私の小説手法は――少なくとも時折ですが――今まで可能であったものが、これからの多くの小説の構想におきまして、使えなくなってきていることを、最近、自覚しております。

しかしながら、もし貴方とお会いするような機会がありますならば、そう、貴方は私と握手することをためらわないでください。その握手は、すべての真実の知覚を、精神の名をもとに祈願しまして、手を強く握りしめるものです。

その真実の知覚は、生きている時でも、仕事の時でも、貴方の友人たちの間でも、あるいは私にも、貴方にも訪れないかもしれません。

終わりに際し、貴方もお元気でお過ごし下さるよう、私はお祈り申し上げております。

ご尊敬する親愛なるハウプトマン様！

貴方のトーマス・マン　再拝

フランツ・カフカ

一八八三年、プラハにて誕生。一九二四年、ウィーン近郊キーリングにて死去。作家。作品に『変身』（山下訳）、『審判』（辻訳）、『カフカ短編集』（池内訳）等。デンマークの哲学者キルケゴールを愛読し、その影響を受けた。

「今日僕はキルケゴールの『審判の書』を見ることができた。予想どおり彼の論旨は、本質的な差異があるにもかかわらず、僕の主張によく似ている。少なくとも彼は世界の

オスカー・ポラクへ

底知れぬほど深く、恐ろしいような物語『変身』（一九一六年）は、早くから、世間の人々の耳目を引いた。そして、その後に出版された長編小説『審判』（一九二五年）と『城』（一九二六年）は、この詩人をして、名声と世界の注目を集めた。カフカの作品の精神を解く鍵は、とりわけ、高校と大学時代の友人宛の、おおよそカフカ特有の小説を書くにあたっての基本的態度を、前々から告白していた手紙が手助けとなる。

プラハにて、一九〇四年一月二七日

親愛なるオスカー！

君は、僕に愛のこもった手紙を書いてくれたが、僕はすぐに、あるいはまったく、返事をしようとしなかった。

そして、ようやく君宛てに手紙を書こうと思ったのだが。十四日も過ぎてしまった。

そのことは、それ自体言い訳できないのだが、僕には二つの理由がある。

一つ目は、以前の僕の君宛ての手紙より、今度書く君宛ての手紙のほうがより重要だと思ったから、よくよく考え抜いたすえの手紙を君に送りたかったからだ――（残念ながらそうしなかった）。そして二つ目は、ドイツの劇作家ヘッベルの日記帳（一八〇〇ページ）を列車の中で読んでいたこと、そしてその間、ある短編小説を書いていたが、それは僕にとって悪趣味で、食いちぎってしまったこと。

それでもその小説との関連について考え始めた。それも、とても遊び半分、戯れているように始め、しかし、僕はやっと勇気が出て、穴居人がまず冗談を言って、そして長い間、自分の洞穴の入り口の前にある石の塊を転がそうとする、だが石の塊は穴の入り口を積み上げ、蓋をしたから、暗くて空気が遮断され、むっとして恐怖に襲われる、そして穴居人の奇妙な執着心がその石の塊を押しのけようとする。

しかし今度はその石の塊の重さは十倍よりも重くなっている、そしてその穴居人は、光と空気が洞穴のなかに差し込むように、不安になって、全力を振り絞って頑張らねばならない。

僕はこの二、三日、ペンを手でもつことさえままならなかった。

というのも、人は人生を概観すると、人生というものは抜け穴なしで、段々と高く積み重なる、その高さは、自身の望遠鏡がいくつあっても、それで見ても届かないくらいだ。

それは良心に安らぎを得ないからである。しかし良心に広い傷があるとしても、それはそれでよいであろう。何故ならば、それによって良心の呵責に敏感となるからだ。

僕は思うに、人は世間の人びとに噛みつき、刺すような書物を読むべきだと思う。

僕たちが読む本が、頭を拳骨で殴ってもハッとしないようならば、何の為に、僕たちは本を読むのだろうか？

君が手紙を書いてくれれば、僕たちは幸せな気分になるのではないか？

ああ、僕たちが何も本を持っていないとしたら、僕たちはそれはそれで幸せであろう。そして僕たちを幸せな気分にしてくれるような本があれば、僕たちは自分でノートに書き留めよう。しかし、僕たちが森の中深く追放され、すべての人たちから遠ざけられ、私たちが愛する人が大変な苦痛をともなった自殺するような死で、僕たちを苦悩させるような本を、僕たちは必要とする。

書物とは、斧で凍りついた海の中に僕たちをたたき込む、そうあるべきものだ。僕はそう信ずる。

しかし、君はとても幸せだね。

君の手紙は、書き方としては素晴らしい。しかし、君は、人との付き合い方があまりよくないものだから、不幸だった。陰の中では太陽が照らないのと同じで、そのことは至極当然のことだ。

だが、君の幸せを、僕は祈りたい。君はそうは思わないであろうが。

高々、そう、知恵を隠した賢人は、一人の馬鹿と出会い、一緒に、見知らぬ限り遠くにあるものについて、少し話す。そして、話が終わった後、その馬鹿は家に帰ろうとした――その馬鹿は鳩舎に住んでいた――他の者が馬鹿の上に倒れ、馬鹿にキスをし、そしてありがとう、ありがとう、ありがとう、と三度叫んだ。何故だと思う？

その馬鹿の馬鹿さ加減は途方もなく巨大で、一方、知恵の賢人は知恵を示した。

僕が君に良くないことをしたとしたら、君に赦しを請いたい。

だが僕は良くないことを知らない。

ポラク様！

君のフランツより　拝

フリードリヒ・ヘルダーリン

一七七〇年、ネッカー川畔ラウフェンにて誕生。一八四三年、テュービンゲンにて逝去。

世界的な孤高の詩人。作品に『ヘルダーリン詩集』（川村訳）、『エムペードクレス』（谷訳）、『ヒューペリオン』（渡辺訳）等々。

ズゼッテ・ゴンタルド（ディオティーマ）へ

ズゼッテ・ゴンタルドはかつて、ヘルダーリンの数通の手紙を「一冊の物語の本のようです」と総括した。しかしながら、それについては、何もわれわれには知られてはいない。三通の手紙が、後に見つかり、最終的にはすべてが語られた手紙ではなかった。またここに伝えられている日付けもまた、研究の結果、謎のままである。しかし、ヘルダーリンが六月か、あるいは秋に設定するか——過ぎ去った日々の、詩人ヘルダーリンは「禿げ頭で立って、父親のように輝いている、自分の手で頭をつかみ、国民に向けて、詠って、天才となった」と、世間の人々から言われた、という。おそらく、ここですでに、ヘルダーリンは見、観察し、世界的天才であり、崇高な詩を詠う人として、特異な哀れな、過酷な精神を病んだ運命をたどった。

毎日のように、私は消え去った神性を再び呼び戻さねばなりません。私が偉大なる時代における偉大なる人々を考える時、聖なる火は、炎の世界となって、すべてを死人に、木片に、それらが一緒に天国に向かって飛んでいきます、また、私のもとにも飛んできます。

私もしばしば、ほのかに光る小さなランプに変身し、あちらこちらへとさまよい、夜どおし輝こうと一滴の油を乞い求める――見よ！　不思議な戦慄が私の体中を走り、そして、静かに私は驚きの言葉をなげかけます。生きた死人！

貴方はどうしてそうなるのか、ご存じですか？　人というものは、お互いに恐れあっているのです、ですからある人の才能は、他の人の才能を食べ尽くしてしまうのです、そして、人々は互いに食べ物や飲み物を快く分け与えますが、心を養うものは一つとして分け与えません。

そして人々は、他人が言うこと、すること、また他人による炎に変身した精神的見解（詩作など）は、どうでもよく、関心がないのです。愚かな人たちです！　人々が互いに何かを言うこと（詩作など）が出来たとしても、それは焚き木にすぎないのでしょうか？　ですがそれが精神的な炎によって火がつけられれば、人生と火とによって、再び火（詩作など）となることでしょう。

そして人々は互いに栄養を快く与え合ったら、皆は生き生きと過ごし、輝き、そして他人を食い物にはしないと思います。

私たちがだれにも邪魔されないで、二人きりで過ごしました時を、貴方は思い出していますか？ それはとても輝かしい時間でした。とても自由で、高貴で、目を輝かせて、花が咲くようで、心と胸と目と顔が輝いていました、そして平和な天国で二人は寄りそいあっていました！

私は当時、すでに予感し、こう言いました。世界中を巡り歩くことが出来るでしょう、でも再びそうすることは難しいのではあるまいか、と思います。

そして、日々、より真剣になってそう感じます。

昨日の午後、モルベク氏が私の部屋に訪ねてきました。「フランスは再びイタリアにおいて敗戦しました」。こう彼は述べました。「私たちにとって良ければ（こう私は彼に言いました）世界の情勢は良くなるでしょう」。そしてモルベク氏は私の首に抱きつき、私達は深く感動し、喜びのあまりキスをしました、そして私達ともども涙にくれました。

そして彼は去っていきました。そのような時が、私にはあったのです。

しかしながら、そうしたことで世界を変革することが出来るのでしょうか？ 世界の文化変革こそ、私が忠実に行う永遠の課題なのです。それができましたなら、多くのことが素晴らしいことです。

しかし、すべてが内面的に、確固たる信念をおもちで、また生き生きと家庭と結びついている貴女のような方は、この時代の真珠であります。そして、そのことを認識した人、貴女、そして、そこに天国で生まれたような特別な幸運、そしてまた不運にあった人でも、永遠に幸運でもあり、また永遠に不運でもあるのです。

ホムブルク、一七九九年十月・十一月

私たちの著書『ヒューペリオン』が、完成してここにあります。愛する貴女！　私達がなん日もかけて、心を込めて作った成果（上述の著書）への僅かながらの喜びを、貴女に差し上げたく存じます。その著書の中で、ディオティーマを死なせてしまって、ごめんなさい。当時、その著書の内容について、私達の間で多少の意見の食い違いがあったことを、貴女は思い出すことと思います。私が思いますには、本の構成上、必要であったのではないでしょうか？

愛する貴女！　読者が本の構成や私たちのこと、あちこちでの私たちの生涯、そして本の中で語られていること、これらすべてを感謝の念をもってお受けとりください、そしてその感謝の念がよりたびたびあれば、その感謝の念がぎこちなければ、その感謝の念はいっそう真実のものとなります。

貴女の足元で、私はだんだんと芸術家になれるかと思いますが、静かなる休息とまた自由にあって、そう、私は最もはやく芸術家になったかもしれません、その後、すべての悲しみの中、そして、日がさしている日中でも私の心はいつしか夢を見るのです、そして、しばしばアルプスの放牧酪農で絶望する自身を見るのです。

私たちは当然ながら、喜びを持つべきなのに、それを分かち合えませんでしたから、この数年、涙にくれていましたが、それは大きな価値ある涙なのです。

私達は間違いを犯しているのですから、私達二人はおそらく最上の力をもってお別れしなければなりませんことを、考えなければなりませんが、それは天国に向けての叫び・涙なのです。

そして、見なさい！　私はそのような考えが起こらぬように気を付けておりましたから、しばしば、平静でいられました。

貴女が病に臥せっておられること、貴女のお手紙、もしも可能ならば私は盲目になりたいのですが（読みたくありません）、貴女が常に、苦しんでおられることが、私の眼前に迫ってきますと、――私は子供のように泣かずにはおられません！

私は自問自答するのですが、私達の心の内にあるものを、黙っているべきか、あるいは打ち明けるべきか、どちらがより良いことか、と！――私はこれまでいつも、貴女を慈しむべく、意気地なしであることを装ってきました――例えば球技のさい、競技の仲間に状況に応じて、忠実にそして自由にベストを尽くせるようにボールをけっておくりました、私はいつもそのようにしてきました。私も含めまして皆は大切な人生です！

私は最高の愛、当然、貴女への思いですが、たびたび断念し、拒否してきました、それが出来ますれば、貴女のために、心安らかにこの運命を受け入れるためです――貴女も、貴女もいつも病と戦って来ました、平和になりますように！　そして安らぎを得ますように、英雄のような力でもって耐え忍んでこられ、そして変えられないことには沈黙を守られてきました、貴女の心の永遠の平和への選択を隠されました。

ですから、私達はしばしば夢うつつでした。

そして、私達はいったい何者であるか、何を持っているか、もはや私達は知らないのです、私達自身のこともほとんど知らないのです。この心の内面におけますこの永遠の闘争と矛盾、そのことによって、貴女はゆっくりと死に近づくに違いありません。

また、神様がそうした永遠の闘争と矛盾とを宥めることがお出来にならないならば、私と貴女は気力が衰え、そして貴方のことに注意を払わず、貴女とご一緒に、あの闘争に終止符をつける道を探しましょう。

私達はどうしようもない拒絶の道を歩んできたように思われますし、このことがおそらく私達を強くしたのだと、もう以前から考えておりました。

私達は確固たる希望をもって、さようならを言いましょう。

愛するディオティーマ様!

ヘルダーリン　拝

ルートヴィヒ・ノイファーへ

精神疾患という不幸な時を過ごす二年前に、ヘルダーリンは、友人に自身の過去を思い出し、語っている。ヘルダーリンが文豪シラーの部屋を訪ねると、同席していた、自身のことをまったく知らない文豪ゲーテと出会った。「天よ、助け賜え、私がワイマールにきまして、文豪シラーとゲーテと出合って、私の不幸が治りました」。天は助けた――そして、銀行家ゴンタルド家の執事の紹介で、フランクフルトに赴き、銀行家の妻であるズゼッテ・ゴンタルドとようやく、心の共同体を見いだしたのである（真に不幸が治った）。

フランクフルト、一七九六年六月

前略　親愛なる弟！　僕は君とお会いすると、二人とも再び、心から喜びがあふれてきます。このようにお手紙を書くことは、友情の証で、黄金のワインの盃のようなものです。やむを得なければ、ほのかな光を盃に当ててごらんなさい、水との区別ができます。しかし、できますれば、当然のこと、水晶のグラスにほのかな光を当てるほうが良いのですが。

僕は、君が今、どうしているか、元気であるか知りたいと存じます。僕と同じように、君もお元気でありますことを願っております。

僕は新しい世界に存在するような気持ちです。僕にはほかに考えられませんでしたが、美しく、良いこと（家庭教師の家の夫人ディオティーマ）が存在していることを知っておりますが、それ以来、僕のあらゆるこざかしい知識、認識を笑いたいと思っております。親愛なる友よ！

僕の精神が千年も滞在できますある種の世界があり、そして、そこで将来、子供のころの生徒のように、誠実にして、慎み深く、僕たちはすべての思索することや理性が身につくのです。

あの方（ディオティーマ）には、愛らしさと崇高性、そして、安らぎの生活、そして知と情と姿、面影が私の心の中に調和しているのです。君、どうか僕の次の言葉を信じてください。この世界でそれほど稀で、再び見いだすことが難しい夫人です。

君も知っていますように、如何に僕は過去に、普通の物事に苦しみながら過ごしてきたか、また、如何に僕の心がみすぼらしいか、そして心が惨めなのかと思わずに生きてきたか。僕はあの方を知らなかったのですが、あの方があらわれて、今、神々の神・ゼウスの聖鳥（鷲）が飛翔するようにうれしいのです、過去の僕の人生では、僕には何の価値もないものでした、天飛ぶ鷲による春の光（あの方）によって、僕は若々しくなり、強くなり、心が晴れやかになり、そして賛美されるものとなるのでしょうか？

すべて僕の昔の心配ごと、なやみが、何と馬鹿馬鹿しいことであったことでしょう、子供心にでも理解できませんが、僕は、今この瞬間、そのことがわかりました。

あの方の前では、事実、何か死ぬことを考えるだけでも、不可能なのです、ですから、あの方の前では、そのことについて何も言えません。

おそらく、あの方の顔立ちでも、大まかにデッサンができることと思います、そして、あの夫人に話しかけるにあたって、もはやよく知った方ですので、親しい呼びかけ方、ディア Dir（君、ディオティーマ）という呼びかけの言葉を使うべきです。しかし、僕が、あの方について書くときには、祝祭にふさわしい、気分が晴れやかな、森閑とした時であらねばなりません。

僕が、今までよりもずっと、詩を詠じたい気持ちを、君は、考えられますでしょうか？

君は、まもなく、少し変わった僕と会われることと存じます。

君が素晴らしい給料を戴いたことを、僕に手紙で知らせてくれました。あの方もそれをお読みになり、喜んでおられましたし、君のいろいろな苦痛の訴えには、泣いておりました。

親愛なる弟よ！　おお、幸せになられてください、お願いいたします。よろこびが無ければ、僕たちの中で、美しさは永遠に、栄え、続くことはありません。

大きな苦痛とおおきな欲求、楽しみは、人を最も良い人間とします。しかし、くる日もくる日も、毎日、椅子に座りぱなっしで、仕事を続け、夜中も眠気を覚ましながら仕事をする靴屋さんの人生は、精神を鍛える間もなく、死んでしまいます。

僕は今、眠気があるようでして、君宛てのお手紙をこれ以上書くことができません。明日の朝、少しでも幸せに、青春時代のように晴れやかな気分で目覚めるよう、祈っております。

ごきげんよう、大切な、確信をもって永遠に親愛なる友よ！　君を抱擁することができますか？

それは今、現在、君と僕への真実の言葉なのです。

ヘルダーリン

フーゴー・フォン・ホフマンスタール

一八七四年、ウィーンにて誕生。一九二九年、ウィーン郊外ロダウンにて死去。詩人、作家、劇作家。作品に『チャンドス卿の手紙他四つの短編小説』（桧山訳）、『ホフマンスタール詩集』（川村訳）等々。作曲家リヒャルト・シュトラウスと共作のオペラ『エレクトラ』（初演一九〇九年）、オペラ『ナクソスのアリアドネ』（初演一九一二年）、『ばらの騎士』等々。

リヒャルト・シュトラウスへ

ホフマンスタールのふるさとの川ドナウが黒海に注ぐデルタ地帯の分水流のごとく、ホフマンスタールは手紙では話し好きで、いろいろ違った構成と方向性を思向する。だが詩人シュテファン・ゲオルゲとの手紙のやりとりの場合はそうではない。通常、会って話しをするときには、大変おしゃべりだが――ホフマンスタールの歩む道はゲオルゲとは違うようになった、そして、それだからか、ホフマンスタールが壮年の時、劇場での音楽のための世界中に深い詩を詠じ、上演を希望した際、ホフマンスタールの手紙での声は、初めは挑戦的で、そして朗々としている。作曲家リヒャルト・シュトラウスに対しては、台詞とストーリー、それに音楽を伴った舞台演出によって新しいオペラの創生を考えていた。この詩人と指導的な作曲家との作品には、『エレクトラ』（初演、一九〇九年）、『バラの騎士』（初演一九一一年）、『ナクソスのアリアドネ』（初演、一九一二年)、『ヨセフの伝説』(一九一四年)、『影のない女』(一九一九年)、『エジプトのヘレーナ』(初演、一九二八年)、そして『アラベッラ』(一九三三年)まで及んだ。私達に残された手紙のやりとりは、芸術のための共同作業の不朽の記録であり、詩人と音の創生者との間の作品の意図についての最も大きな秘密の告白を垣間見るものである。これらの努力のうちから、作品『アリアドネ』について手紙に書いたものと、理解されたい。

アウス湖畔、オーバートウレッセン、一九一一年七月

親愛なるシュトラウス博士!

作品『バラの騎士』においてはどの幕においても友人として心よくお受け取り下され、その件につきましては、はるかに大きな喜びであり、それを今でも鮮明に覚えていますが、その『バラの騎士』の場合と比較しまして、完成しました私の詩『アリアドネ』につきまして、不十分だ、と言われ、そして冷たいお言葉には、やや腹立たしい気持ちになったことを、率直に言わせて戴きます。

私はここで詩『アリアドネ』におきまして少なくとも良いもの、独特なもの、そして新しい形式のものを作詩した、というのが私の自負であり、見解です。不正直ですがまあ、お互いに神のように崇めあうこととしましょう。それは中ぐらいの芸術家が意気込むようなことですが――。

できますれば私達はそこからやや遠のき、貴方の弁解はさておき、世界中で私のその詩に誰

が拍手するか、強く問いてみたいものです！

貴方は、私がこの手紙を書くときも、あるいは私の詩の草稿をお読みになる時も、あまり気分がよくなかったかもしれません、このことは創造的な人にはよくあることですが。

このように詳細な詩を、見やすいタイプライターで書いた詩よりも（残念ながら普段、私の代りにタイプライターでうってくれますタイピストが病気休暇中です）、手で書いた詩の方がなんとなく悪い印象を与えるのでしょう。

そういうことで、詩のテクストの優れたことを、近々お会いする時、読み直しつつ、説得し、貴方にお渡しする希望をもっていないではありません。私は詩が、インテルメッツォ（幕間の寸劇）、ツェルビネッタのアリア、そしてアンサムブルとなる、今日ヨーロッパで誰も書いたことがないほど、予想を上回る詩を書いております。正しく理解され、そしてテクストを書く詩人にとっても大変魅力的な慣習どおりの形式を維持して、同時に、自然とアリアドネとツェルビナッタという二人の女が正反対の性格であるとし、――このことがこの作品の精神的な核心なのですが――あるいは酒神バッカスを劇の筋として登場させ、その三人の女たちがつぎつぎと三重奏のようにセリフを唱え、そして魔女キルケーの歌を詠う、そして賛歌的な行進曲をモチーフとしたオーケストラを背に、最高の舞台でツェルビネッタが物語る――私は、これらすべてを、夢に見、考えていることは確かですが、ある種の喜びを表すものです。

また、優しく、そして同時に、ハルレキンの歌、ツェルビネッタの独唱、バッカスの魔女の歌それぞれがそれなりの性格を表わすような三つの歌を、一幕のオペラのテクストにおきましては、これを見い出すことは、（他のオペラ等で）そう簡単なことではないと、私は思います。

これらすべてのことにつきましての私の考えは、貴方にこのように手紙で書くより、無論、お会いしてご意見をお伺いした方がよろしいかと存じます。

後半に於いて劇の最高潮にもっていくという貴方のやり方は、無論、良いと思います。ですが劇におきまして、どのくらいの時間を使って、そしていかなる方法で最高潮に持っていくか、私達二人の意見が一致する前に、いくつかのセリフを加えることで劇の思想あるいは内容を伝えることを、私は試みたく存じます。

それは単純かつ、とてつもなく大きな人生の問題です。すなわち誠実、貞節の問題です。失われたものにしがみつき、死ぬまで頑固さを持ちつづける――あるいは生きる、そして生きつづける、変わることによって打ち勝つ、魂に身を委ねる、それにもかかわらず変わったままでいる、人間として居続ける、記憶力の無い動物に堕落しない。それは『エレクトラ』の基本テーマです。エレクトラのせりふに対するクリューソテミスの台詞、英雄的な声に対する人間的な声。ここにヘロス、半神々、神々――アリアドネ――バッカス――（テセウス）のグループ――に対し人間的な、より人間的な、軽率なツェルビネッタそして彼女の同伴者、この同伴者の一人は卑劣な生命の仮面を被っています。

ツェルビネッタは基本的に、人からまた人へとふらつく性格。アリアドネは唯一、一人の男の夫人あるいは愛人、アリアドネは唯一、一人の男から愛された女、捨てられた女。

無論、あるひとつのことがアリアドネにも残っています。それは奇跡であり、神であります。

アリアドネは神を殺す。神は同時に生きていますし、死んでもいます。自然の物凄い奥底から神は、アリアドネを救い出し、アリアドネは自身魔法使いとなり、可哀相な小さなアリアドネはそのように変身しました。

そして自身をあの世の世界に送り込みました。そして同時に、変身しました。

しかし神の心にとっては、なんという現実の奇跡であろうか、そしてツェルビネッタのこの世の魂にとって、日常茶飯事でありますことか。

貴方はアリアドネの体験におきまして、年老いた愛人（バッカス）の代りに、新しい愛人に換えました。それで二人の心の世界は究極的には、皮肉にも繋がっているのです。つまり両者は互いに何も理解できない、ということです。

しかし、酒神バッカスは、アリアドネの寂しい心の独白的な冒険を、デウス・エクス・マキナ（機械仕掛けの神）を用いて言わせるだけではなく――酒神バッカスもまた意味深い体験をするのです。純真な、若い、何の知識もない神性としてのバッカスは風の吹くまま、島から島へと旅するのです。

酒神バッカスの最初の冒険は典型的なものです。貴方はそれをコケティッシュ（媚態）と言いました、また貴方は言い換えまして魔女キルケーと言いました。

コークスは若い、純真な、無限な力を持つみなぎる心に対して、もの凄いことです。コークスが、ハーレキン（道化役）だとしたら、長い一連の話しの始まりだとしたら。しかしもの凄くエロティックな体験が、酒神バッカスに迫っていまして、すべてバッカスの秘密を暴くのです。動物となる変身、固有の神性、すべて落雷の稲妻によって消え去ります。

酒神バッカスは魔女キルケーの両腕から逃れようとします、変身はしていません、しかし、やや傷を負っています、憧れ、知ること。バッカスが誤解していた、愛することが出来る本質を、バッカスがどのようにして、考えつくのか、誤解はそれとして、愛を告白することをバッカスは知っており、そのことは死が到来することと同じで、よく知っています。

このことは、貴方のような芸術家には、もうこれ以上、言葉でもって説明する必要がないでしょう。

私のこの個人的な、友情溢れます手紙にたいしまして、私にとってかけがえのないコンタクトの気持ちがあります。貴方のご返事を迅速にいただけますようお願い致します。

そして以前の仕事『ばらの騎士』では、私はとても愉しんだことを、申し添えます。

親愛なるシュトラウス博士様！

ホフマンスタール　再拝

ライナー・マリア・リルケ

一八七五年、プラハにて誕生。一九二六年、ヴァルモント（スイス）にて死去。

詩人『ドゥイノの悲歌』（手塚訳）、『マルテの日記』（奥津訳）、『リルケ詩集』（高安訳）等々。

アントン・キッペンベルクへ

マリー・フォン・トゥルン・タクシス侯爵夫人のドゥイノ城（トリエステの西）の客として、リルケは一九一二年、あの『ドゥイノの悲歌』の作詞を始めた。

しかし一九一八年、その完成を期待できなかったリルケは、その断片を保管しておいてくれるようキッペンベルクに頼んだ――そしてこの詩人リルケは、スイスの小さな城ミュゾット館において「世界の空間から暗示を得て」、「精神の中のハリケーン」を実際に体験し、わずか数日のうちに詩として書き上げた。

そして、十年ほどの苦しみの年月が経って、『ドゥイノの悲歌』と、後になって『オルフェウスに寄せるソネット』が完成した。

明らかに「岩石が山の内部で、途方もない年月を経て水晶に代わるように」たゆみない内面の努力が必要であった。

いずれにせよ、多くのことを書くリルケの手紙だが、『ドゥイノの悲歌』『オルフェウスに寄せるソネット』についての報告で、告白の手紙としては最も重要なもののひとつである――この手紙は出版社社主で、友人宛てのものである。と言うのは、この手紙を投函した日の夜、詩人リルケは、ほとんど同じ内容の、だが独特な陰影をつけた二通の手紙を、それぞれ女友達ルー・アンドレアス・サロメと侯爵夫人宛てに書いた。

歴史的に明らかになったことは、二人の女性は、詩人。ウィスタン・フュージ・オーデンの詩にも詠われ、この詩人は、一九四〇年、対ドイツ戦争のさなか、中国から、『ドゥイノの悲歌』の異常な完成の過程と、それにその詩人リルケの思い出を詩の中で詠っている。

スイス、シュール・シェール（ヴァレイ地方）ミュゾットの館にて
一九二二年、二月九日夜遅く

親愛なる友よ！

夜遅くなりましたが、この数日間せっつかれるような気がして、すぐにでもペンをとって書かねばならないと思っていましたが——今日にも、否、今、眠りにつく前に、貴方に言わねばならないことがあります。

山頂を征服したのです！

ようやっと！『ドゥイノの悲歌』が完成したのです。そして、貴方に都合が良い日で結構ですが、出版されるようお願いします。

十悲歌もの大きな詩集、分量については貴方がもうよくご存じのことと思います。

そして、第二部（第二の悲歌）は、全体のものとしてはそう違いはないのですが、私は断片的なものとしたいと思います。個々の詩は、時と響きとによって、より大きな詩に似かよります。

そうなのです。完成しました。

親愛なる友よ！

今、ようやっと一息入れることが出来るでしょう、そして手ぶらで散歩しようと思います。

この作品は実物よりはるかに偉大なるものであると思います――、私はこの昼も夜も、当時、ドゥイノを、うめくように詩作に没頭しました、――しかしながらかの地で夢中になって詩作と格闘しましたが――精神と心が、このようなものすごい衝動に駆られるとは、私は今まで知りませんでした！ それを克服するとは！ それを克服しつつ詩作するとは！

もう充分お話ししました。いずれにせよ、詩集は完成してここにあります。

私は館の外に出まして、寒々しい月の光を眺めやり、そしてまるで大きな動物を撫でるように、ミュゾットの館をそっと撫でてあげました――、私を守ってくれました古いミュゾット館の壁を撫でてあげました。そして心中で、崩壊したドゥイノの城をも、撫でてあげました。

詩集は次のように名付けます。

『ドゥイノの悲歌』

人々はこの名に慣れ親しむことでしょう。私はそう思います。そして私の親愛なる友も。

親愛なるキッペンベルク様！

リルケ　拝

ジャン・パウル（フリードリヒ・リヒター）

一七六三年、ヴンジーデルにて誕生。一八二五年、バイロイトにて死去。

特異な、だが天才的作家。作品に『陽気なブッツ先生』（岩田訳）、『宵の明星』（岩田訳）、『生意気ざかり』（岩田訳）、『ジャンパウル短編集一』（恒吉訳）、『ピエンロート・フィーベルの生涯』（恒吉訳）、『ヘスペルス』（恒吉訳）、『巨人』（古見訳）。この著書を音楽家シューマンが絶賛した。

ヨハン・ゴットフリート・ヘルダーへ

著作『見えない劇場の席』と『ヘスペルス』によって、詩人としての地位を確立し、ジャン・パウルは称賛され、女性の読書界を獲得した。また、ウィーンオペラ劇場の総監督、有名な音楽家で指揮者のマーラーは、ジャン・パウルの著書の愛読者で、第七交響曲を作曲するにあたってジャン・パウルの「巨人」を引用した。

著作『七つのばかげたこと』を読んだ、誰とも知れぬ人が、「ジャン・パウルが最も優秀な作家・詩人」と思い、ワイマールへ招待する手紙が投函された、ジャン・パウルはそれに応じた。その手紙を郵便ポストに入れた女性は——実は、シャルロッテ・フォン・カルプ——この時には、宮廷と文学サロンにあまり多くの人を招待しなかった。ゲーテとシラーにさえ招待状を送らなかった。だが、彼は招待され、その場で出会ったジャン・パウルと思想家・文学者ヘルダーは、以来、たびたび出会って、常日頃、執筆活動にいそしむ天才、若い一風変わった詩人ジャン・パウルは、好意的で親切なヘルダーから大きな影響を受けた。

ジャン・パウルが如何に喜んで、魔術師、気高い人間性のヘルダーに、息せき切って急いで書いたか、感情の横溢をジャン・パウルの手紙が教えてくれる。

ホーフ、一七九七年七月三一日

唯一無二の人、また最初の人！　かつて、ラファエロがヨハネス像を完成させたとき、ラファエロはとても的確に、それも貴方のように（『ヨハネス』六〇巻）言われています。「私は画家ではありません」では誰なのか。「私は大衆の中の一人である」？

神のお告げで、貴方が著わしました自由主義的な多くの書物を、この先、数世紀の間、人々は読みつづけることとなるでしょう。そして宗教戦争は終わりを告げることでしょう。

ですが、貴方は、あなたの思考方法により、真の劇作や詩作を創造しました。国民や個人にとりましてもなじみのないものですが、それでも理解できるように。そして慈悲深く、模様を織りなすように、貴方は一つ一つの誤りを、正しいものと、書き換え、翻訳しました（『諸民族の声』の翻訳）。そうなりますと、貴方の幅広い（詩作、劇作、著書の）体系によって、誰もがより一層簡単に読み、愉しむことが出来ましょう。

ですが、ちょうど今、ライプニッツとレッシングの本が私の手もとに届きましたが、それらの本は誰の目に見ましても、正しく読め、愉しむことが出来るのです。ですから、一見、いつも単に説得力ある書き方ではなくとも、（貴方の劇作の劇場での）パルハシウスが演ぜられた幕では、しばしば同じ絵なのです。貴方の哲学と美学の研究を拝見しますと、常日頃、深さと同時に幅広くなっていることが、拝察されます。

私が考えますには、貴方はある物事を長ければ長く観察されればされるほど、宇宙の無限の多様性にその物事があり、そしてその波の循環は自然の現象であると、お考えです。

一面的にしか考えない人々は、その真の物事を理解することはできませんし、近視眼的な人々は、物事が私達の目の前にあるものですから、早合点してしまうのです。

ほとんどの詩作の貴方のご翻訳（『民謡』あるいは『歌謡における諸民族の声』）のお仕事は、貴方の精神の輪廻でありますし、どれほど外国人の違った考え方でありましても、貴方はすぐに同化し、受け入れておられるのです。

貴方のご著書『ヨハネス』（『キリスト教論集』）は、貴方がその先駆者であることはわかっておりますが、博識な批判ですし、国民の独特の流儀を払拭した、純粋な、気高い人間性のキリスト教理論の大要であると考えられます。貴方のそのキリスト教理論は、まるで永遠に、優しく穏やかに心を鎮めてくれるようです、何故ならばその理論は宗教についてではなく――時代精神が宗教に既に決着をつけましたから――、何故ならばそうではなく、その理論は、人間性の歴史という難しい、重い問題の解決を試みているからです。

貴方は、ルソーのような正直な精神に影響を受けたようですが、キリストの福音を信じようが、信じまいが、同じように難しく、重いことでしょう。驚くばかりの真実は最後のピリオド（ページ五八）。元気で快いことは真実（ページ二七六～三〇〇）。ページ二一〇のノートにおいては、キリストの復活につきまして、貴方の考えがおありです――キリストの甦りは、はっきりと異端、正統信仰によれば、地上に何もないか、あるいはあらゆる奇跡があれば、両者とも一つ、とすれば正統信仰もキリスト甦りは、受け入れられることが出来るかもしれない。ページ二四九、三五八、三七八は奇妙です。ですが、貴方がページ一から四一六までお述べになったことは、ほとんど気に入っております。

何故、貴方はすくなくとも新約聖書をご翻訳なされないのでしょうか？　貴方の著書『キリスト教理論』は不可欠なものでありますし、かけがえのないものです。「聖体の幕」にさらなる努力をなさって下さい。しかしゴルゴタの丘はいけません、私は大衆のために貴方に切望いたします。

ご著書『人間性についての書簡』は、非人間性の人たちにとりましては、今後、数十年良い薬となることでしょう。

貴方の文学作品のすべての絵画には、イギリスのスイフトの皮肉の影が描かれているようにも思われませんが、やはり古代ローマの詩人ホラチウスの皮肉な閃光が走っているように思われます。思いますに、貴方のギリシア的な精神は、それが住んでおられる町（アテネ）に不当なことをなされました。

貴方のご著書『批判論叢』の中で、私は貴方の詩集と霊魂の不滅性についての論文を、一気に読みとおしました。

私にとりまして、おかしなことに、明晰さと、冷たさ、それに力と想像力を共有しましたフォン・カルプ夫人がその本をもって私を温泉に導いてくださいました。私の判断するところ、夫人の確かな行いは、私のより大きな喜びでありますし、私達の友情は永遠ですし、私の著書『カムパネルタール』がすでに印刷されました。そこには、以前、知り合いでなかったのに、今度、知り合いになった貴方につきまして私の喜びが、書いてあります。

貴方、この谷を飛んで横切ってください。そこには町の大聖堂のモザイクがあるのではなくて、谷の広がる緑の芝がうっそうと茂っております。

貴方は寛容で思いやりがあるお方で、最も親愛なる友です、ペンによる手書きの技術、それに美的にもっと良く書かねばならなかった貴方への手紙ですが、貴方への愛情、友情を約束するものです。

なんとまばゆいばかりに輝き、なんと美しい夕焼けのように、穏やかに貴方の精神が、今、私の前に立っていることでしょう。そして私はこう話しかけます。貴方、あらゆる目と、貴方の朝と、貴方の光を持って来て下さい、そして私にも!

ジャン・パウル　Fr・リヒター　再拝

ジャン・パウル　Fr・リヒター
親愛なるヘルダー様!

ゲオルグ・ビューヒナー

一八一三年、ゴッデラウにて誕生。一八三七年、チューリヒにて死去。

天才医学博士、劇作家。作品に『ヴォイツェック』『ダントンの死』『レンツ』(岩淵訳）、『ゲオルグ・ビューヒナー全集』等。

カール・グツコーへ

グツコーの「ワリー、疑う人」のビラを配りつつ歩いた若い先駆者の努力は、同じ年、左翼にも、右翼にも禁止されることとなった――天界の道徳は消え去って、ヘッセンの医者の息子は休みなく、不安感にとらわれることなく、「人権協会」という秘密結社を設立し、自身の自由理想を掲げて、周辺の農民たちにビラを配りつつ歩いた。――周りの世界をみると、ダルムシュタットにおいて詩的にも天才にのし上がった、そして、歴史劇『ダントンの死』を書いた、そして、グツコーから、死にざる者の扉をひらいた。なお、ビューヒナーはシュトラスブルグにおいて「にごいの脳や脊髄に走る神経系統について」とする研究、論文によって、チューリヒ大学から博士の学位を獲得、チューリヒ大学の私講師となった。世界的に知られる学者、「力と物質」の著者であるビューヒナーの弟は「もし兄ビューヒナーが生き延びていたなら（若死に、享年二四歳）学者としての経歴をさらにつづけていたなら、今日われわれが崇敬するダーウィンに匹敵するほどの、有機的自然科学の偉大な改革者になったであろう」。天才ビューヒナー。

ダルムシュタット、一八三五年二月二一日

私の親愛なるグツコー様！

おそらく、おそらくですよ、貴方に不幸な事件、私自身の経験をすでにもうしあげました。それは貧しい人々がいること、そのことを誰もが省みることを忘れ去っており、誰の感情も暗く、口もふさぎがちであることです。そうした場合、貧しい人々は飢え死にし、天国に行ってしまえ、と主張する人達もおりますが、しかしながら、最近目が見えなくなった陸軍大尉が町中で私に襲いかかってきました、私は抵抗し、ことなきをえましたが、その陸軍大尉が言い訳するには、「強制されないとしても、自分はピストル自殺をするつもりであった、そして、自身を犠牲にして、家族のために軍人恩給を残そうとした」。何とおぞましく、驚くべきことでしょう！

ある人が、自身はそうしようとは思わなかったが、自分の身を最後の頼りにしつつもこの世のバラック小屋から水の中に飛び込んだ、といったような状況があることを、貴方は知っていることと思います。そして、私が貴方のドアを破り、貴方の部屋に入り、そしてあなたの胸に原稿用紙を押しつける、そして貧しい人々に施しものを与える。

貴方にお願いいたします。原稿用紙に書かれていることを、できるだけ早く、熟読なさって、場合によっては、貴方の良心からして間違いがあれば直して下さって、ザウアーレンダー様にお送り下さい、すぐに返事を下さい、と。

私の劇作品、民衆劇『ヴォイツェク』の件ですが、不運な状況でありますが、たかだか五週間で書き上げるつもりです。

私がこういいますのは、貴方にご判断していただくのは、劇作品の著者ではなく、劇作の内容です。モチーフについてもご判断くださ い。

劇作品で何を言おうとするのか、私自身知りません、ただ知っていることは、歴史に対して赤となる（歴史上あり得ない）あらゆる原因を私が持っているということです。ただシェイクスピアを除きまして。シェイクスピアの前に立ちますと、すべての詩人は、まるで学校に通う少年のようにナイーヴだということを、考えますと、私の心の慰みになります。

早くお答えを戴くよう、私のお願いを繰り返します。もしことが上手くいった場合には、貴方の手で数行、手紙に書いてください。手紙が次の水曜日前に、ここに届きましたなら、とても悲しい状況にならないように、不運な状況に対し守ります。

おそらく貴方がこの手紙の調子で、お分かりにならなさそうでしたなら、すぐ思いついたのですが、浮浪者が物乞いしている、あるいは、燕尾服を着た男が請願書を出している、そしてもっとたやすく言いますと、手にピストルを、人生に花束を！　大きく震える唇で言います。神は報い、報酬す、とささやく。

ハインリッヒ・フォン・クライスト

一八七七年、オーデル河畔フランクフルトにて誕生。一八一一年、ベルリンにて死去。作家、詩人。作品に『ペンテジレーア』（吹田訳）、『拾い子』（種村訳）、『聖ドミンゴ島の婚約』（種村訳）、『チリの地震』（種村訳）、『ミヒャエル・コールハースの運命』（吉田訳）、『壊れ甕』（手塚訳）、『O侯爵夫人』（金子訳）等々。

オットー・アウグスト・リューレ・フォン・リリエンシュテルンへ

うまれながらの世界的天才詩人は、生きることがとても大切な、政治的には鋭い眼力のある将校であり、この大量に流れる川、オーデル川から、昔の友達、将来の参謀総長に、クライストは明快そのものに、私達はシャルンホルストとグナイゼナウ辺りに居ると言った、一八〇五—〇六年は持ちこたえられない、いきづまった政治状況であった。

ケーニヒスベルク、一八〇五年十二月末

親愛なる、賢いリューレ。僕は君を心から抱きしめたい。

君は僕に、君の前の手紙で、君は僕に受けるいわれのない（というのは、僕は君のその前の手紙に返事を書かなかったためです）と書いてきましたが、その手紙には、心から喜び、ありがとうと言いたい。

何故、僕たちの間では、時折、食い違いが起こるのでしょうか？

つねに胸ばかりを見て、足元を触れて倒れこまない、といった稀な状況はなんだろうかと思います。

僕が酸、あるいはアルカリであったとしたら、そして塩から分離したとすれば、青酸カリとなり、僕は一巻の終わりだ。

君はまだいつも、世界中でつまらぬ者よりも、よほど価値があります、そして君の手紙は、僕が新しく生まれたように、僕の感覚・感性をとても生き生きとさせてくれます。しかし、ペンフレンド（手紙をやり取りするだけの友達）では、僕たちにとって何の意味もありません。ただ僕が君に憧れを抱いているように、君もまた何らかの憧れを僕に感じていること、すなわち、内的、外的すべての意味で君が心から憧れに襲われることが、白い便箋の上に黒いペンで書いた君の筆跡をそっと触って感ずる時だ。

僕たちの友人プフェルの状況、彼が率いる軍団の前線が町の前まで下がっていること、そしてその町には敵がおり、また彼の女友達が住んでいること！　など伝えてくれて、感謝に堪えない。

彼は最初の名声を渇望する心を持っている、それが無言の墓に沈むかもしれない。しかし、偶然にも、彼のはじめの銃弾が敵兵にうまく当たるとしたら、僕にとっては、彼は元気で、うれしそうに見える。また、彼が率いる軍団の状況は、彼の兵に銃弾をうまく当てろ、と促す、彼はあたかもシェイクスピアが述べたように溺死して、栄誉を手繰り寄せるようなものだ。君、僕の賢いリューレ、彼の栄誉を星座に吊るしてくれたまえ。そして三回手を伸ばして、その栄誉を引きずりおろしてくれることを、やって欲しい、その栄誉が美しく、壮麗に響き渡るのであったなら、君、地上にも下ろして欲しい。

というのは、物があってそれをどんなに高く買おうとも、美しい敗北ほどものはない。冬のさなか、駐屯地でどれほど我慢強く要塞を築き上げても、戦争を始めると、いかに多くの悲惨なことが行われることか！

フランス、ナポレオン軍は僕たちに攻撃を仕掛け、この冬にもまた来襲するだろう、その時には、四週間かけて武器を手に威嚇するがごとく守衛所に行き、前線に出る。オーストリアからのフランス、ナポレオン軍の撤退は、君と僕とが確信していたことではないか？　人は、どのようにして法外な力でもって、卑劣な、そして毎日の政治的反動に立ち向かうのであろうか？

何故、すぐにではなく、フランク王国中にフランス、ナポレオン軍が侵入する機会に、王が自国の貴族たちを呼び集めなかったのであろうか？　何故、フランス、ナポレオン軍に心を打つ対話（平和条約の締結）をして、状況の打開を図ろうとしなかったのであろうか？

もし、国王がフランス、ナポレオン軍特有の名誉感において、撤退を任せるとしたら、フランス、ナポレオン軍が虐待する王によって統治されることを欲するか否かは別として、フランス、ナポレオン軍には国家精神といったものが、わきおこらなかったであろう。

こうしたフランス、ナポレオン軍への国家精神がわきおこったとしても、ここで卑劣な戦争をすると宣言する機会はなかったのではあるまいか。

ここでは、戦争があるか、あるいは否か、ということだ。国王が三〇万の兵隊を持たなかったとしたら、国王は、ただ名誉の死を遂げるのみだ。

このような事態が起こり得ると、君は思っていないでしょうね？　そして、国王がすべての金、銀の食器を光輝くように磨かせても、侍従たちを罷免しても、彼の馬たちを売り払ったとしても、家族全員が彼に従う意志を示しても、国王はこの例にならって、国家とは何を行おうとしているのか、と自問したことと思います。自身の銀の皿から食べて、おいしいかまずいかは、僕には分からない。しかし、チェコ・オールミュッツに居るオーストリア・ハプスブルク家皇帝には、まずい味がするであろう。

——そう、僕の親愛なるリューレ、そうした状況で何を行えばいいのだろうか？　時代は物事を新しい秩序にすることを望んでいる。しかし、既成の秩序を覆すこと、すなわち革命を、僕たちは目にすることはないだろう。

ヨーロッパのとても文化的な部分から、いくつかの帝国から唯一大きなシステムが形成されることであろう、そして王冠は、フランスと似た新しい侯爵王朝のもとに帰属することとなるであろう。オーストリア人たちからは、皇帝に幸運があれば、幸運の王冠をめぐって冒険が再びやってくることはないだろう、僕はそのように確信する。すぐにでも、新聞の中に、「ドイツ帝国の憲法中に大きな変革がある、と人々は言っている」と読むだろう。そして後に、「偉大なドイツの南バイエルンの王ルートヴィヒ二世が、取引の先頭に立つこととなろう」。言ってみれば、一年後、バイエルンの王ルートヴィヒ二世は、ドイツの王となるかもしれない。——ではいったいこの悪しき精神に実弾をその頭めがけて撃とうとしないのか？　ある亡命者が何を行うべきか、僕は出来れば知りたい。——芸術にとって、君も見てのとおり、おそらくこの時代は未だとんでもなく不利だと思うのです。芸術は物乞いしていると、人はいつも言いました。しかしながら今、芸術が飢え死にしてしまうのでしょうか？

今、絶対に芸術の喜びが必要なのに、その心、あるいは人間の芸術へのあこがれは、いずこへ行ったのだろうか？　プフェルが言うように、「悲惨さは誰しも励まして頑張らせねばならない」のは、何処に行ったのであろうか？

そして今、この頃か、あるいは後になってか、世界が一度再び自由を謳歌するとき、僕は君に向けて芸術に見込みがあるという、僕の真実を君に約束しよう。

再びすぐ手紙を書いて下さい。そしてそれも沢山。

親愛なるリリエンシュテルン様！

H・K　拝

シュニッツラー

一八五六年、ウィーンにて誕生。一九三九年、同地にて死去。

医師、作家、劇作家。作品に『夢小説、闇への逃走』（池内他訳）、『花』（番匠谷訳）、『森の小道』（山崎訳）、『輪舞』（中村訳）等々。

X氏、紳士の博士様！

医者であり生物学者でもあるヴィルヘルム・フリース宛ての、フロイトの数々の手紙によって、精神的な発展があり、フリースからの手紙は重要であった。その間、シュニッツラーとの手紙のやりとりはわずかであったが、医者として、また作家としての仕事（いろいろな短編小説の著作）において、フロイトと同じような「精神生活の研究」に励んでいた。シュニッツラーは、フロイトのとても画期的な研究に対し素晴らしいことだといった。フロイトは、であるからこそ一九〇六年、五〇歳の誕生日に、長く付き合いはなかったが招待し、二人は饒舌に話し合った。このような機会に、二人はシュニッツラーのいろいろな著書についてとか、お互いの健康状態とか、フロイトのさらなる研究、ノイローゼ、ヒステリー、精神病等について話し合ったが、手紙のやりとりは少なかった。そして、フロイトは六〇歳の誕生日に、作家シュニッツラーと会い、何故に二人の付き合いが少ないのかと尋ね、自我の精神分析をした。

一九二二年九月十九日

X氏様

どうしても生きながらえることはできない。私が生きているあいだは、世間の人の物笑いになり、だれひとり真相を認めてくれるものはないからだ。

真相とは、私の妻が貞操を守ったということだ。私は神々にかけてそれを誓う。そして、死をもって保証する。この困難な不可思議な事柄について論じているたくさんの本を調べた。こうした事実そのものを疑う人がある一方、著名な学者で、十二分の確信をもっているものもある。偏見をもたない人には否定しがたいことと思われるに違いない実例を、私はここにあげる所存だ。

宗教改革者のマルティン・ルターなら証人としてじゅうぶんであろう。ルターは――彼の食卓演説の一ヶ所を参照すると――ヴィッテンベルクで骸骨を頭に頂く市民を知った。この気の毒な男の母親はみごもっている間に死体を見て、とても驚いたとのことだ。しかし、ヘリオドルによると、「リブリ、エチオピコルム」の中で報告されている物語こそ、私にとって重要であるように思われ、疑うべき根拠はまったくない。この尊敬すべき著書によると、ペルジナ王妃は、エチオピア王ヒグスベスと結婚して十年間子供がなかったのに、お産があって生んだのが白い女児であった。王妃は予想される夫の怒りを恐れて、誕生後すぐに嬰児を捨てさせた。しかし、彼女はこの不運な偶然の真因を記した帯を、捨てた嬰児に添えてやった。真因というのはこうであった。王妃が黒い夫王の抱擁をうけた王宮の庭には、ギリシアの男女神の見事な大理石像が立ち並んでいた。それにペルジナ王妃はうっとりとした眼差しを向けていたのであった。だが、霊の力はさらにそれ以上に及ぶものである。一六三七年フランスで起こった次の出来事が証明するとおり、こうした見解を奉ずるのは迷信者か無教育なものばかりではない。かの地である人妻が、四年間夫と別れたのち、男の子を生んだ。彼女の誓って言うところによれば、それに先立つ相当の時期に、彼女は夫に熱烈に愛撫される夢を、まざまざと見たのであった。モンペリエの医者や産婆などもかかる事実のあり得ることを、宣誓して陳述したので、ハーブルの法廷はその子に嫡子としていっさいの権利を認めた。さらに私はハンベルクの著述『自然の不可思議な出来事』の七四ページにライオンの頭を持った子供を生んだ女の物語を発見した。それは彼女が妊娠七ヶ月目に夫と母と一緒に、ライオン使いの見世物を見物したからであった。また一つの物語を読んだ。それはリンベック著『婦人の驚きが胎児の外貌に及ぼす悪影響』

バーゼル（一八四六年発行）、の十九ページに見いだされる。母親が出産の数週間前、向かいの家が燃え上がるのを見たため、頬に大きなあざがある子供が生まれた、ということである。この本にはなおほかに、ひじょうに不思議なことがかいてある。これを書いているあいだも、私は机の上にこの本をのせており、つい今しがた中をまさぐって見たところである。そこに物語られているのは、科学的に実証された事実である。私自身が、というより私の妻が経験した事実も同様に実証、証明済みである。妻は、私が今まで生きてきたことが確実である如く、確かに私に対して貞操を守ってきた。愛する妻よ。御身は私がいま死んでいくのを許してくれるだろうか。いや、許してくれなければならない。

私が死ぬのは、御身を愛すればこそなのだ。世間の人が御身と私を嘲り、冷笑するのを私は忍ぶことができないからだ。今こそおそらく笑うのをやめるだろう。私と同様に事の次第を理解するだろう。私を。またこの手紙が発見される世間の人は、私がこれを書いているあいだ、妻は隣室で安らかに眠っていることを、承知してもらいたい。良心にやましいところがあるものは、安らかに眠れない。彼女の子供、生まれて二週間になる我々の子供は寝台のそばの揺《ゆ》り籠《かご》に眠っている。私は家を去る前に、隣室に行き、目を覚ませないように妻と子の額に接吻するだろう。私を万事詳しく書いておく。私が狂気だと思わぬように、いや、熟慮のうえだ。私は完全に落ち着いている。この手紙を書き終えると早速、私は出ていく。夜更けに、人通りのない道をどんどん先へ、「妻は私に対して始終貞操を守ったのだ」、懇願することもできない。私は去る八月、妻は妹といっしょに動物園に行ったが、そこに見慣れぬ気味悪い黒人たちが逗留していたので、それに胎児が現れたのである。それが間違いでないことを、私は誓うことができる。事の次第は次のとおりであった。私はあの日——すでに数日前から田舎の両親のところにいた——私の父が病気、いや、重病だったのだ——それは、事実その数週間後、父が死んだのを見てもわかる。

だが、それはここでは関係がないことだ——そういうわけで、アンナは一人でいた。私が帰ってくると、妻は寝台に寝ていた。世の人びとよ、重ねて言う、私の妻は貞操を守った。彼女の生んだ子は私の子供である。私は妻と子を最後の瞬間まで愛している。私をして死に至らしめたのは世間の人たちだ。あさましく陰険な心根をもつ世間の人々だ。私が世間の人々に話しかけようとすればするほど、この出来事を科学的に説明すればするほど、さぞかし、世間の人々はいっそう嘲り笑うだろう。——あるいは「Aは気が狂った」とさえ言いかねないだろう。世間の人々よ、私は確信のために真実のために、特に妻の名誉のために死ぬ。私が死ねば、世間の人々は妻を軽蔑することも、私を嘲笑することもないだろう。さらば、いとしきものたちよ。私はもう一度、隣室に行って、子供と妻に最後の接吻をする。そして立ち去る——さらば。

シュニッツラー　拝

X様！

マックス・ラインハルト

一八七三年、ウィーン郊外バーデンにて誕生。一九四三年、ニューヨークにて死去。
劇作家、天才的演出家。

アルバート・バッサーマンへ

「マックス・ラインハルトは、民衆を楽しませ、民衆から品性を高める人として評判が高かった。だが他方、民衆を自堕落《じだらく》にし、身を破滅させるような俗悪な劇場に閉じ込めるのである、まさにそのとおりである」と一九一三年、カール・ハウプトマンは、四〇歳のラインハルトについてカール・ドゥイスベルク宛ての手紙で述べた。ドゥイスベルクは、レヴァークーゼンにおける化学工業の支配者であり、強力なドイツ政府が当時、意図していた工業の改革路線に乗って、他のいくつかの工場を吸収、合併した。ハウプトマンの手紙が、どのような反響をおよぼしたのか、おそらく我々は、ラインハルトの前もって熟慮して述べたものを、所有したものであろうが、その代わりに、まずはじめに、彼の仕事机の上にくしゃくしゃにされた、ベルリンのナチスの政府宛ての、一九三三年にオックスフォードから送られた自己の説明のための報告が残されていた。しかしながら、ラインハルトは、苦々しくも冗談でいう職人の遍歴（いまだ存命で、仕事もしている曽祖父の影響か？）の場所から、七五歳の誕生日をむかえたバッサーマン宛てに、彼の人格が泉のように湧き出た、おそらく最も美しく、素晴らしい手紙を書いた、ラインハルトは、人々から敬愛され、賛美された演技者でもあり、かつて魔法の帝国を支配したことが、再び彷彿とさせられる。

ニューヨーク、一九四二年九月七日

親愛なるアルバート・バッサーマン様

貴方のお誕生日は、貴方にお祝いのお手紙を差し上げるとても良い機会となりました。

それは劇場の歴史におきましてもお誕生日でありまして、劇場に観衆からのたくさんの贈り物が、お祝いとしてとどけられ、貴方にも感謝せねばなりません。この日の劇場には、奇跡という贈り物が届けられました、貴方の純粋で貴族のような人格という奇跡です。

そうした人格、地上の子たちの最大の幸せ、他の人間たちへの地上の輪廻《りんね》とは、詩人が似姿としてつくったもので、数千年来、地上の子供たちの永遠の遊び道具、すなわち劇場が存在しているのです。

劇場で演技するプロの演技者が、ただ自身のみにしか演技することができない、いつも同じスタイルで演技するので、すぐ疲れ果てるにちがいない、といったような迷信が、ここニューヨークでも広まっております。

貴方は、生まれながらの豊かな精神でもって、一〇〇歳以上のお誕生日を迎え、お祝いし、生存する人たちを、もっともっと長生きするよう、勇気づけ、励ましました。

あらゆる人々は、根本的にはお互いそれぞれ異なるものですが、あらゆる人々はまぎれもなく、明白な顔立ち、表情、特徴を共通してもっております。彼らの心と身体の態度、彼らの乱暴な声、彼らのうつろな目、言ってはならないことを言うことができること、また、幻影にむけて、メロディが現実に、大地のようなもので奏でることができるからです。我々の時代の舞台では、貴方の本質、人格の体液にエネルギーが満ち溢れているという登場人物に、観衆がうようよ群がっております。

ほんとうの演技者とは、とても大きな喜びでもって楽しく演技するものであり、たえまなく他の人達に変身し、最終的には、他の人達の中に自身を自分で発見するのです。

もしも貴方がフィリップ王として舞台上に登場された時、貴方の宮廷国家は苦境にあり、恐ろしくも孤独にさいなまれ、貴方は味方の人が見付からないために、側近たちを絞首刑にさせました。また、もしも貴方がシェイクスピア作のリア王として舞台上に登場された時、荒原で嵐に遭遇し、貴方の心は荒れ狂い、非情な雨は貴方の目を泣かせました、また、もしも貴方がトルキオとベネディクトとして舞台上に登場された時、楽しい笑いで火花をちらしました、そしてもしも貴方がオマルヴォリオという馬鹿として舞台上に登場された時、彼を擬人化し、シャイロックの時勢にあった悲劇がありましたし、レッシング作の賢人ナータンの時代にそぐわない真実を暴露しました、北欧のストリンドベルクが遠くで稲妻が光るのを見ましたし、ロシアのトルストイはものすごい暗闇のなか、救済への道を歩みました。もしも貴方がイプセンの民衆の敵として舞台上に登場された時、真実、真理に祝福あれと言いました。

もしも貴方がペルシアの詩人ヒャルマールとして舞台上に登場された時、嘘を弁護するに祝福あれ、と言いました、とてもたくさんのちがった姿で、いつもまったく新しい人間になりました。

しかしながら、この世で、一回かぎり生きるバッサーマン氏は、戦乱の中、かろうじて生き残り、人間疎外とはなりませんでした――それから、私は、貴方のような偉大な演技者の限りない演技に歓声をあげ、血が噴き出すような古代ギリシア、ローマの奴隷にする烙印の奇跡に近いような、バッサーマン氏の想像力とその演技に歓呼の声をあげました。

劇場に関連するあらゆる人々が、プロとしての配役を得ようと、それにとりつかれていましたが、私は、何の役割も与えられませんでした、ただ、私は貴方とご一緒に配役を得ようとしたのかもしれません。

貴方ご自身は、まったくひどい低俗な配役から手を引こうとされたのですね。「あの奴は、やはりパンツにくそ(糞)をつけていたのだ」というセリフを根拠に、貴方は偉大な古典劇の配役をご辞退されましたことを、私は今思いだしました。ですから、多くの我々の同時代人達が大役を演じることを望みますが、貴方は疑いもなく、演じる意志がなかったのですね。

貴方は、演じても擬人化しないのですから。

まだ、貴方は、今あるように、最も良い姿でおります。高貴な人物です。貴方とご一緒に舞台上で演じたことは、いつも大きな喜びでした。そして、近々大地震がおきるかどうか、私達は注視しましょう。私達は笑わずにいられませんでした。それにはまったく根拠がありません。

あらゆるほんとうの幸福には、根拠がないように。

フリードリヒ・ハーゼ氏は貴方に、貴方がドイツで最高の演技者として、イッフランド記念指輪を贈呈されました。

このご老人は、はやくから貴方の演技者としての才能をみぬき、その後、私達にも、貴方の才能を認めさせたのです。

それは、彼の最も有名な傑作中のひとつであり最も美しいものを演じた時であり、彼にとっても光栄でした。

貴方にとりまして、その贈呈されました指輪は、最も素晴らしいレッシング作の人間生活の類例に題材をとった教訓的な内容のたとえ話『教育論』を演じた時にも、贈呈されるべきだったのですね。ただ一つのシンボルとして。

貴方は、神の前でも、人々にも心安らかに、気持ちよくさせる才能をおもちです。

親愛なるバッサーマン様！

マックス・ラインハルト　再拝

アダルベルト・シュティフター

一八〇五年オーバープランにて誕生、一八六八年リンツにて死去。作家。作品に『晩夏』（手塚訳）、『水晶』（手塚訳）、『ブリギッタ、森の泉』（宇田、他訳）、『みかげ石』（手塚訳）等々。

出版社社主　グスターフ・ヘッケンアストへ

哲学者ニーチェは長編小説『晩夏』をエッカーマンの著書『ゲーテとの対話』とケラーの著書『セルドヴィラ』と並んで十九世紀における、最も優れた著書の一つだ、と評価したが、このリンツの学校視学官シュティフターがいろいろな困難を克服してものにしたドイツでの偉大な教養長編小説の一つとされるこの著書は、「悲惨とも言える落ちぶれた単純な道徳的な力を誇示する本」と世間と同様に評価した作家ヘッベルは、「この小説を終わりまで読みとおした者には、ポーランドの王冠を進ぜよう」と述べた。

リンツ、一八五六年二月二九日

親愛なる、大切な友よ！

長編小説『晩夏』の第一巻の執筆が終わりとなりました。

この作品は、執筆中での私の感覚と同じように、とても純粋で、とても高貴で、素朴で、そして内面的であってほしいものです。

私はすべてをなおざりにし、ただこの作品の執筆のみに没頭していたものですから、この作品は私にとってつねに大切なのです。執筆中の日々の時間は、私にとってもっとも素晴らしいものでした。

私はその作品を完成するにあたって、「作る」のではなく、「詩作」しようと思いました。

登場人物たちの状況、ないし性格は、私の考えでは、読み手にとって通常の生活において見かけないような、より上品で、より高貴なものとし、そして読み手にとって、登場人物がより純粋に、より大きなものと感ずるように、強調しました。

そうしますと読み手が本の内容・筋がすでに分かっている場合でも、何度でも繰り返し読むことが出来ますし、常に同じように感じ取ることが出来ると思います。

またより多くの読者を得られると思います。その理由は、人々が題材に興味を得た場合ですが、――つまり、人々が常に理解が出来ない本を、私が書かないことです。

あるほかの人が、ただ何とはなしに本を書いたとしまして、そして私がその本をただ読んだとしますと、僕はその本の内容をすでによく知っていることでしょう。

小説におきましては、筋・ストーリーがただ一つ、それも互いに並んでいるのではなく、小説の構成は有機的に統一するべきである、と思います。

私は、異質なものは避け、皆がよく知っているものを筋・ストーリーとして、よく考えながら、努力して小説をかきます。

私の長編小説『晩夏』の第一巻では、状況を整え、種を播き、そしてその種はすでに発芽しています。そしてその葉と共に若い男とナタリエンの将来を暗示し、老人とマティルデの過去に遡っていくのです。

明るい今の社会のすべてを光で包み、美化するようにします。

つづく第二、第三巻の方向性としては、気分をより一層暖かなものとし、より深い筋・ストーリーが展開するようにしなければなりません。

本の中の家政では、花が咲き、果実を実らせる前に、先ず、細い樹木を植えなければなりません。それが有機的現象というものです。

第一巻（『晩夏』の）が印刷されましたら、貴方、それをお読みになって下さい、――それと関連しつつ（しかし、前もって、ではだめです）、そして、それについての感想を書いてください。

貴方のご判断は、私にとりましてとても意義あるものです。

そしてフライターク出版社から発行されました本についての前の感想より、比べものにならないくらい意義があります。

ところで、ガイガー様について、私に手紙を書いて下さるようお伝え下さい。お願い致します。

あの方は私の第一巻をまず読まれて、その後に挿絵を描くのですか、それでよろしゅうございますね？

私はもっと美しい挿絵を描くグループを知ってはおりますが。

そして、たぶん私はウィーンに行く機会がありますから、そこでガイガー様にお会いして、いろいろ相談したいと思います。

今の二つの挿絵は私の小説にふさわしくありません。ですからそれらを使うことは、不可能です、それらを見ますと、大変苦痛を覚えます、そうなのです。しかし、貴方は第一巻だけをお読みになれば、貴方ご自身その同じことを言われるでしょう。

また同時に、小さな挿絵はとても素晴らしく、それを使わなかったとしたら、永遠に残念と思うことでしょう。ですから、アクスマン様は挿絵を始めてはなりません、私は二つの巻をその挿絵のために執筆します。その挿絵を私はとても気に入って、他の物語に使いたいと思います。

私たちは、長編歴史小説『ヴィティコ』の出版後、その物語を出版しましょう。

その『ヴィティコ』の執筆は今、始めなければなりません。

何か筋・ストーリーが豊かなもの、そして何か心を揺さぶるような状況が思いついて、今、

私は書きはじめねばなりません。牧歌的なものはあまり多くなってはいけません。

ツェーヴィシュは登場人物としては、むろん、素晴らしいものですが、その出番は時間的には『ヴィティコ』の後です。

ガイガー様の挿絵が出来上がりましたなら、同時にアクスマン様が仕事にとりかかります、

そしてすべてが時間どおりに完成するでしょう。

もっと時間があったなら、そして視学官の職を持っていなかったなら!!

しばしば、胸の内の心が、私は今まで無駄に過ごしてきたのではあるまいか、と自問します。

私は未来に向けて生きつづけ、人々を感動させる何かを執筆したいと思います。

題材と構想は、私の頭の中にたくさん詰まっております、それらが私に仕事に取り掛かるよう催促し、胸に迫ってきます。ですが時間がありません、そしてまがりなりにも私にも具わっております。人々の日常の出来事、嘆き悲しみといった忌々しいこと——私はそうしたことから抜け出せないのですが——これが気分の高揚を曇らせます。

もしかして、世間の人達は、いつかこの手紙を読むこととなるでしょう、そして母胎で死んだ子供たちを（作品）嘆くことでしょう、そうしましたなら、天文学者ケプラー（この偉大な人はこの私たちの町リンツに滞在していました）の場合と同じように、また、モーツァルトの場合と同じように、遅すぎるのです。

私はケプラーでもなければ、モーツァルトでもありません。しかし、私のこれまで出版されました諸作品が、人々の心をすこしでも感動させるようなら、私はひとかどの人間である、と言ってもいいと思います。と言いますのは、これらの諸作品は私のもっとも少ないものでして、将来、もっと、もっと作品が書けることでしょう。心の中に底知れぬものがまどろんでおりまして、私はまどろみから起きることが出来ません。何故ならば、愛らしい声と、神様のような響きが私を呼び起こしてくれなければならないからです。しかし今、荷馬車の御者たちの耳障りな声が耳に入ってきます。

私はたびたび悲しくなって泣きたくなる、とあなたに告げましても、貴方は私をあざけるようなことはしないと思います。

貴方がもしもお金持ちならば、私は次のように言ったことでしょう。「友よ、一万フロリン銀貨でもって、西鉄道の株を買いたまえ。それをそのまま君の処に保管しておいて、利息を引き出せ。私は数冊、本を書く。そして私が一万フロリン銀貨を使いきったなら、西鉄道は私に、通常の価値での西鉄道の株を支払ってくれるだろう」。本の出版後、四年も経てばそれら数冊の本の価値は多分二倍の価値となっていることだろうと思います。

そして、私はためらいつつも、株の取引きなどをやめて、借金の総額を思い切って投資し、そして、皇帝が多分、恩赦によって少し引き上げてくれました私の年金によって、十分な地代家賃を確保することが出来ると思います。

私は、自分の気にいった、なおかつ気分を高揚してくれる周辺の土地を捜しています——また、我々の国民がこぞって読んでくれまして、私の死後もなお、国民が少しでも好きになってくれるような作品を、生涯最後の力を振り絞って執筆するつもりです。

私はこう手紙を書いておりますと、自分で何故か悲しくなってしまいます。私は貴方へのこの手紙を大変短く書くつもりでした。ですが、そうしませんでした。学校視学官という職によって、友人たちへの時間の余裕が少しあるからなのです。貴方が、この私の手紙を悦んでお読みくださり——私も同じ気持ちですが——私に好意をもって下さる、ということを知っておりますから、もう少し詳しく書きます。

他の人達には、とても短く手紙を書くか、あるいは手紙すら書きません。

とりわけ、今、私は一日中、しばしば貴方のことを思い出し、私は妻と共に貴方のことを話題にし、貴方がどのような状況にあるのか、私たちは話し合っております、といったことを、私はペンで心中から書いております。

親愛なる友よ！　一度、私に手紙を書いて下さい。貴方のお悩みを打ち明けてください。私を信頼して下さい、場合によってはご相談にのっても結構です。お悩みを友に打ち明けさえしましたなら、お悩みは軽くなるものと存じます。若い大切な奥様を失うことは、なんと恐ろしいことでしょう。そうしましたなら友人たちは、それを阻止するべくご相談にのることでしょう。そして親身になって、貴方の心が和らぐよう努めることでしょう。

私に手紙を書いて下さい。そして貴方の心がゆさぶられていることすべてを話して下さい。

私には、貴方のお話を伺う権利があるように思えます。一度、私達のところに訪ねて来て下さい。そうしましたなら、私達がどんなにも貴方を敬愛し、大切に思っているか、お分かりになると存じます。

そして、もう少し時間が過ぎましたなら、また、人生と仕事について、二人でお話ししたいと思います。

貴方は何か壮大な計画をお持ちになるに違いないと思います。それは貴方が平素より、熟考を重ねていることからわかります。お手紙を下さい。

最後に、仕事上のことを書きます。以前にはそのことについては、言及しませんでした。そして、この手紙におきましても。必要がなければ、そのことに触れようとはしませんでしたが、私は、二月分の、部払い金を頂いておりません。三月には、それを清算していただくよう伏してお願い申し上げます。二月には、家賃を支払わねばなりませんので、是非ともお金が必要です。

また来る夏、一つか、あるいは二つの部払い金を清算して頂けますれば、私にとりまして、より一層、楽になります。と言いますのは、次の冬には、お金がとても多くかかりそうなのです。

私は著作へ向けてあらゆることをしようと思います、それも喜んでします、そうしますと、良い健康状態が保たれますし、それは私の著作活動への条件であり、大切な宝物です。

私は六〇フロリン銀貨をもって、街に出かけ毛皮のコートを求め、一五〇フロリン銀貨で旅行用の毛皮のコートを求ねばなりません。どこもかも、むっとするような暑い学校（複数の学校）での視学官としての滞在の後、旅行中での冷えはとても危険だ、と医者は私に忠告するのです。ですから、他の視学官のように暑い学校に滞在しなくともすむ人とは違って、私は充分な予防措置を講じなければならないのです。

私のズボンのベルトは、橇で走っている時、しばしば壊れてしまいました。ですが、魚の鱗状の毛皮のコートは無事でした。そのために、不運にも月づき四一フロリン銀貨を支払うはめになりましたし、その税金も一年間続きます。

私は今まで、苦労して第五四回目の宝くじの券と国債を買い求めました。それらに手をつけても（いくばくかの当選券、いくばくかの国債を売った利益がありましても）、すぐになくなってしまいます。そして、私はまた同じことを繰り返すのです。

そして、倹約することはやめ、恩給生活者となり、学校視学官の職を続けることとします。

唯一の慰めは、その学校視学官の職にとどまって、先生方と生徒たちに何らかの良い影響を及ぼすことです。

私は、先生方と生徒たちに良い影響を及ぼすことがすでに、明らかに上手くいっていることを知り、うれしく思っております。と言いますのは、良心的であることと熱意があることには、唯一の報いであるからです。

貴方、ヘッケンアスト様、お元気でさようなら。友情の挨拶をお受け取り下さい。またご自愛くださるようお祈り申し上げます。

アダルベルト・シュテイフター　拝

フリードリヒ・フォン・ハルデンベルク（ノヴァーリス）

一七七二年、オーバーヴィダーシュテッツにて誕生。一八〇一年、ヴァイセンフェルスにて死去。

作家。作品に『夜の讃歌、ほか』（笹沢訳）、『青い花』（小牧訳）等々。

カロリーネ・シュレーゲルへ

ロマン主義の熱烈な新教の巡回牧師は信仰を求める人々を探していた、以前から手紙を交わしていたカロリーネ・シュレーゲルに、信仰がますます厚くなることを確信した、牧師の「象徴的哲学」によって、カロリーネ・シュレーゲルのやつれた雰囲気が、それから解放された。いろいろな分野で試みがされたが、作詩の世界で自身の身を立てようとした、そして文通は続けられた。ロマン主義の天才ノヴァーリスは主要長編小説『ルチンデ』を文化哲学者、文学評論家の友人フリードリヒ・シュレーゲルに献呈しようとしたが、拒否された（妹との結婚に反対からか？）。心からの記念碑である。

フライベルク、一七九九年二月二七日

嵐のように雪がすさまじく降る朝、二時間前コーヒーを飲んでおりますとき、貴女からのお手紙を受け取りました。そして、突然、特別な『ルチンデ』が手もとにあることに気がつきました。その著書を知っていること、それを通して貴女とお付き合いしていることを、私はとてもうれしく思いました。

まず初めに、貴女の七月のお手紙を読みました――そのなかの、「屋根」についての記述だけでも長編小説になりそうです。

ところで、私達の立派な友人たちを思い起こしてください。昨年、そのうちの二人は亡霊になって、そこに立っております。そのうちの一人は、赤く光る床に立っているようです。彼はいつも、自分の周りを見渡し、すると、誰ぞ知る、何と明るく研ぎ澄まされた目でもってしばしば貴女に注目しているではありませんか。今、天国からの贈り物、天分のような優しい姿が彼を立ち上がらせ、一生学問に身を捧げつつ感謝の念をもって高みにあります、そして、この世の、気分爽快な眠りは、次の太陽が上がっても、目は閉じたままでした。

ところで、夢の国に戻って、そして、貴方方に充分心優しくして――優れた人と一緒に寝ます。そうして初めて、私達のあいだでは本当の友情が芽生え、どの社会でも、多数の家族から成り立っているのです――多数の家族だけが社会を形成することができるのです、個々の人間は社会の断片であり、そして、その構成は家族の一員である。確かに、私のジュリエは、貴女にも、すべての人にも好ましい人です。

ところで、貴女、お願いですから少し黙っていてください。いまだ、貴女は私の家族について何ひとつ知っておられませんし、また私も貴女のご両親を知りません。

結婚するに成功を収めるかは、いちに、賢明さにかかっております。成功させる道は私にはよくわかっております。私がまず第一になすべきことは、私の父上に結婚のことをささやき、知らしむることです。すなわち、貴方と哲学者ヒフテ氏に、そこでのすべての秘密を暴露せぬようにしてください。初期の段階での結婚についての触れ周りは、私にとりまして悪い冗談です。

私の姉ジュリエは、貴女が何か知っていることを、知っておりません。

私は大まじめですが、秩序立てては教わっておりません、ですから、姉にはただ脇のほうから結婚について少し話しました。私達はそこで楽しい夕べを過ごしました——ティールマンス氏、お二人のお嬢さんと私です。

ティールマンス氏は今、ここにおります。私達はとても満足して、楽しく暮らしております。ただ残念なことは、今私は、何もしないでぶらぶらしております、ですが詩や、劇作、小説への豊富なアイデアがありますが、そうした時間がないことです、また、私は稀にですが、そうしたアイデアを集めまして、私の内部の発声器官から想像、言葉に替えて言いますと幻想することができるのです。私が感じますことは、暇なとき、酩酊しないワインを飲みますといっそう想像がわきまして、新たな力でもって、一生懸命勉強し、昔の詩集や哲学を学ぶのです。この二つは、例えて言いますれば、結婚のように結びつきが強いのです、そして、昔の詩集や哲学についての話題がないとしますと、人々にお会いしてもうんざりし、退屈するばかりなのです。

　フランスの思想家、文学者ルソーは女らしさを本当に理解したひとでして、すべてルソーの哲学は、こころから女らしく考えて成立したのです。ルソーの弁明は女性の哲学から来たものです。――女性とはそもそも自然の人間です――真の女性とは、自然の人間の理想なのです、真実の男が芸術家の理想であるように。

　自然の人間と芸術家は本来、同じ階層です。階層とは社会の存立の一員です。レヴァーが単純な機械であると同様に、結婚も単純な社会組織です。結婚におきまして二つの階層が出合います。子供は結婚によって生まれ、芸術家は社会によって生まれます――無階層が内的に結託すると二つの階層になり、それが人々を真実、喜ばせます。

　結婚によって、国は女性と男性の階層から成立していますが、結婚は、私達のあいだでは残念なことに、形成されない層が、形成された階層よりもずっと後ろに形成されているのです――その階層は奴隷になってしまったのです。おお！　その階層は女性なのでしょうか！

　ところで、私の著書『ルチンデ』につきまして、話を戻します。初めてお会いしましたことは、お話ししました。その最初の印象をお話ししましょう。

　フリードリヒはその小説の中で、活動しています。おそらく、彼には幾冊かの著書があるのでしょう。グラスに入った砂糖を化学的な力でもって溶かそうとする遊びのように、フリードリヒの心のうちなる行為を明確に、そして、奇妙に表す。そこに一万ものいろいろな、多様な明るくそして暗い想像が流れ出て来ます。そして、目まいに自己を失い、考える人が単なる衝動で、自然の力でもって、私達に、本能的直観の存在を示してくれるのです。

ロマン主義の賛同はあり得ます――そして、すべてと個々の部分はいまだ簡単でも単純でもなく、学校のちり、ほこりのように充分純粋です。

私は、著書が出版できるかどうか、ちょっと良いことを予言してみましょう。この長編小説は、おそらくその本のミルク兄弟のように性急でなければ――国民の法律にしたがってやや早すぎれば、世間の日の目を見る？　十年後には、長編小説『不器用な者の告白』と著者が、おそらく温かく、寛大に受け入れられることでしょう。今では、未だあらゆることが完成に向かいまして熟しておりません。少年の思いのたけを言う、それを男が言うのか？　しかし、少年であってはなりません。

アイデアにつきましては、豊富です、ですが多くの表現は、クラーテ氏から時折り学びました。だが、ここで絶対的な要求です。シニカルであれ！　まだ歩いていくことと与えることではない、そして女性たちの心のうちでは、美しいアテネ（学芸をつかさどる処女神）を非難し、町の市場がひらかれる広場近くの花嫁の部屋に連れて行こうとします。

ハインゼとは比べようもありません。これが劇場のボックス席に座る道徳心がある大家のための読み物と、はたして言えるだろうか？　小説での草案はどんどんつづけるほかはありません――小さなヴィルヘルミーネはもっとも可愛い娘であります――プロメテウスもまた。あるいは、同じ以上に、そして、劇作の題名は、シニカルな想像あるいは悪魔主義。

多くの人たちが次のように言うでしょう。「シュレーゲルのやり方はひどい——シュレーゲルの本物の姿に光を当てようではありませんか」。ほかの声もあります。「愛すべき息子の声を私達は聞き取れない。これは救世主メシアについての悪い冗談ではないでしょうか——少年を磔《はりつけ》にしてしまえ！」

なお、ほかの声も。「そこはゲーテの学びの施設だ、ゲーテの親方の生徒がヴェネーツィアからベルリンへと場所を移しました」

作家ジャン・パウル・リヒターでありましなら、すごく嫌悪の念をいだくことでありましょう。慎み深いジャン・パウルでありましたなら、天空から火を呼ぶことでしょう。

私が確かに知っていることは、ジャン・パウルのこのまなざしは、自身の想像に驚いたようです。

——と言いますのは、ジャン・パウルは生まれつきの快楽主義者であるからです。

内心、たくさんの事柄は、私の劇作に影響を及ぼす思想でありましたが、他のたくさんの事柄はそうでもありませんでした。

ただ、私が思いますに、想像というものは、不道徳的なもの、精神的に動物的なものを、もっとも好むものです。また、あらゆる想像がひとつの夢でありますが、夢は夜と意味のなさ、そして孤独を愛します。夢と想像は、独特の財産であり、その二つはたくさんの人々にではなく、たかだか二人のためにあるのです。

夢と想像は忘れ去るためにあるのです。夢と想像は長く見つづけることはできません、少なくとも、夢を永遠に持ちつづけることは不可能です、ただ夢が逃げやすいことは、その人の厚かましさに由来します。

おそらく、感覚の陶酔は愛に、人生は眠りにつきものでしょう――劇作の最も重要な部分はここではありません、また、元気のよい人はいつでも、眠るより、目覚めています。私もまた、眠りを回避することはできませんが、目覚めた時間を喜び、また、秘密裏に、常に目覚めていることを願っています。

植物の成長の理想化に、私はとても興味深く思っております。

何と不思議な変わったことが私達の身に降りかかり、最も高貴な愛が芽生えたことでしょうか。私の場合は、すべて教会の様式の中でか、あるいはドリス様式の神殿において作曲されたようなものです。

お昼がとても近くになったものですから、物の大きさの影が、より大きく見えます、そして、私の想像力を発揮しまして、この世にはっきりと視点を合わせ、見うるかぎり、私達の最初の長編小説を空遠く変えようではありませんか。結婚しましょう。

私の劇作は、この夏におそらく、テプリツか、あるいはカールスバートにおきまして完成する予定です――そう、これです、ですが、最初の巻――、と言いますのは、私は全生涯をかけまして、その長編小説に奮闘努力して書くつもりであります、完成した暁には、それ一冊でもって私の書棚をうめつくすものと思います、たぶん、国立図書館におきまして、私の本に完成年度を記し、保管されると思います。完成年度という言葉は間違いです。特定の「どこへ」を表すからです。しかし私としましては、最後から無限の間の過度年を意味するものではありません。私の意図をおくみとりになられて、それぞれ歴史的、哲学的な書棚にならべられることを希望します。

南の国と北の国々への旅は、例の私の著作への準備としてかけがえのないものです。ノルウェーとスコットランドを一方として、他方ギリシア、エーゲ海の島めぐりは、この著作の目的のつぎの上陸点です。おそらく、私のところの商人が、遠い各地に旅をする計画を成就するにあたって、手助けしてくれるものと思います。

貴女、長編小説を完成するにあたって、手助けしてください。

ヴィルヘルム氏は自身の詩行を、ご親切にも、私のその長編小説に加えてくださるそうです。長編小説は二巻から構成される予定です。

また、ヴィルヘルム氏自身の悲歌を私の長編小説に加えてくださったなら、私はとても嬉しいのですが。

四月の中頃、私はちょうど貴女がおられますイェーナに行きます。

お嬢様！

ノヴァーリス拝

ゴットフリート・ケラー

一八一九年、チューリヒにて誕生。一八九〇年、同地にて死去。詩人、画家。作品に『緑のハインリヒ』（草間訳）、『七つの伝説』（堀内訳）、『村のロメオとユリア』（草間訳）等々。

ヨハネス・ミュラーへ

家庭教師にも恵まれなかった少年は、何も知らない成長期にあって、自己を厳しく罰する人となり、平凡な大学生活をおくったが、後世においては、生家の壁に記念碑として自己の生誕日が記銘されている、画家であり、また詩人でもあった。

チューリヒ、一八三九年七月二〇日

親愛なる友よ！

君の最近のお手紙を拝読し、「こん畜生め」と言いながら君は僕宛ての手紙をやぶりすててしまったそうで、ミュンヘンからのご返事はいまだ、いただいておりません。

君はお元気とのこと、うれしいかぎりです。また、機会がありましたなら、フォン・ヘルムスドルフ様のところへお訪ね下さい。以前から、僕は彼のところに、おじゃましてます。いいですね、彼のところをおたずねください。君がそのフォン・ヘルムスドルフ様へのご訪問を機会に、君が詩や小説を書けるように教わってください。僕はそのことを期待しています。

昨日は、ものすごい雷雨でしたが、二二歳の誕生日を迎えました。はや、二〇代の青年になったにもかかわらず、いまだ何も出来ていません。また、昔ながらの同地に踏みとどまり、先が見えません。ですから、チューリヒの街中をあっちこっちうろつきまわるほか出来ません。僕の年代のほかの人達は、もうすでに、自身の生活設計を始めているに違いないと思われますのに。

僕は、誕生日を、自分なりに祝いました。僕は今、部屋のなかで、暗い気分で、不機嫌で、座っております。そして、たまに、平凡な大学生活を思い出しています。枯れた枝を切り落とした、木の切り株が泥の中で、僕のうしろにあります。そして、僕の未来をよく見るのです。同じように実がならないリンゴの木の切り株が泥の中で、僕の前にあります。そうしましても、明るい未来の展望が開かれてきません。そのように、僕は部屋で座り込み、苦悩しながら詩、小説等の構想を練っております。そこで僕は考えました。「君はあれこれ思い悩んだり、ぶつぶつ不平をいったりすることが好きですか？　君は外に出て、君の誕生日を、栄光と喜びでもって祝って下さい」

そして、僕は帽子をかぶり、杖を手にします。鞄をもって、ライターをポケットに、煙草を口にくわえ、銅貨を手にして、栄光とかすかな期待を抱きつつ、煙草の煙の嫌なにおいの中、散歩に出かけます。そして、ゆっくりと帰宅して、椅子に座って、いろいろ悩みます。

そして、心から泣き出しそうです。散歩の途中では、一人の知り合いにも会いませんでした。お金もほとんどないし、友達もいない、これはよくある話です。ですから、乾いたのどで、悩み多き心で、一人ぽつねんと小さな部屋で、自分の誕生日を祝っております。

僕は、家の向かい側の広場に立っている菩提樹を背景に自分の悩み多き顔（自画像）を描き、それを切り取って、椅子やイーゼルに貼り付けました、ちょうどその時、フェーン現象によって、雲が太陽を遮り、雷を予兆させます。

すると、突然、僕の頭に素晴らしい構想が涌き、僕は喜び勇んで、ジャンプし、階段を上がったり下がったりして、家の外に出てジール橋まで行きます、そして走ってユートリ山の頂上に行き、立っていました。そこの大きな岩「ライテリ」に身を寄せ、腰かけ、心静かにパイプに煙草を詰め、湖の遠くの船を見つめていました。そうこうするうちに、雲行きが怪しくなり、アルプス方面だけがまだ明るいだけで、だんだんと暗くなってきました、そしてすぐに稲妻が交差し、雷（神の怒り）が下のコンサート・ホールに落ちて行きました。

僕は、この岩の近くでは危険だと思いましたが、心の中では、今、素晴らしい（将来、あらわす劇作の）演劇が目の前で演じられているような気がして、とても嬉しく思いました。

僕の周りでは、遠方が開かれ、嵐で暗くなり、そして――君、想像してくれたまえよ――赤い稲妻が一瞬にして暗い辺りの風景を明るくし、これはまるで神の光景でしたよ！

そして、一瞬、輝く雪山、氷河がかいま見えました、また、北方向ではリマット谷一帯とライン渓谷を越えて幾つかの教会と村々が赤い光で輝いていましたが、突然、すべてが闇に包まれました。そして僕の前には、ぽきぽき折れる樫の木や樅の木、そして僕がその下に座っているナーゲルフルー（アルプスの岩）がありました。

僕は君に言う。それは天国のような光景であったと。

そして、僕にとって、一〇〇杯のビールにも、劣らなかったと。

嵐は去って、太陽が雲のあいだから顔を出し、血の赤色で輝き始めました、そして日が沈みました。

僕はというと、思ったより満足し、喜びにあふれ、よろよろしながら山を下りました。

このように僕はこの日を祝いました、そして、僕はこの日の出来事を君に書きました、君は僕がまるでキリンのようだと大笑いすることの危険性は、承知のうえです。

お元気で。そして、しっかりしてください！

親愛なる友よ！

ケラー　拝

ヨーゼフ・フォン・アイヒェンドルフ

一七八八年、ルボヴィッツ城にて誕生。一八五七年、ナイセにて死去。

作家、詩人。作品に『大理石像、デュランテ城悲歌』（関訳）、『愉しき放浪児（のらくら者の生涯）』（関訳）、『恋文らんよう、馬子にも衣裳』（関訳）、『白百合をミエイリばらに』（騎道家訳）、『予感と今』等々。

フリードリヒ・ドゥ・ラ・モットー・フーケへ

アイヒェンドルフの数々の手紙では、時折りにだが、自身の詩的創作活動についてと、自身の青春時代の思い出を告白するのみである。フーケの著書『ウンディーネ』をアイヒェンドルフは読み、感動し、その感想を、私心のない文芸庇護者フーケに送り、フーケは、ニュルンベルクにある出版社、シュラークにアイヒェンドルフを紹介し、アイヒェンドルフの長編小説『予感と今』が同出版社から発行された。

オーバーシュレジエン地方、ラティボール近郊、ルボヴィッツ城

敬愛なる男爵閣下！

貴方の著書『ウンディーネ』を読ませて戴きまして、とても素晴らしく感動し、私の心は大いに満たされました、そしてようやく友情が深まり、貴方と個人的にお会いした（確か、昨年の秋、ボヘミア地方での行軍の時）ことが、今でも私の心に残っております。男爵閣下！　私をとても大胆にさせ、お願いし、長編小説『ウンディーネ』が書いてある原稿を私に送ってくださり、私は熟読し、教えられることが多くありました。

貴方が、生涯、とてもまじめに、実直になさっているのに、私は一人で、自身のために著作活動をしているのは、とても悲しいことです。

私がとても好きでやりたいことは、生涯、小説を書こうと努力し、それを希望し、足りないことがあれば満たし、誤りがあれば訂正し、生みの苦しみにある国につよく尊厳を保ち、必要があれば助言する、そして、当然のこと、国の代表者になって、ドイツ精神の核心となろうと思います。私は心から信頼してこう言ったのですが、貴方、男爵閣下！　お喜びになられて拍手するか、謙遜されて批判されますか？　そして、その意味で、私のうちなる心の人生を総括いたしました長編小説『のらくら者』を書き終えましたことをお伝えし、寛大なる閣下、どうぞお受け取り下さい。私はその長編小説を、ナポレオンが率いるフランス軍がモスクワに侵攻する前に、完成しました。そしてそのことをフリードリヒ・シュレーゲル氏とその奥様に、お伝えいたしました。

この二つの長編小説への閣下の拍手喝采には、私は驚き、とてもうれしく思いました。閣下は私を勇気付けられ、また二つの長編小説を印刷するに、ご手配までして下さりました。長編小説のしめくくりに、誤りがある部分は閣下がお手でもって訂正しされましたところは、この原稿用紙に入っておりますので、貴方のご親切さに感謝しつつ、思い出としてその原稿用紙を大切に保管してください。お願い申し上げます。

また、良い事柄でも、当時でも、その後でも、政治情勢が思わしくない状況では、どの書店でも書籍の印刷を受け入れなかったことでしょう。そのときに、最新の事件の予感を感じられないではおられませんでした。ようやく私達の偉大な時代の波が私自身に押し寄せ、私は今まで、そこからはなれることはできません、私は間もなくボヘミアの閣下のもとから辞します、閣下！　私が希望して（二つ著作の印刷、出版）おりましたことが、閣下のご助力によりまして、幸運にも実現でき感謝の至りです。私は将校としまして国防連隊に配属されました。

過ぎ去りましたあの長編小説への関心の時点にもどりますと、あの長編小説が完成したとはどうも思われません。どこかで変更せねばなりません、一部分は。その長編小説はさもないとまったく違うものになってしまうようですし、期待、憧れ、そして苦悩のあの独特な雷雨でもありそうに蒸し暑い時の描写がまったくなっていないこと、しかしもう一部分は、静かに小説の全体を見渡すには、私には成長が足りなく、不安定で、形式に欠け、盲目的ですが、歴史に無関心を装っているような私達の今日の状況だからです。

男爵閣下！　閣下は、著者が書きました長編小説を言葉どおりにお読みになるのでしょうか。著者はこの姿で、あの男の悲しみの思い出として、私達が体験する神の恩恵と奇跡のほんとうの前兆にしまして、長編小説への公衆の関心がありますが、詩的な観点からしまして印刷するに値いするものでしょうか、そして閣下、出版社はそれにたいしまして、それでもよいと意識されているのでしょうか、私は思いのままに、原稿、題名、献辞等を添え、私は心から感謝申し上げます。

この頃、いろいろな出来事や、お互いの感覚や肌が違うことから、私との長く手紙のやりとりのなかったロエベン君ですが、再びお会いするようになりまして、彼はこの長編小説を早くも知り、友達だからすぐにでも送ってくださいと言うのです、彼がその著書が気に入ったかどうかは、疑問に感じましたが、私は断ることはできませんでした。

閣下、男爵閣下！　神の慈悲をもってこの戦争でのあらゆる危険を排除して、戦友たちを守ったことを、新聞で読みまして、なんと楽しい喜びが私の心を満たしたことでしょう、やがてもっと多くのもの、もっと大きなもの、もっと喜ばしいことが、あふれるでしょう。神様は父なる国を贈呈してくださったのです。私達は父なる国に忠誠を誓い、軍備を整え、守ることで、ようやく国になるのです、そして国は不思議にも成長し、大きな思い出に慕っております、そして神様ご自身の力強い深遠な威厳と品位が示されているのです。

また、単なる兵とは違った闘士が必要なのです。

私が、偉大なる作品に正義に向かって挑戦できますなら！　私の力はわずかですし、また、多くの怠惰と空しさに心を濁すこともあります、しかしながら、私が不十分であることを認識しますと、謙虚と、意志とでもって、実直に、永遠にベストを尽くす所存であります。

また、貴方、男爵閣下と高貴なご令室にお願いがあります、どうぞ私を他人だとは思わないでください、つまりあなた方のお仲間に入れてください、そしてこれが友情であると言ってください。そうしましたなら、私は何と幸せ者であろう、と言いたいのです。

私は生涯、閣下の御恩を忘れません。

フーケ男爵閣下！


ヨーゼフ・男爵・フォン・アイヒエンドルフ再拝

ヤコプ・グリム

一七八五年、ハナウにて誕生。一八六三年、ベルリンにて死去。

学者、碩学、弟のヴィルヘルムと共同で『グリム童話集』（金田訳）、『ドイツ神話』『ドイツ語の歴史』『ドイツ語辞典』等々。

アルブレヒト・フリートリヒ・アイヒホルンへ

ふるさとの大地に根ざすようにして育ったヤコプ・グリムの偉大なる単純性は、「創造する人間として、自身の力で考えをかさねつつ、とりわけ言葉について研究しようと努力した」。そして『子供と家庭の童話集』（一八一二年、一八一五年）、また順調に執筆された『ドイツの民話集』（一八一六年、一八一八年）、そしてヘッセン地方に由来する『ドイツ古代法律集』の最も良い部分が出版された（一八二八年）。また『ドイツ神話』（一八三五年）、『ドイツ語の歴史』（一八四八年）、また『ドイツ語辞典』（第一巻、一八五四年）等々は生気に満ちた彼らの努力の結晶である。

サヴィーニなる人物が、創設を計画しつつあるライン大学に、すぐさまグリム兄弟をその大学の教授として招聘し、併せて創設しつつある「ドイツ歴史協会」の事務局長に任命しようとした――しかしながら、ヤコプは思案の末、ことわった。だが一八二九年、ゲッティンゲン大学の教授に就任し、初講義において、「私は、ふるさとが懐かしい」と言った！

その後、文科省大臣となっていたアイヒホルンは、一八三七年、法に抵触し、教授職を失いその間、『ドイツ語辞典』の仕事にたずさわっていたグリム兄弟をベルリン・アカデミー教授として招聘した。

カッセル、一八一七年十二月三〇日

私達二人、私の弟と私は、新たなボン大学への教授としての招聘につきまして、思案をかさねました、そして、私は、内密に、考慮させていただきました。といいますのは、貴方の常なる好意と、強固な信頼感にもかかわらず、甘んじて受けることは出来ません。

家庭内のことから始めますと、私達への給与の支給は今、あまりにも少なすぎます、ヘッセン州から私は六〇〇帝国ターラー、私の弟は三〇〇帝国ターラー、私の妹も三〇〇帝国ターラーをいただいておりますが、二人の弟たちを世話しなければなりませんので、とてもお金がたりません。場所的事情（例えば、とても低い家賃です）で、今のところ、なんとか家計をやりくりしております。

私たちが短期間か、長期にわたるか知りませんが、本棒のほかに支払われる手当を、今、予想しますと、それでもなお私達の給料は、中間程度を上回ることはむずかしいようです。ですから、提案されました「ドイツ歴史協会」の事務局長はお受けしたいと存じます、そうしますならば、私たちは初めから、より良い立場に立ち、多くのこまごました心配ごともなくなるのではないか、と思います。

この点に関しまして、私のお金のことですが、必要最小限に抑えましても、お金が足りないことを、告白せずにはおりません。

そして、私は生涯にわたりまして、誠実に、正直でありたい、と思っております。より重苦しい、ゆゆしきことは、第二点です。私たちは自由で、誰にも束縛されることなく、私達の好きな仕事をして暮らしております。そして多くの幸運と恩恵には感謝せずにはおりません、そして名声が得られます。

にもかかわらず、私達にとりまして、うまくいかないのです。こうした状況から抜け出すことはそう簡単ではありません。私たちの両親、祖父母は、私達が知る限り、ヘッセンにて元気で、お暮しのようでした。しかしながら、最近、世界中で最も大好きな母と叔母さまは、二人ともここヘッセンの墓地で安らかにお眠りしております。そして、長い間、遠く離れて住んでおりました姉妹は、私達を見守って下さり、ふるさとの住まいの管理をしてくださっておりますが、住まいの支柱になぜか問題があるようですので、注意されておられます。

住まいの扉に鍵をしていればいるほど、私達はそれぞれの隠遁生活を愉しんでいるようなものです。また、お客様はあまり来ませんが、姉は、――私が思いますに、部屋を変えるか、おそらく、私たちから離れまして、どこかへ引っ越すことになりそうです。ドイツの中において暮すことは、ドイツの中、どこでも暮すことです。

しかしながら、もうひとつのこと、例えば、狭い国で、地方と町と村があり、そこで人々が生まれ、教育を受け、どこでも、大地に腰を据え、成長し、仕事に努めることは、自然の摂理です。これらすべてを放棄することは、不利益です。そして、新たな国に、多くの人が移住しましたなら、多くの不気味なことがあります。皆さん、カトリックです、彼らの新たな政府と多くの移住者たちは、互いに挨拶することなく、南北戦争で、多くの緊張感にしいられております。

とても美しく、偉大なライン地方は、決め手とはなりませんが、あるいは、これに代わるものはありません。

反対に、次のような観察をしますと、より興味が湧いてきます。私達の知的状況は、とても拡大し、より良くなりつつあるように思われます。私たちのヘッセンの国では、そのための、経済的援助とか、励まし、元気づけるといったことが、ほとんどないように思われます、このことは否定しようにも否定できません。私たちの、ここでの立場（ドイツ歴史協会、事務局長）はとても居心地がよいようにみえますが、おそらく、その立場は、あまりにものんびりしすぎて、いくつかの面、すなわち、学問のすすめと言ったことが、私達が忘れているような気がしてならないのです。私達の今日の状況より、より良くなるよう、もっと、学生たちにもっと勉強するように励ますべきであると思います。

もう一つの学びの場所で、ある人に多くの知識をうえつければ、多くの学びの場合、人々の学識、知識は、より豊かになるのです。ことは、よく理解できます、何故ならば、それは、小さな学びの場所という制限から、静かな環境で、より勤勉に、より自由に、そしてより新鮮に、勉強することが出来るからです。そのためには、環境が重要であると、私は思います。

『ドイツの歴史』のために古文書の収集がされましたが、素晴らしい計画は、サヴィーニ氏と貴方の監修のもと、私達がやり遂げました『ドイツ語辞典』。このことを皆に知らしむることが大切です。

私のこれまでの仕事や研究、あるいは小論文などについて考えますと、とてもとるに足りないものでして、あまり重要なものではありませんでしたと、この頃つくづく思っております。私は、いろいろ構想をもっておりますので、親愛なる情と感謝の念を込めまして、貴方の期待に添えますよう、それらの実現に向けまして奮闘、努力するつもりでおります。――

今まで、お話ししましたことは、私にとりまして瑣事なことでして、大事な物事を決定するようなものではありません。ただ次の二つの点が気がかりです。それらの二つの点につきましては、たとえ貴方の何らかのご提案がありまして、ご遠慮させていただきたく存じます。

（一）私の弟は、胸を患っております。ですから、常に学生たちに講義をしなければなりませんん大学講師の務めは、到底果たすことは出来ないように思われます。また、私達二人は、昔から一緒に暮らし、仕事をしてきたものですから、一人が大学の職に就いて、離れ離れになる、といったことは不可能なことなのです。すなわち、弟が大学の職を得るということは、ありそうもないことです。

（二）私は、大学の教授への招聘がありましても、勇気が本当にありません。私は、ある研究の方向をしぼってきました、本来は、ほかの研究にも手を注ぐべきであろうと思いますが。また、次のことが私にとりまして、最も重要です。ある特定の専門分野をきめて、それに没頭することには、嫌悪感さえ抱いております。他方、多方面にわたります各人物の生涯、業績等の研究の才能は少しながら、私にはあります。

目的を追求するある確固たる視点から逸脱する、それをそのままにしておきましたなら、私の仕事への愛着は失われてしまうだろうと思います。つまりは、そうなったとしたなら、私は思い悩みます。

結局のところ、私が学んだことを、学生たちに直接教え、講義する手腕があまりありません。貴方がこの私の心からの告白を、いかにご判断されますか、そしてまた、私の立場を、いかに取り扱われてくださるか、私への親愛なる念をもちまして、そして貴方への感謝の念を込めまして、私はせつに、私への疑念を抱かざるよう、お願い申し上げます。

アイヒホルン閣下!

ヤコプ・グリム　再拝

ヴィルヘルム・グリム

一七八六年、ハナウにて誕生。一八五九年、ベルリンにて死去。

言語学者、教授。ゲーテの協力を得て、作品に『昔のドイツと北方詩集』『ドイツの英雄伝説』を集め、普遍化して書いた。

ヨハン・ヴォルフガング・ゲーテへ

「国民はその広がりを、親友の関係の上に成り立っています」――このようにもち上げて、ヤコプ・グリムは、ベルリンのアカデミーの講義において、死去した弟の心の生涯――そして、弟と協力した仕事を祝った。体力的にひ弱な、お互いに離れ離れには出来ない双子のような二人の兄弟は現代と後世、その優秀性を認められている。とても良く出来た翻訳の『古デンマークの英雄歌謡』（一八一一年）、思いやり感で、収集、編集した『子供と家庭の童話集』（一八一二年）、の出版によって、ヴィルヘルム・グリムと兄は、はやくから世間に注目され、ゲーテから招かれた。『昔のドイツと北方の詩集』を作るにあたり、驚くことにゲーテが協力し、ヴィルヘルム・グリムは「ゲーテの顔の威厳、満足さ、簡素それに優しさ」を忘れ去ることは出来なかった。一八一六年の再度の招待があった。ヴィルヘルム・グリムは、おずおずとした様子で、兄ヤコプ・グリムと一緒に成し遂げたいくつかの仕事について、このゲーテ宛の手紙は、概観をわかりやすく、とりわけ強くゲーテの心に訴えかけている。

カッセル、一八一六年八月一日

先だって、大臣閣下、私は表敬訪問をさせていただきましたが、好意的なお言葉を頂きまして、私の兄と私がこれまでに、ドイツ文学のために仕事をしましたいくつかの著書を、貴方にお送りいたします。それらの著書を、閣下がご利用なさっていただきたく存じます。

これらの仕事は、いろいろなところから綿密に収集したものですから、この場合、好意的な、ささやかな事情がある人々が読者であるのではないかと、私達は考えました。特定の読者層が買い求めそうですから、貴方はそのことを考慮されて、ご協力頂けましたなら、幸いです。現在、存在します最も古い文書は、ヒルデブラントの詠詩です。私達の図書室には、この宝のような文書がありますので、これを念入りに調べまして、書き写せばよいのだと思います。それにしましても、エッダ（古代北欧の神話及び英雄伝説の集大成）につきまして、既に書き写しをしてしまったのですが、本当のところ、その必要はなかったように思われます。

最も古いドイツの詩集（幸いなことに、その信憑性につきましては、疑いがありません）は、いつもとても不思議なものでして、目を凝らし、朗読しますと、当時の詩の構成は素晴らしく、エッダの詠詩に固有なものでして、それも当然なことだと思われます。

同じ時代の、数行の似通った詩が存在したとしましたなら、私たち、生涯をかけまして努力を重ね、それらを見つけ、解明しなければなりません。

『子供と家庭の童話集』におきましては、今、世間に流通しております伝承を収集しつつあります。その『子供と家庭の童話集』は、外国のものは除外し、国民が詩的な風情と心情でもって詠ずることができる詩を取り入れましたものでして、最も古いものと関連して、明らかになりましたことは、ある時、多くの純粋で、優れた詩が人の手に渡り、またより良き精神から生まれた贈り物であるということです、そしてそれらが伝承に伝承を重ね、才能ある人物に取り上げられた、ということでしょう。

私達は、『子供と家庭の童話集』を、できうる限り純粋にし、編纂しました、その場合、私達が希望し、努力しました「取り上げた詩」をそのままにし、飾り立てるようなことは、一切しませんでした。その本は、間もなく、詩としまして楽しく、強く心に響くものとして、多くの人々の手もとに残ることでしょう。

私は、第二巻のみを同封させていただきます、また、第一巻は、版元にて品切れですが、どうせ改訂版が出版されますので、後々、お送りさせていただきたく存じます。なお、ちょうど、この第一巻におきまして、不思議な、昔のドイツの英雄伝説歌謡と関連があります童話集（実は、北欧の、すなわち、隠遁生活をおくっておりますアスラウガ王の伝説歌謡が、私達の手もとにありまして、それを第一巻に取り入れました）を編纂しております。

多くは、最も古い童話集と関連します「注」は、この本におきましては、おそらく、表現におきまして、やや鋭すぎるのではないかと思いますので、必要な場合でのみ、最小限にとどめることといたしました、そして、「注」におきまして、詳細に述べるときは、多くは関連性において述べ、そうしたならば、光が当てられ、より分かりやすくなるだろうと思います。

また、似通った収集には、ドイツの英雄伝説がありますので、第一巻の中に収められております。

そして、第一巻におきましては、「注」はやめることといたしました。それは、単なる娯楽本であると、私達が考えているからです。そのかわりに、「序文」におきまして、少なくとも、私達は、この本にはより高い価値がある、と書き添える所存であります。と言いますのは、収集の仕事が終わりましたなら、「あとがき」におきまして、例えば、歴史と言語の暗闇の時代につきましては、いろいろ熟慮しなければなりませんし、あのドイツの英雄伝説は第一巻に思いきって入れるべきだと思います。

この第一巻につきましては、昔のゲルマン民族の神話の一部分が残っております、例えますと、ホラ夫人は、真実の自然女神に違いありません、友情あふれる、いやな、我慢ならないベルゲの祖母であります。

また、眠れる七殉教者（紀元二五一年のキリスト教徒迫害の際に、洞窟に幽閉され二〇〇年眠りつづけたのち、奇跡的によみがえったと伝えられる七人の兄弟の聖人）の伝説歌謡も、特有なドイツ語で、いろいろな傾向としまして、第一巻に収められております（例えば、聖書七、二一、二三、二九章）。

私たちにとりまして、これらの収集は願ってもないことです。ある言葉が現存の辞書を使っても、表現出来ず、ですから、ドイツ語の辞書を用いなければ、ドイツの国民詩集は完全には理解出来ません、しかしながら、ドイツ語の辞書を引けば、よく理解でき、その本で言われていることについてのあらゆる点について、概観できます、それは富める人にも、貧しい人にも、また、小さな花（子供たち？）にも、私達、兄弟による『ドイツ語辞典』その本の本質を見極める生きた手段なのです。エッダの場合、私たちの力によりまして、学問的な挑戦がうまくいきましたなら、エッダ中の素晴らしい、偉大なるポエジー〈詩〉を、できうる限り挿入したく存じます。

これらのポエジーが神話的な内容でしたなら、また昔、デンマークで出版されたものでしたなら、そのポエジーを翻訳しまして、挿入したいと思います。しかしながら、もちろん、最高の辞書がありますから、理解されることと存じます。

「序文」は、この巻の第二部が終わりました後、書き、出版したいと思っております、そして私たちにとりまして必要なことですが、ゲッチンゲン新聞、広告欄（一八一五年、第一一〇番）に出したいと思っております。

私たちドイツ人にとりまして、これらエッダの詠は関係深いものですから、ほとんど外国のものとは思われないでしょう。不思議なことに、より感覚的なものかもしれませんが、オッシアン（三世紀のアイルランドの伝説的勇者で吟遊詩人）と精神的な類似性があると思われます。『哀れなハインリッヒ』の出版は、まあそのうちとしておきまして、私たちは、もともと伝えられました、詩集を探し出しまして、それを完成にちかづけたく思います。

その翻訳は、すぐにでも、分かりやすく、親しみやすくする所存であります。

私たちは、その翻訳の中に、昔の理解出来そうにもありません言葉を挿入したいと思います。それは利点を投げ捨てようとするのではありません。そこから知識が生まれるのです。

私たちにとりまして、それがうまくゆくか、すべての詩を、すらすらと、よどみなく読めるかどうか、わたし達自身では判断出来ません。ニーベルンゲンの歌のなかの詩を取り入れるか、破棄してしまうか、わたしたちにとりましては、耐え難いものでした。

テクスト『詩集』につきましては、私たちは、誤りがないかどうか、徹底して精査しました、この場合、「注」は、完全なる辞書がいまだ現存していないため、必要です。『詩集』に添付しました「説明文」につきましても、まとめ上げたいと思っております、そこに、たくさんの不思議なことが書かれておりますことを、私達は期待しています。

昔のドイツの森におきまして、私達は何回か準備作業をいたしまして、こうした収集から得ましたできるだけ多くの種類の小さな詩集をお伝えいたします。

この場合、その詩集を、読者層としまして、職人としまして、そうしたことが非難されることではなく、むしろ称賛されるべきであります、真面目《まじめ》な詩集はふつう失われてしまうものでして、こうした娯楽的な詩集は、いまだ多く残っております。

すべての詩と、一面的な内容については、厳しく精査し、「序言」におきまして、それらの背景、理由について書かせていただきました。

不思議なことは、古高ドイツ語、ここではもともとは手書きであったものが印刷された詩集と近代ギリシアの民謡（第一巻、三五参照と第二巻、一八一参照）との関連性です。

第二巻におきましては、昔のドイツの神秘的な詩集が挿入、印刷されておりますが、それを載せております。

第三巻は、これまでのところ、いまだ未完成です。

昔のドイツの文学とこれに関連するものは、いまだ称賛するには値しないようですが、今日では、大きな、あるいは小さな断片のみが知られております。

これは、職人が書いたものとは思われません。少なくとも、第三巻の完成には多くの部分を占めるかと思いますが、その際、多すぎるか、少なすぎるか、よく考えねばならないと思います。今日まで、識者の間では、これら昔のドイツ文学を見落とし、もともと知ろうとしないわけですが、その文学には、精神の生き生きとしたこと、その自由性が感じられ、価値があるように思われます。

昔のドイツ文学の今日への登場には大きな意味がある、学識をそなえた諸侯は、現代の人々と同じように、違う目で読んでいたのであり、今日、出版するに好機であると考えられます。この文学の発展は発展を呼び、ある当然の段階に達し、つねにあるものと関連しつつ、全体としてもまとまりました。

ですから、この文学は、今日の文学の模範にもなり得るし、今日の文学をたてなおせますし、大きな利点があると思います、また、優れた、豊かな精神のこれらの仕事（昔の文学）は、壮年にとりましては、その文学の内容・話題があまりに早く飛び跳ねるようですし、包括的な、心が温かい感情を持った青年、あるいは小さな子供にとりましては、その文学の内容・話題の幾つかさえ、見失ってしまうといった欠点もありますが、それも欠点とは言えません。

すべて昔のドイツ文学は、高貴な植物がゆっくりと成長するように、続いては、止まります。ミュラーの詩集の出版、あるいはハーゲンとビューシングの収集、そして、ボネリウス・フォン・ベネケによります最新の精査作業、と如何なる相違があるというのでしょう、相違はまったくありません。もしあるとすれば、私たちの精査作業と、たった八年の差なのです。

助けがないとしましたなら、一つの全体として見渡せるドイツの英雄伝説の、最も主要な部分の一ページにとりかかるまで、まだ先の先のことだと思います。こうした手助けの不足につきましては、貴方と私との作業のほかに当局からの支援が必要かと存じます。

ドイツの英雄伝説が印刷されますと、ようやくその概観が可能となり、そうしましたなら、私達がそれに関わり、出版されるやもしれません。

私達がその文学（ドイツの英雄伝説）を精査し、それを私達が印刷させることとの関連が、私にはよくわかりません、ということを、私達からちょっと述べますことをお許しください。

当時、ドイツの精神から直接的に生まれ、素晴らしい外国の詩集には、私達にとりまして、あまり魅力がなくなったからです。といいますのも、詩集が尽きなかったわけでもありませんし、蘇生を望むのですが、その詩の琴線に触れる点が見つからないのです。

なお、今までの断片的なものでは、少なくとも、計画的に収集されましたいくつかの詩が存在すれば、私達は満足なのです。

ゲーテ大臣閣下、私は、許されると思いまして、手紙を長々と書きましたが、それも多く書き過ぎのようです、次のことを述べさせていただきます。寛容と貴方の好意が、私達二人にとりまして、永遠に続きますように、私たちは、お互いに好意を抱き、この行為が私達にとりまして宝のようなものだということを、私達は望みます、そして、貴方ご自身が注意をはらわれて、お近くにいらっしゃることを、私達は望みます。

また、私の弟ルートヴィヒをどうぞよろしくお願い申し上げます。

その弟は、フランクフルト出身のゲオルゲ・ブレンターノ氏とイタリアへと旅をしておりますが、ローマより古代の再び得られました芸術作品につきましての手紙を当方宛てに送ってきます。

ゲーテ大臣閣下！

ヴィルヘルム・C・グリム　再拝

テオドール・フォンターネ

一八一九年、ノイルッピンにて誕生。一八九八年、ベルリンにて死去。

作家、詩人、薬剤師。作品に『罪なき罪』（加藤訳）、『迷路』（伊藤訳）、『北の海辺』（立川訳）等々。

パウル・アッカーマンへ

詩人フォンターネの「間違い・紛糾」なる手紙は、劇作家ゲルハルト・ハウプトマンの励ましによって、文学界に登場した。

一八八九年の夏、ベルリンのC・F・コンラートス書籍店にて、自然主義ハウプトマンの詩的作品によって、文壇において確固たる地位を占めることとなった社会的な劇作『日の出前』が店頭に並べられると、当然、アッカーマン出版社社主は作家フォンターネにも、ハウプトマンの『日の出前』を送り届けた。フォンターネの返事は、文壇に登場しつつある詩人の資質をかぎ分けて、「シラーの群盗」にも劣らない、「本当のハウプトマンだ」と数日後、娘に答えた――フォンターネの輝かしい業績は数冊あげられる。

ベルリン、一八八九年九月八日　ポツダム街一三四c

偶然にですが、私のとても大きな仕事机（とっくの昔に亡くなられました収集家のもので、古い遺品です）の上に、G・ハウプトマンの作品が、梱包され、気が付かないところにずらされておりましたので、その本をようやく夕方になりまして、発見しました。

私はすぐさま読み始め、同じ夕方、第一幕の終わりまで一気に読んでしまいました。

そして昨日（日曜の夕方）には、残りすべてを読み切りました。

私は読んでおりまして、心を奪われる気がしました、そして、こんなに素晴らしい作品を編集・出版されまして、感謝とともに喜ばしいことです。「喜ばしい」ということはもちろんで、私は想像するに、「この本は次の時代の文学です」には驚きました。文学は古代では相違した課題をもっております。しかしながら、この相違した課題に至るには、東方の三博士の一人メルキオールを引き合いに出すのではなく、そして憂鬱な気分になることなく、それには、通過の段階が必要です。そして、それがその一例です。著者（ハウプトマン）はひとつの課題にのぞみ、著者は、少なくとも、その著書によって、――有名になることを思っていたようですが、著者自身がそのことを、確信しています——その課題を完全に克服したのです。彼は成長したのです。ハウプトマンは、叙述しようとしたことを、自ら認識し、彼の生まれながらの観察眼と同じ高さでもって、力をふりしぼって、表現したのです。とりわけ、みじかい第二幕は最高です。

しかしながら、私の称賛はこれだけにはとどまりません。その生涯をするどく観察し、そして、観察したことを、力いっぱい表現すること、そのことはあまり多くの人は出来ません。世間の人々、幸運な観察者たち、表現者たちはそれが出来ないのです。そうなのです。芸術作品を執筆することが。

ほとんどの人たちは、長編小説を執筆出来ませんし、当然、稀な人たちでも、劇作は書けません。とは言いましても、ほんのわずかな人々は、うまく出来ます。

そして、G・ハウプトマンが、成し遂げました芸術は、思考、構成、構想を、徹底的にやり遂げること、表現においては明快・簡潔にすること、そうしまして、漠然とした残りは除外する、これこそが、私がハウプトマンの仕事を、最高のものだとしました理由です。

まわりを見渡しますと、イプセンの作品『野鴨』がもっとも近いように思われます。しかしながら、ハウプトマンの作品では、すべてが明快ですから、劇場での観客は良くわかるのです。それによりまして、より強い効果が出るのです。当然、私はイプセンを高く評価しているのですが、イプセンの全作品を比較いたしますと、イプセンの場合は、このノルウェーの詩人が務めて自然らしさを前提として、洗練された、愛くるしい台詞で、七度も神託の言葉を伝えることなど、しばしばイプセンの名声を損ねてしまっているのではないかと思います。この詩人イプセンにとりまして、もっとも居心地よく聞こえることは何かといえば、イプセンの作品が演者が全身を振り絞って、上演することが出来ますれば、私は不可能ではないと思っております し、そして、そのように上演されるとしましたなら、大成功間違いなしであると思います。

貴方の知人の詩人ハウプトマンは、おそらく老人になりまして落ち目にあった状態でも――生涯、ふたたび多くの、素晴らしい作品群（批判されることも、忘れ去られるものもあることでしょうが）を創作することでしょう。

G・ハウプトマンは私を味方に入れて頂いても結構です。そして、もしハウプトマンが希望なされば、その作品をブラーム様に推薦するつもりでおります。

そのことに効果があるか、あるいは、おそらく効果がないとしましても、有名人のあいだで話題にのぼることは、必然でしょう。

――ただもう一つ申し添えたいことがあります。私が今までお会いしたことがありませんG・ハウプトマン氏が、私のこの手紙をお読みになりまして、もし氏が私と連絡を取りたいとのご様子でしたなら、それをお止めになってくださるよう、貴方にお願いいたします。

私は、私の高い塔を、とても注意しながら、遊び半分に、そしていろいろ考えながら登ったり、降りたりしております。それもうまくいくよう、体力が続くかぎり、努力するつもりです。

しかしながら、私は塔の中にあります寝室から、上演劇場に降りてはいけません。そして、上演劇場になんとか降りていくことが出来ました場合には、その日の劇場での、出し物についての言い争いや、劇の素晴らしさやら、喧嘩ざたなども皆と一緒にやっております。

そして、今、劇作につきましての論戦が始まりますと、私はいたたまれなく、他の人たちと論戦にまじります。

折りをみて手紙を、むろんお送りいたします。

ご尊敬するアッカーマン出版社社主様！

フォンターネ　再拝

エドアルド・メーリケ

一八〇四年、ルードヴィヒスブルクにて誕生。一八七六年、シュトゥットガルトにて死去。

作家。作品に『旅の日のモーツァルト』（石川訳）等々。

ルイーゼ・ラウへ

静かに愛へのつのりを奏でる、忘れがたき抒情詩的なメロディが、メーリケの心のうちに呼びおこされた。このことをいろいろなかたちで表明した。従姉妹のクレールヒエン・ノイファーには自身の『詩集』でもって、冒険好きな美しいペレグリーナゲシュタルト・マリア・マイアーには自身の『詩集：画家ノルテン』

でもって。子供のような慎ましい純粋な心を牧師の娘に見いだしたメーリケ——一八三三年の時点まで婚約していた——は、その婚約者の印象を、おそらく恋文のかたちで詩人メーリケは告白している。

イギリス、オウエン、一八三〇年二月十八日夕方

君ひとりのために！

愛とはすなわち常なる新しい誓いを、飽くことなく分け与え、また取りあげることなのですね。そして、そのようにして、僕たちの関係は続いていくのですね、以前に「なんと私は貴方を愛しているのでしょう！」と君の手紙に書いてありましたが、僕はその言葉の下に二重線をひきました。そして、くりかえし、くりかえし読みました。そして、それは同じ和音なのです。そして、君はしばしば和音を響かせることが好きなのですね、何回もくりかえし、新しく魔法のごとく響かせて、僕の耳に届きました。

この甘いくりかえしが、一度たりとも満足させることができず、それはすぐに愛らしい遊びとなり、君は黄金の杯でおいしいワインを楽しむのですね、そして、僕は真珠の泡をすばやく金杯から吸い込むのですね、そうしますと、君は真珠の泡をふたたび金杯に注ぎます。

そして君は同じことを何度も繰り返しますね——僕たちはのどの渇きを潤すことがなく、魔法の飲み物を吸い込みますね、それはただの遊びでして、いつも天使がやっていることなのです、僕たちはそれで顔を赤くするなど必要ありませんね。

僕たちが、そうすることに飽き飽きする時が来るのでしょうか？　僕にはそんなことはとう

ていえられません。もし考えるとすれば、身の毛がよだつ思いです。

僕は、なんと君を愛していることでしょう！　そのように今日も君に呼びかけています。そうして、ぼくの愛とともに手をつないで、生活する日が来ることでしょう。

僕たちの愛がはぐくまれました源を辿りますと、川が蛇行しつつ、僕の目の前にははかりしれない海に流れ着き、その海の中に、僕は驚きのあまり僕の全神経を溶かしこんでしまいました。

僕が思いますには、永遠の昔から、僕たちは赤い糸でつながっていたのだと思います。それは何というお互いの関係でしょうか！　僕は今日、はじめて体験し、分かりました。

それで、この最高の幸運の気持ちは、あらがいがたく強いので、すべて素晴らしいことに、心から感謝しかありません。

僕は涙を浮かべながら愛の崇高さ、荘厳さに感嘆しております。僕個人としては、無上の喜び、花、果実などを盛った山羊の角（豊かさの象徴）に尽きると思います。

そして僕は、愛の流れがえんえんと尽きせぬ流れの一部です。

僕の中では、多くの至福の世界の潮が満ち、引いたり、満ちたりしております――至福は宇宙におきまして消え去る一滴の涙、――そして僕は、至福を力強く感じますし、とりわけ、二人で一緒に暮らすのです。千ものあふれでる涙の讃歌が一滴、そして広い川のようになるのです――川は僕自身の幸せと同じことなのか、僕は疑います、しかしながら、一〇〇ものあふれ出る涙を感ずるのは、僕と君。

ほんとうに明快に、そして心の底から思い出に残ること、ですから大変うれしいのです。このことは、至福の独特な特徴でもあるのです、至福が天国に住まわれているように。しかしながら、この地上でも、同じようなことが言われております――この瞬間、僕たちはとても純粋です。ただ残念なことは、人がそのことをほんとうにそうなのか、疑わしい、と思っていることです！

愛する、大切なお嬢様――僕はたくさんの言葉で、だいたいのことを手紙に書きましたが、君なら、同じことをより良く、より単純に、そしてより少ない行で、手紙に書くことができるでしょう。しかしながら、僕のうちなる心の真の言葉として、どうぞ僕の手紙をお読みになってください。もし誇張しましたなら、誰にでもそうした手紙を書けるわけですが、君には書けません。

君は、僕にとりましてたった一人のひとですし、尊敬しております。僕は、君の心の、君が考えるところの、美しい秘密です、お会いしてお話しすれば、僕たちの心のおくそこが伝わります、君の心の優しいつぶやきが、海波のような歌声として、僕に聞こえてきます。愛する心の人よ！　今、僕は、君の首を抱いて、今まで手紙に書いたことすべてが、まとめて君の忠実な顔に一つのまなざしで伝えることができましたなら――！

愛するルイーゼ！

メーリケ　拝

ハンス・カロッサ

一八七八年、バート・テルツにて誕生。一九五六年、パッサウ近郊リッツシにて死去。作品に『美しき惑いの年』(手塚訳)、『若き日の変転』(斎藤訳)等々。

エルンスト・ハイルボルンへ

一九一〇年において、詩人のフーゴー・フォン・ホフマンスタールは若き医者ハンス・カロッサを出版社主アントン・キッペンベルクに次のような言葉で紹介した。「ここに、今世紀稀にみる重要な位置を占める現実の人が後ろに立っております、苦労する甲斐がある人間です」。そして、医者・詩人カロッサは自身でキッペンベルク宛に次のような手紙を送った。「私は自身の詩集を出版したいと思っています、――大胆な言葉で、申し訳ありませんが――貴方の出版社から。それとも駄目ですか」。それ以来、カロッサの作品は静かに、絶え間なく増え、そして、多くの読者層に、つねによき印象づけた。これらの一見して時代にあった多くの書物が「世界の最も暗い叫び声が、うちなる明るい光が答え」を出した、そのことを、「文学」新聞の発行者宛のこの手紙においても間接的に伝えている。

ミュンヘン、一九二六年　春

尊敬する博士!

貴方の「文学」新聞におきまして、貴方は近しい友とし、私の内的成長のモチーフを、読者達に伝えてくださいました。

数日後のこと、ある人が私を訪ねてきまして、いったいぜんたい、この戦争のさなか、如何にしてこの時代にあった本『子供時代』などを書くようになったのか、と問いかけてくるのです。その問いに私ははっきりとしたことは、お答えできませんでしたが、私一人になりました時、本を書き始めるにあたって真のモチーフを言うにはそう簡単にではないことを考え、気づきました。

一九一四年八月、戦争布告の三日目の夜、眠っているとき、戸口のベルが鳴り、ゼーシュテッテンのそばの街路に呼び出されました。周りの村々から集まった年老いた人達からなるいわゆる故郷自警団のひとりが、ヴィルスホーフェンからパッサウに向けて走る自動車に、停止するよう叫んだのです。ですが、運転手は停車せず、自動車は一発の銃声で燃え上がったのです。

戦争の始まりの時には、そうした田舎の人々には異常な妄想がわくものです。新聞の報道にあおられて、人々は見知らぬ人をスパイだと決めつけ、どの自動車にも、フランスからロシアに密輸するものすごい量の金塊が詰め込まれているかどうか疑うのです。年老いたある男が、プラットリング出身の若い商人（実は、自動車の所有者）のおなかに一撃をくらわせました。

私達はその瀕死の重傷を負った人を、農家に運びましたが、そこで彼は数時間後、死んでしまいました。

私がドナウ川に沿って朝の濃い霧のなかを故郷に向かって歩いて行ったとき、突然、私は小さな、賢い、かわいい少年を見て、心苦しい戸惑い（初恋）から救ってくれたある少女のことを思い出しました。

ハイルボルン様！

メーリケ拝

ヨハン・ペーター・エッカーマン

一七九二年、ヴィンゼンにて誕生。一九五四年、ワイマールにて死去。
作家、ゲーテの秘書。作品に『ゲーテとの対話』（山下訳）。

枢密顧問官シュルツへ

一八三二年三月二二日昼十一時半、ゲーテは永遠の眠りについた。エッカーマンの著書『晩年のゲーテとの対話』（一八三六年、出版）は、哲学者ニーチェによると、ドイツの本の中で最も優れたものの一つ、と言った。逝去されたゲーテの顔を新たにまざまざと見て「完全なる人間が美しい姿でもって、私の前に横たわっている、そして、不滅の精神がこのような衣に包まれていることを、一瞬たりとも忘れ去ることはできず、その愉悦に感嘆の声をあげた。そして、エッカーマンは、娘婿の枢密顧問官シュルツと世界に、偉大なドイツの詩人の逝去を伝える手紙をしたためた。

ご尊敬する枢密顧問官シュルツ殿
ゲーテご令室のご依頼を頂きまして、ゲーテ様が一昨日、木曜日の昼十一時半に、数日続きました病のため、穏やかに、安らかに逝去されたことを、お伝え申し上げます。

貴方はご逝去されましたゲーテ様と生涯、交流を深めておられましたので、私ども残された者としまして、病の経過等をお知らせいたします。

病の原因は、十五日木曜日に、おそらく、散歩に出かけまして、その後お風邪を召されたものと思われます。はじめは、ただ軽い風邪と熱の症状でしたが、火曜日になりますと、危険な状態に陥り、医者は神経の圧迫を憂慮しておりました。このことは結局おこらなかったのですが、胸の症状が悪化し、病人はそれを克服する十分な体力がなかったのです。

立派な姿かたちでゲーテ様は肘掛椅子に座り、しばらく安らかにまどろんでおりました。死を前にして、ゲーテ様は何の感情もあらわしませんでした。と言いますのは、ほんの数日前、天候が良い日に、たびたび散歩をし、完全に回復することをのぞんでおられましたから。

ゲーテ様は、ご自身の日記、著書、書き始めた原稿用紙、詩作、残された文通、他人の著書、他人の詩作等々は、すべて整理、整頓しておりました。

なお、ゲーテ様のご遺言書は、きたる火曜日に開封されます。

ゲーテ様は、幸運なことに前の夏に、長編小説『ファウスト』を完成させました。ですから、この不滅な作品には、一行も書き損じがありませんでした。

不思議なことは、『ファウスト』におきまして、次の言葉で終わっていることです。「私の地上での日々の足跡が、永遠に滅びることはない」

これは、偉大な逝去された人にとりまして、ふさわしい言葉です。

なお、晩年に、ゲーテ様が楽しそうに自然の研究にいそしんでおられたことです。また、「色彩論」の歴史の部分の編集作業は、私と共同して編集した作品です。そして、ゲーテ様がそうしたいと望みました。

ご尊敬する枢密顧問官殿、閣下と個人的にお知り合いになりまして、私はとても幸運です。

そして、ゲーテ様につきまして、またゲーテ様の家につきまして、あれこれお聞きしたいことがありますれば、私がお答え申し上げます。

人びとがその生涯で、作詩、劇作、小説等々を書こうとも、栄誉ある、偉大なる死人より勝る者は存在しないと、私は考えます。

枢密顧問官シュルツ殿！

エッカーマン　再拝

ハインリヒ・ハイネ

一七九七年、ドュッセルドルフにて誕生。一八五六年パリにて死去。

詩人。作品に『ハイネ歌の本』（井上訳）、『流刑の神々。精霊物語』（小沢訳）、

『ロマンツエーロー』（井汲訳）、『ドイツ古典哲学の本質』（伊東訳）等々。

ヴィルヘルム・ミュラーへ

詩人であるハイネは、『旅する森のホルン奏者が残したメモ帳に見られる七七行の詩』（一八二一年、デッサウ）が自身に及ぼした影響を、率直に告白している、そして、同時に、ミュラーの歌（ミュラー：一七九七年、デッサウにて誕生。一八二七年、同地にて死去）の愛らしい歌手をほめた、またハイネの詩もシューベルトによって作曲された。

ハンブルク、一八二六年六月七日

私はこの機会に、私の『旅の絵画』を心からの言葉を添えまして、貴方にお送りいたします。私は、もうまえまえから手紙をさしあげるべきところ、また、私の悲劇詩や歌などをご自宅で見つけて下さり、そのうえ歌曲集をご採用下さり、感謝の念にたえません。しかしながら、暗い霧が私の気分を害し、回復するまで待たねばなりません——すなわち、私は長い間、病気でした。それは悲惨なものでした。

今では、私は半分程度治りかけておりますが、このような体調は、この地球上でおそらく、幸運と言ってもいいのかもしれません。

作詞のほうは、万事順調に進んでおります、そして、未来に対しまして多くの作詩ができそうだという希望を抱き、喜んでおります。

『北海』は、私の最近の詩集の一つでして、どんなにか私が新しい詩の調子を弾くか、また、どんなにか私が新しい方法を模索していることか、貴方は私の『北海』をお読みになりまして、良くご理解できると存じます。

私はおとなですから、貴方に率直に告白させていただきますが、私の小さな『インテルメッゾ、間奏曲』拍節は偶然、貴方の通常の拍節と似ていないことではなく、おそらく、拍節の秘密の抑揚が貴方の歌に負うのです。また、私が今、知りえました愛らしいミュラー的な歌がありましたが、私は『間奏曲』を書きました。

私は子供のころから、ドイツの民衆歌に影響を受けてきました。のちになりまして、ボン大学の学生として学んでいた時、アウグスト・シュレーゲルが私に、多くの秘密の拍節をうちあけてくれました、しかしながら、私が思いますに、はじめて貴方の数曲の歌の中にこそ純粋な響がありますそしてそこには、そうするよう努力しておりますが（歌への詩作）、真実の単純さがあります。

貴方の数曲の歌は、何と純粋で、明快なことでしょう。また、それらすべては民謡となって、人々から歌われております。

私の詩集では、形式がある程度民謡調ですが、内容は伝統的な社会に向いていると思われます。

そう、私は十分おとなです。ですからお許し下さい、かならずくりかえすこともあるかと思います、そして、貴方のメモ帳にみられる七七の詩行が私に影響を及ぼしました、このことははっきりしていましたが、人は、現存する昔の民謡形式を、あたらしい形式とすることが出来ます。それと同じように、民謡調であること（それをわざわざ変える必要はありません）、つっかえた語調とぎこちなさの語調、を真似ると良いと思います。

貴方の詩集の第二の部分におきまして、私は形式がもっと純粋で、もっとわかりやすく、明快であると思います――何で、私は形式のことばかり、言っているのでしょうか、私は貴方に言いたいです。私は、ゲーテを除きまして、歌の詩人ではありません。貴方は歌の詩人となることが好きです。

ドイツの詩人ウーラントの詩の調子は、特有ではありますが、十分ではありません、そして、本来、昔の詩集であり、そこから自分の題材や、他人の絵画や、他人の詩、短編小説等の題材に使われることもあるかもしれません。

詩人リュケルトは、とてつもなく創造性が豊かでありますが、彼の場合、非難すべき点はいくつかあります――私自身も同様ですが、誰でも間違いをする人は存在する、と言ってもいいかもしれません。リュケルトは、私と同じように気難しいのです。

ところで、貴方、ヴィルヘルム・ミュラー様、ただ貴方だけがこの私とあっけらかんと、楽しくお会いしておりますし、貴方は永遠の新鮮さと、青年のような創造力の源泉をお持ちになられております。

私自身はと言いますと、すでに申し上げましたように、体調があまり具合がよくありません、それで、歌を作る詩人の人生としましては、終わりを告げました。このことは、貴方自身もお気づきになっていることと思います。

私は、散文をたくさん書こう、と思っております。また、私の著書『旅の絵画』の最新の巻におきまして、散文らしい素晴らしいと言った称賛、また、辛辣な批判、他人を傷つけること、そして自分の散文に対して批判した人に対して腹を立てること、などを貴方はお読みになることと存じます。とりわけ特別なのは、論争的なことです。

今は、あまり良い時代ではありません、力と自由な勇気がある者ならば、戦争に行って懸命に戦う義務があります、そして戦争は発展し続けるのです、それに対して、戦争にいかない並みの、凡庸な人間は大きな顔をします、とてつもなく大きな顔を。

貴方は、私にとりまして重要な意味を持っております、お願いです、そのことをどうぞお忘れにならないでください、そして、お互い齢を重ねましても、ご一緒に作詞などに向かって努力しましょう。

私はとてもうぬぼれやで、虚栄心が強いのですが、二人とも、この世におさらばしましたあと、私の名前と貴方の名前がご一緒になって（ミュラー・ハイネ）、世間の人達から、そう呼ばれるようになると、思います――ですから、生涯お互いにお会いしたり、文通しましょう。

私は貴方に手紙に書きましたことを、読みなおしをしてチェックなどをいたしません。貴方のことを思いながら、ペンを一気に走らせました次第です、私は貴方に、多すぎるか、少なすぎるか、お話ししましたか、ながいこと考えました。

親愛なるミュラー様！

ハインリヒ・ハイネ　拝

テオドール・シュトルム

一八一七年、フズムにて誕生。一八八八年ハーデマルシェンにて、死去。作家、詩人。作品に『みずうみ』（関訳）、『大学時代。広場のほとり他四篇』『白馬の騎士他一編』（茅野訳）、『聖ユルゲンにて。後見人カルステン。他一編』（国松訳）等々。

エドアルト・メーリケへ

メーリケの抒情詩の類のない偉大さは、はやくから、人々の心をひきつけてやまなかった。著書『昔の愛の知らせ』でもってシュトルムは、一八五〇年、シュヴァーベン地方出身の詩人に手紙をとおして知己となった。そして、いまだこの年齢なのに、シュトルムはメーリケのことを自分の生徒だといった。だが、おたがい、まねしあうものでもなかった。シュトルムは生まれもっての自立心があって、それが故郷の天才として、生涯にわたって詩作や短編小説を著わすのに努力した。またシュトルムは、シュレスヴィヒーホルシュタイン地方のデンマーク出身の知事としてその地に根ざし住んだだが、政治の分野の異変で追放された詩人であり、力を込めて書いたこの手紙において、自身のポートレートのようなものを書いている。

ポッダム、ヴァイゼン街六八番地　一八五四年十一月

君の最初のお手紙、僕はそのお手紙を拝読し、とてもうれしく思いました、そして、詩集のなかでも君にとりまして特に気にいられた『森の道』を、私に与えて下さいました。その詩は、僕にとりまして「思い出」となるものでして、ずっと手元に置いておきます。

僕は、最も暖かな詩『青年の陽のひかり』のなかの一節を、書き写し、君にお送りいたします。——私の父上は製粉業者の息子でした、それは私達の名前とだいたい似ているでしょう（シュトルム：シュトルニーレン：商業で、注文、契約などを取り消す意味の語）。

水車、風車の製粉所は、私が生まれましたフズムから南方、約五マイルのところにあり、また、小さな、こっそりと、主要道路からはずれた、木々におおわれた小村ヴエスタームユーレでは、私の大切な父上がランツブルクの中学校に通っておりました、通学の途中では森や野原を越えて行き、まるでのんきな鳥刺しのような青年時代を過ごされたようです、そして父上は熱心に勉強し、国中、有名な法律家と商業者となり、昼間はそうしてはたらき、夜になりますと魚や鳥を捕まえる夢を見るようでした。そして朝になり、いやな日をすごしますと、まず深呼吸をして、家族に向かってその過去においてのいろいろな出来事について話し始めます、それは、この数年来、家のうしろに庭があり、椋鳥のための抱卵の箱を置いた、そして、——壁

ぎわに家畜小屋をもってこさせた、といったことを話します。

毎日、そして父上の仕事部屋のなかから、春が来たとか、夏では、いろいろとつまらない話を口をもぐもぐとさせ、しゃべり続けます、鳥達も飛び去ったり、飛び降りたりしますが、父上はそれらを観察し、家族に向かって報告します、家庭の経済は、ごくわずかの食べ物で十分です。

私の子供時代には、私の父上の一番目の兄は賢く、くつろいだ人でして、水車小屋で働いておりました。周辺の多くの田畑をもっている農民は、ほとんどすべてお爺さんの兄であり、あるいは、おじ様たちでありますが、ひろい昔のザクセン風の農家に住んでおりまして、そこに訪ねていきますと、時折り、私は気持ちよく、私の想像力が湧き出でます。（ヴェストファーレン地方では、農家は人それぞれ「ミュンヒハウゼン（ミュンヒ風農家）」で、ほとんど同じです）。

何と多くの楽しい秋祭りを、僕はそこで体験したことでありましょう！

しかしながら、私の街の中心はつねに水車小屋でありました。

私の喜びであり、おもな仕事は、村から徒歩で十五分ほど歩いて行ける森で、鶫を捕まえることでした。

夕方になると、おじ様と一緒に家の戸口の前の菩提樹の下で、座っていました。そして私達は、馬の尾毛で作った罠をもって、森に出かけます、――僕は鳥達が好きな木の実をかごに入れ、狩猟犬を連れて、一日に数回森に狩猟に出かけました。そして、数年来、心に浮かんでいました詩作をメモしておくのです。――一八四九年の秋には、僕は若い妻と、当時僕たちの一人息子であるハンスと一緒に鳥達を捕まえようと水車小屋に向かいました。

その間、おじ様は亡くなってしまいましたが、その息子さんは水車小屋で働いています。菩提樹もとても大きくなりましたし、また、祖父母たちの住居は立てかえられておりました。

これらすべては、はじめのころ、僕は嫌な気持ちでした。しかしながら、そうした心のつかえは、町に引っ越した僕たち家族と、いまだ村に住んでおります親戚の人達と、おしゃべりするうちに、消えてしまいました。しかしながら、そうした親戚の人達にも高貴で洗練された心のもちぬしというものもいるのですね、その方のお名前をあげるとするならば、僕の父上の三人の姉妹がそうですし、とりわけ一番年上のグーデ伯母様は、ブナの枝を曲げたり編んだりして垣根を作っていました、そして力強い目つきをした、小柄なお母様、僕は大好きでした。ですが、この春が来る前に、亡くなってしまいました、僕は悲しくてやりきれない思いでした。

また、なんと僕の妻は三人の姉妹達と、気持ちが通じ合っていることか。

そして、なんと三人の姉妹達が、僕の妻を慈しみ、愛していることか。

僕は、父上の三人の姉妹のうちで一番年下のおば様の夫につきまして、言わずにはいられません。その方はオーム叔父様と申します。(その叔父さまの先祖の一人は、ホルシュタイン地方を治める公爵、将軍であって、ある戦争の時、敵を切り付け、将軍を救いました。そして公爵は、叔父さまの先祖の一人を友人扱いし、血のつながった親戚扱いし、その名前と、田畑、森そして野原を贈ったと言われます)。

この気持ち良い、大食漢の叔父はつねにこう叫んでいます。大きなパンに厚く塗ったバターが大好きだ、そしてげっぷ。そして、この叔父はあらゆる出来事に興味をいだき、もし僕たちの時代にこの叔父が存在するとすれば、僕たちは絶えず会って、冗談を言い合いながら、喜んでいますが、その叔父は僕たち仲間の中で、中心人物になったことと思います。

しばしば――たとえば、一八四七年の聖霊降臨祭の日々に、僕たちが幾つかの馬車にのって、到着したとすれば、――叔父は馬車で、腕に僕たちの三人か四人の女の子をかかえ、草が生え茂った農場の坂道をとおりこえ、キルヒシュピールスクルークに行きます、むろん、いとこが耕し、管理しているところです。

その叔父の農場は、キルヒシュピールスクルーク（レンツブルク州）にあります。

僕は当時、若い娘と結婚しました。僕達の両方の兄弟は、（一人は、僕の姉妹と結婚した）と三人ぐらいの友達と一緒にいます。

僕たちは、いくつかの家と宿舎を持っておりました。

僕たちは家から次の家へと歩いていきました、そして、村から村へと馬車で巡りました、村で朝食を食べて、次の村では、親戚のところで昼食をとり、食後、コーヒーを飲みます。

そして、また次の家で、コーヒーを飲みます、また僕たちは、村の音楽隊を招き寄せ、夜更けになるまで、奏でられる音楽に合わせて踊りました。また、僕の叔父様たちのなかの一人は形式どおり僕の若い妻のご機嫌をとります、その間、彼の母親、僕の大好きなレーネ叔母様（オーム叔父様の妻、一番年下の父上の姉妹）、その叔母様は繊細で、ものしずかな、美しい目ざしをしておりましたが、迫害されました。

そして、夕方から夜更けになるまで、僕たちは、暗いタクサス（いちい）の下、広い、荒れ果てた庭に座っていましたが、池のところから、遠く下方、村の小夜啼鳥の声が聞こえてきました、僕は生まれて初めて聞く声です。

――貴方はもう一度、三〇分後に、キルヒ村からやや遠いウェスターミューレンへと、僕と一緒に帰りましょう。

しかし、水車小屋で時間をつぶすわけではありません。僕たちは家を出て、庭沿いに歩いていき、垣根に巻きひげを出して絡みつく植物から、秋の午後で暑い中、甘い、素晴らしい、ブラックベリーを摘みました。それから、少し上にあります畑を越えて、ミューレンバッハの支流沿いを少し歩きましょう。

間もなく、僕たちは前から計画したとおりの、いわゆる「以前の堤防」の上につきます、すると眼前には、灌木と野原が寂しそうに広がり、わきには原生の樫の木が立ち、赤いレンガ塀に囲まれた可愛らしい、清潔な農場があります、そして、壁じゅう白く塗られたお店が数棟あり、そのうちの一つのお店は大地に届かんばかりの垂れ下がった藁ぶき屋根をもっております。

この家に僕のおじ様「以前の堤防の上のハンス」が住んでおりまして、昨年の一八四九年に、同じ名前の一人の息子さんを残して、死去してしまいました。

家のわきにある野原には、「ミツバチの農場」を囲う垣根のあとがあり、僕はそのありさまを描いて、「緑の新聞」に投稿しました。

その所有者は、ミツバチの農場を崇敬の念から自身の年下の弟に譲りわたしました。その弟は、気の利いた、愛すべき人物で、子供の時からも、今も、ミツバチにふれず、そっとしておき、弟は、家にいる限りミツバチの蜜をとっていました、そして、家族をとおして、ホルム村にある農夫の娘と知り合い、結婚し、今は人のいい農夫として、昔の子供のような心でもって、たくさんの子宝にめぐまれて、生活しています。この僕の数年、年上のおじ様ユルゲン・シュトルムと一緒に僕は立ち止まりながら、数年前、僕の子供の時の思い出や、昔、僕がお訪ねしたことを、いろいろおしゃべりしました。昔の農場には、荒々しく育った灌木がありました。

僕たちは一緒になってあらゆる小さな歴史となる出来事を思い出しました。「こうのとり」に誘惑され、においのない木から銃で撃たれ、そうして、僕の子供ごころは、いまだ長いあいだ、もっともひどい避難をあびたことを覚えていました。鳥をとるために馬の尾毛で作った罠が庭にあり、十五分ごとに野原の鶫が引っかかります。そして僕は今までためておいた詩集の構想に、いま湧いて出たインスピレイションを書き加えます。——僕はただ一つのことに没頭します。そして、僕に残った一つの謎は、今日にいたるまで残っています。

すなわち、僕が思い出すには——時間と出来事の機会が、僕にとりまして、どうもよく合わないのです——、おじ様のユルゲンと一緒に家の小さな側扉をあけ、野原をとおって小さな堀を越え、荒れ地と高木が生える、森のなかへと入りこみます。途中、おじ様はパイプをくわえて、榛の木を切り落としておりました。それは当時、僕にとりまして童話のような世界でした。

太陽に照らされ、明るい森のなかに、なんとエメラルドグリーン色のエメラルドトカゲがいるではありませんか、僕の生涯で子供の頃と、今、見ただけです。

そのトカゲは、木の切り株のうえに座って、その黄金の目でもって、僕を魔法にかけるようにじっと見ているではありませんか。

僕はそのことを、僕のおじ様にお話ししたところ、おじ様は大笑いをなされ、それ以上のことは知ろうともしませんでした。

向こう側にも、近くでも森は全く見えません。おじ様が言うには、誰もいない、とのことです。僕自身、確信しました、おじ様は正しい、と。周囲は灌木と野原が広がり、畑とぽつぽつと木が茂っている。――しかし、当時、どこにいたのでしょうか?

その後、僕は、君に僕のいくつかの詩と長々と説明文を書きました。そして、君は、その詩と説明文をお読みになって僕が育った「大地に根ざした詩」というものがお分かりいただいたことと思います。僕にはふるさとを思う強い心があり、それが毎日のように強く心を揺さぶってきます、ほかのところに移り住んで、慣れ親しむようなことは、不可能なことです。

僕の先祖、また数百年以来、父上も母上も敬意を表されつつ、この父としての町、地方の世襲土地として住んできました、僕はこのことを意識して、成長してきました。

ここフズム町では、僕は栄光なる家族の伝統の環境のもとに暮らしております。

ほとんどの職人家族には数世代にわたって、一人の男のお手伝いさんか、あるいは一人の女のお手伝いさんがいました、お手伝いさんすべては僕たちの家族がお世話した人達です。租祖父母の名前はよき昔、緊密に結びついており、僕の祖父、としをとった商人フリードリヒ・ヴォルドゼンは、毎年、大きな、北海沿岸の沼沢地地域の牡牛をかわいそうにも、屠殺させてもらっています。

僕の母上は、両方の両親に通じて、今、死去された昔のフズム町の貴族に属しております。それから数百年を経て、重要な商人、ジンディッチという平和な町の町長であったそうです。ヴォルドゼン家の男の家系が絶えてしまったので、僕も幼い「ヴォルドゼン・シュトルム」として、その名前を授かるように洗礼を受けました。

その際、父方の家族におきましては、僕、最初に生まれた幼児には、テオドールの前に「ハンス」という名前をさずかりました、その厳粛な名前のため、カレンダーを見て、確かめました。ここヴェスターミューレン町では、ついでに言いますと、六人か、あるいは七人の人達が「ハンス・シュトルム」の名をさずかっておりまして、同じ名前の人達が多いため、間違いないように、いろいろと努力が必要です。

ご尊敬するメーリケ様！

シュトルム　拝

エルンスト・テオドール・ホフマン

一七七六年、ケーニヒスベルクにて誕生。一八二二年、ベルリンにて死去。
詩人、劇作家。作品に『ウンディーネ』『スキュデリー嬢』（吉田訳）、『牝猫ムルの人生観』（秋山訳）、［夏目漱石はこれを読んで『吾輩は猫である』を書いた］等々。

アドルフ・ワーグナーへ

一八一五年以来、ベルリンの官房裁判顧問官の職に任ぜられていたホフマンは、自身の詩人としての活躍によって、多くの人と友人となった。それら友人たちの精神的援助のゆえに、古代エジプト、プトレマイオスの時代の豊穣の神セラピスを祭った神殿にまつわる小説が書け、完成された。彼のザクセン時代の親和力によって友人が次々とでき、一八一七年七月二九日、大火災が起こり、建築家ラングハンス設計による劇場（むろんのこと、ホフマン作のオペラ『ウンディーネ』が演じられていた）も倒壊した、そのもようをホフマンは驚き、子供のような表現で伝えている。

ベルリン、聖カタリナの祭日、一八一七年十一月二五日

魔王、親愛なるアルフ！　貴方はたしかに、最近私のもとでお過ごしいただいたことと思い

ますが、それも薄暗がりのなかで、そして、すぐに明かりがともされ、お茶を二人で楽しみましたね。また、私は頭のてっぺんに帽子をかぶりつつ魔法の本を読み、薄暗がりの中でより強い魔王が現れてきました、ギリシア神話に出てくるアフロディテに愛されたアドニスの美貌の原則のお茶をもってこさせ、（魔王はたくさんミルクをいれました）――短く言うとすると！――魔王は、魔法をかけようとは、思わなかったのです、おそらく貴方はそうさせようと思ったのですが、貴方は、ベテイガー街の角のテレーゼお嬢様と寝ようとしたのですが、おうふくびんたをこわばった手でくらってしまったことを、私に物語ってくれたのですね、私はおふたりの感情を、とてもよく理解できますし、むしろ、それが自然のなりゆきであると思います。――何故に貴方は、ここにいらっしゃらないのでしょうか？――いずれにせよ、貴方はお元気です、と言いたいのです。

お一人でお暮しでしょうから、その後は、ベルリンの王宮近くの最も美しい地域である私のもとでお暮しになられれば、と思います。貴方がその気になりさえすれば、私達家族がそうしているように、ここでお暮しください。平静に、じゃまされず仕事ができます。――数時間前に、私が敬愛するミュラー氏がここにいました。ちょうどオペラ『ウンディーネ』が上演された時ですから、彼と一緒に観劇して、とても愉快でした。

その劇場では、最後のオペラの上演でした。

その三日後には、劇場は上演中にもかかわらず、火災で崩壊してしまいました。

貴方は、この惨事をライプツィヒの人々にお伝えするべきではないでしょうか。

またその上演のさい、オペラでの、多くの演技、魔法の装置、オペラのストーリー、筋が次々と変わるはやさ、はじめて聞くような多くのオペラ歌手が亡くなってしまいました、それらは想像を絶します、あとかたもなく。――『成年』という題材では、オペラ作品は成功しませんでした、と言いますのは、一年という期限で、たったの二三回だけしか上演されなかったのですから。――私は、劇場からたったの十五~二〇歩しか離れていない住居に住んでおりますから、劇場の火災による崩壊、大惨事の時には、危険を感じました、私の住居の屋根はすでに燃えあがり、住居の壁等、もっと多くの部分もです！

国への信用はゆらぎ、頭に被るかつらを製造する劇場内の部屋も火の海で、五〇〇〇個ものかつらが消失してしまいました、また、村の理髪店からの長い辮髪をもったウンツェルマン氏のかつらは、恐ろしい火の大気現象によって銀行の建物の上に浮かんでおりました、――これらすべての火災による大惨事について、貴方に魔王が物語ってくれることでしょう、そして、私と政府館、両者は助けられたと、つけくわえて話すことと思います。

私は、消防団員によってホースをもちいた消火作業で、一命をとりとめましたが、火傷を負い、妻の絹のエプロンで患部をしばりました。

他方、政府館はと言いますと、タウベン街に住む勇気ある近衛狩人が空中に浮かんでいるかつらをホースを使って消火しようとしたがうまくいかず、猟銃の射撃によってかつらを打ち落としました。

ひとりの死者は、火災のごうごうたる音の中、ショルナチエンのワイン店の小便小屋に倒れていました。

その後すぐ、国の重要な書類が空中に吹き飛んでいるではありませんか！――それは叙事詩に関する資料ではないでしょうか？

貴方はおそらく、この地域で起きた火災の様子を詳しくお知りになりたいのではと思いまして、私は小さな手書きのスケッチ画を添付いたします、なお、そのプロポーションはとても正しく描かれていると思います。

ヒチグ氏によろしくお伝えください。フーケ氏はちょうどどこにもおりませんでした。

私は、中世の大学の教員の資格を示すマギステルのペンインクによって、あの見知らぬ子ども、今年書きあげました『子供の童話集』をご高読いただくようお勧めいたします。

私の妻が、貴方によろしくと伝えるように言っております、また再び、お茶をさしあげたい、と言っております。またすぐにでも、こちらにあそびにきてください！

お元気で、さようなら、親愛なるアルフ！

ホフマン　拝

フリードリヒ・ヘッベル

一八一三年、ヴェッセルブーレンにて誕生。一八六三年、ウィーンにて死去。

作家。作品に『ユーディット他一編』（吹田訳）等々。

エリーゼ・レンジングへ

ハンブルク時代のヘッベルを、助けた女性エリーゼは一緒にミュンヘンに滞在した。ヘッベルの「日記」によると、正しくはエリーゼからの言い逃れだった。そこで、ヘッベルは自身の著書にも匹敵する、「家政記録」の一ページを、エリーゼの目の前で開いて見せた。ヘッベルは幼年時代、無一文の暮らしだった。エリーゼは、それを見て結婚ができないことを納得した。また、著書『幸運な連れ子』を著わしたが、その中で自分の人生を嘆いた。

ミュンヘン、一八三七年九月十三日

愛するエリーゼ！

僕は今、エッカーマンの著書『ゲーテとの対話』を読んでおります。とても素晴らしいと思います、大変面白かったです。この書物は僕にとりまして、やや刺激的です。そのうち君にその読み物の内容を、お話ししてあげましょう。

エッカーマンは僕にとって、あまり重要な人物とは思われません、ですがこの場合、エッカーマンは著者としてとても重要なもので、それでゲーテによって、彼が秘書として呼ばれたのです、今でしたら、そんなことは不可能です。あの読み物は、エッカーマンにとって、明快であったにちがいありませんでした。ゲーテはたかだか、印鑑を押して、印刷に回したにすぎません。

ゲーテは、アダム、主の神のように僕のところに訪ねてきます、神の息吹に触れて。

そして、この男ゲーテは人生と世界に、心地よい、名誉ある関係をむすびました、ゲーテはすべてにおいて気高く、詩、短編小説、長編小説、劇作等を作り、自身で純粋な心で喜んでおりました。不平も言わず、詮索もせず、自身の存在のすべての魂を明るく笑いながら自覚することを、心から楽しんでいました、そして、ゲーテは苦労を乗り越えて楽しい思いに満ちた生涯であった、と思ったにちがいありません。

それとくらべて、僕の場合、何たる違いなのでしょうか?

僕がその問いにきちんと答えることが出来たなら、歯ぎしりをすることとなりましょう。

低い地位に生まれた故に、いまいましさ、おずおずとしていること、とても高貴な人だと尊敬される父上であるソーセージの商人の賃金で養われ、僕の青春は陰鬱でありました。

そして、のちになりまして、複写業を営んで、充分、自立して生活ができることを知りましたが、僕の心の奥底では、何か詩等を書かないではいられません、ですが自身の詩等で世間に通用するとは思いません。ですから、つねに。自己満足しないような性格になりました。

これらのことは、僕のやること、真なる感情で詩作したい、創造したくなりますと、すぐアイデアがわいてきます。

どの動植物とも同じように、人間という動物は、適切な時期に良好な天候を必要とします、そして愚かな行為に走るのです。

九月二〇日

昨日は金曜日でした。午後になりますと、君の手紙が僕のところへ届くものと思われます。僕は三時ごろ出かけて散歩をし、五時頃帰ってきましたが、封筒をうけとり、見ましたが、残念ながらがっかりしました。一瞬、ものも言えなくなり、ばかばかしいなぐさめともなりました。考えますには、君がお待ちになっていただいていても、無駄ということは、ほんとうに良いことです、といいますのは、君宛てに、祭日に、僕の手紙が届くからです。

僕は今、ナポレオンに関する本だけで、ほかの本は読んでおりません。

ナポレオンは、誰もが親近感をもつ人物ではありません。

このおちついた偉大な人物は、自身のことをかたときも忘れません。この慧眼は、人生においての、いろいろな体験から形成されたものだと思います——その慧眼は、歴史のなかでも、二度とないと思われます。

ナポレオンの巨大な作戦と行使には、自身の固有な意図と動機があったからで、誰もがそれを予測できなかったのです、誰もがそれほど偉大ではなかったからだと思います。

神々と半分の神々に率いられた兵によるフランス革命を主題とした劇作、ある一人の詩人に与えられた難しい仕事。誰がそうしたことを、思いつくことでしょうか！　ああ、シェイクスピアでさえ思いつきません！

夕方

まだ君の手紙が届きません！　まさか、君は病気ではありませんか？――前にもエッカーマンの著書『ゲーテとの対話』を読みましたが、僕の詩作や劇作の構想に、おおいに刺激となりました。

ゲーテと僕とが、話が一致することが出来ましたなら、同じ詩人であり友人たちのアウグスト・プラーテンとフリードリヒ・リュケルトと一緒に、右手をつないで散歩に出かけます。

僕はそうしますと、楽になります。散歩の途中、外でおきている物事を見、僕の内なる出来事を見る目を持っております、そして、立ち止まりますと、多くの冗談めいた、格言めいた思いつきが浮かんできます。それはポエジー、詩です、ですから、年間、僕は、二〇行は詩作出来ます。

ゲーテ三〇歳で、ドイツの誇りとなり、ヨーロッパ中が称賛した、たぶん自分にはそうしたことがないのは、残念ですが。ゲーテが八〇歳の時にたてて良いとした原則に従っているとするならば、ドイツの誇り、ヨーロッパの称賛をかちえたことでしょう。

ゲーテが同時代の詩人ウーラントによってそっけなく扱われたのには、僕は腹立たしい気持ちになります。ウーラントの名声は「いくつかの」理由があります、残念ながらウーラントが詩作をやめても、口うるさい仲間達が、深い理解力と学識の証明書を持つウーラントの心を、詩作に向けて燃やさなかったとしても、称賛と拍手喝采を浴びせたことでしょう。

僕はこの事柄をもちろん、やさしく説明してみましょう。ゲーテは青年向けの恋愛や英雄の事績を題材とする民話調の物語と詩を、フィッシャー出版社から出版されました、それが論じつくされたのち、衝動にかられていろいろな作品を書きました、そして、ゲーテの人生のなかばにさしかかった折、ゲーテは最後の作品を書くことを拒否しませんでした（『ファウスト』）。

でも、ゲーテの精神的なものは、ドイツのみならず、フランスの哲学者コントに負うものが、大きかったのです、贋金作りが見えました。僕は、先ず僕の精神的な基礎を固めて、ゲーテの言動が如何なるものか、僕は確かめたいと思っています。

僕は、芸術が人々の心をやすらかにさせる、などとは思いません、といいますのは、太陽がずっと遠くにあるとしますと、例えば湖に、目の錯覚によって、芸術家が描いたような絵と同じように映像が湖に反射し、輝くように見えるのです。あたり前のことです。

ところで、愛するエリーゼ、僕が君に差し上げた詩（コピーした）についてですが、拍手してくれますか？　まずまず良い出来の詩であると思ってくれますか？　そしてこれが重要なことだけれども、僕の一番出来が良い、心をこめて作った詩が、大衆が読んでくれる場合、理解してくれるかどうか、僕は知りたいのです。

僕は手紙に添えて、三行の詩（夢、あるいは墓、という題名ですが、その詩は次のように始めます。「僕は墓の中にいれられる」）をお送りします。作詞した当時、僕は自身のことを分析しました、そしてその詩が、下品で、センティメンタルな馬鹿話とどれほどの違いがあるのか、また、なぜそれが詩的なのか、いったいぜんたい、僕にとって作詞する構想はどのようなものか？　自問自答しました。

どうぞ、君が「単純な女の子」として、僕のところに訪ねてこないでください、「知的な女性」として、来てください。そして、心のこもったお手紙をください、そして遠慮なく、君の考えを、書いてください。そして僕の詩について、良い判断をして頂ければ、僕は喜びますし、そうでないとしましても、僕は、そう腹立たしい気持ちにはなりません。

僕はその詩のことを下らないとは思っておりません。僕は、君が大衆の中の代表者として、僕の詩行について、あれこれ意見を述べる人として、君が重要で、大切だと思っております、なお、君が見過ごすものがあまりないようにしてください。

一つヒントを君にさしあげましょう。僕の詩行は、一般的なものではありません。そして、僕のお願いを、かなえてください。僕にあるのはそれだけです。

僕の詩『シュノック』を君が気にいったかどうか、僕は興味津津です。

君がまだ覚えておられれば、僕の最初の原稿に書かれておりますすべては、単なる遊びだったのです、今では、滑稽ではありますが、称える人がいるとすれば、良い詩等を作りたいと思います。

愛するエリーゼ！

ヘッベル　拝

シュテファン・ゲオルゲ

一八六八年、ビューデスハイムにて誕生。一九三三年、ミニュシオ（スイス）にて死去。詩人。作品に『ゲオルゲ詩集』（手塚訳）等々。

フーゴー・フォン・ホフマンスタールへ

詩人フーゴー・フォン・ホフマンスタールと作曲家リヒャルト・シュトラウスとの間に交わされた後期の手紙のやりとりは、二人で共同して芸術作品（オペラ等々）を創造し、それが完成すると、新しい一歩（詩と演劇作品）が出来上がったが、ゲオルゲとホフマンスタールとの間に交わされたいくつかの手紙のやりとりは、二人の決闘者が階段を行き来するようなもので、人格的、精神的にもその関係は、うまくいかなかった。その背景には、人間性の違い、それに、主張の悲劇的な不一致、この二つの可能性が考えられ、それは、普段の生活における事柄や、文学についての話し合いにもみられるようだ。二三歳のゲオルゲが、十八歳になったばかりの高校生ホフマンスタールに会ったのは、一八九一年の冬、ウィーンにおいてであり、ゲオルゲはあっちこっち捜した後、自身に言った。「新たな意欲と希望を与えてくれる人を探した」と。ホフマンスタールは、ゲオルゲに詩集『道すがりの人』でもって、応えた。

「君は、僕の心の奥に宿っている秘密を予感している。夜ごと囁く風は耳を澄まして聴く」

しかしながら、詩人ホフマンスタールが詩集『アルガバル』において示唆した気が荒い、高慢な決闘の申し込みのようなものに、ゲオルゲは驚いた、そして再び、ホフマンスタールの影響を受けた。その後、ゲオルゲが発刊していた「芸術のためのノート」誌に、ホフマンスタールは詩などを寄せて協力していたが、それいじょうの人間的、芸術的な交わりは不可能であった、その数年後、ホフマンスタールが送った手紙の返礼に、「私達の詩などの仕事において、どちらが優れている、とは言えない」と書き、――ゲオルゲはその間、結婚したが――またその手紙の中で、ウィーン郊外のロダウン街にある自宅にホフマンスタールを招待する旨、書いた。

ビンゲン、一九〇二年五月

親愛なるホフマンスタール様。友情に充ち溢れました貴方のお手紙を受け取りまして、私はとてもうれしく思いました。そして、この数年、偶然でありますか、あるいは仕事で忙しかったのか、ご返事の手紙を差し上げずじまいでした。貴方を思い出し、今日貴方に友としまして、お手紙をさしあげますが、今まで、お手紙をしたためなかったのは、貴方に対し胸の内に悪意をもっていたのでは決してありません――また再びお手紙を差し上げるとか、あるいはお手紙を失礼させていただくとかの問題ではないのですが――私達が初めて協力し合いました「芸術のためのノート」誌におきまして、投稿されました詩集から、私はむしろ、貴方からの影響があるのだと感じました。自覚するにせよ、自覚しないにせよ、よい詩集が勝利をおさめ、高く評価されることが、問題ではありません。時折り、詩人たちの中で、貴方のお名前を見つけます。それに対しまして、私の詩集の場合は、あまり良いとは思いませんし、ホフマンスタール様の詩集は、質の点で断然私の詩集をひきはなしております。

私が発刊しました「芸術のためのノート」誌に一緒に投稿しました二人の詩集という事実がありますが、私が努力しまして作りました詩集の中の一つの詩は人々が「まあまあの出来」というだけでして、貴方自身の詩は、多くの場合、人々をとても驚かせるのです、そして私が手ずから書きました詩は、多くの人々の耳と口が否定するのです。

私は過去、貴方をお招き、歓迎しようとしました、ですがあなたは不安そうにご遠慮なされました。

私は、貴方と個人的にご相談させて頂きましたが、貴方はつねに私を避けるようですし、一八九二年に「芸術のためのノート」誌を創刊して以来、すぐさきほど、ミュンヘンにて偶然お会いさせていただきましたほかは、私達はひとことも言葉を交わすことはありませんでした。

私達は、貴方と私という密接な関係でして、この数年、私達のそれぞれの詩集で、これまでの経験がものをいって、詩人の世界で頂点に達していくことが出来たように思います、このことには、――それまではそうではなかったのですが、貴方ひとりの役割が大きかったと思います。

私が度々、どのようなやり方で詩を作るか、教えを乞うたことを認めます、確かに、そのことはいつも貴方への追従でありましたし、尊敬の念からでした。文壇の同じ戦列に多くの重要ではない人々が存在するにも変わらず、貴方は私をつらく、悲しませるのです（私のみがそう見ているのではありません）そして、その場合、そう欲するのでもなく、ちょっとした数詩を作るだけで、貴方は私の目からしますと、名声の高い人なのです…もっともなことですが、今日では、そうしたことすべてが、あっさりと忘れ去られてしまうのです。

私達が汗だくになり努力して、良い詩集を作ってもです。そして私達の次の世代の若者たちは、自身を信頼し、自制し、輝く美を希望しております――

これをもちまして、いつまでも変わらない、喜ばしい話題に移しましょう！

貴方は、私を重要な人間とし、私達が会った当時、すべて私の手、目、顔等の動きを、そして話し方などを、価値あるものとしました。

貴方がお作りになられ発刊されました詩集中の数行を、私が読みますと、深い共感が湧き、強い印象が残ります、そして、「芸術のためのノート」誌におきまして、何故か貴方が詩集をご投稿しませんことを、私はとても残念でたまりません。

貴方のウィーン郊外にありますご自宅へのご招待を伝えますお手紙、とてもうれしく存じます。そのお手紙から、私達は、芸術と詩作におきまして、素晴らしい褒め称えるべきものがあると、あなたがお感じになられますことを私は拝読させていただきました。一言でいいますと。私達、南からの人間は、貴方のお邦（チェコ、プラハ）への楽しい思い出と結びついております！また、私が貴方を、私の自宅にご招待することは、貴方のご招待より前になりますことを、ご承知おき下さい！

――しかしながら、交渉ではなく、次のようにいたしましょう。私たちが、数ヶ月後、たびたび手紙をやり取りし、より良い関係になるようでありますならば、私はそのうち、貴方のところにお伺いいたしましょう！　ご住所が変わられて、私が探すことが難しい場合でも、私はこの頃、自由な身でありますので、いつでも行くことができます。

貴方の新しいお知らせを待ち望みつつ。

親愛なるホフマンスタール様！

ゲオルゲ　再拝

追伸：
イタリアの詩人、小説家ダヌンツィオの小説の翻訳の仕事は、そのうち終わります。いろいろ面倒なことをおかけし、相済みません。ありがとうございました。本当に、ダヌンツィオ自身がドイツ語への翻訳を求めているのかどうか、当時、私は知りたかったのですが。

ゴットフリード・ベン

一八八六年、マンスフェルト（西プリグニッツ）にて誕生。一九五六年、ベルリンにて死去。

軍医大佐、詩人。作品に『詩選集』、詩集『黒い軍団』『統計学的な詩集』等々。

フランク・マラウンへ

五〇歳の誕生日の際『詩選集』が出版される前に、ゴットフリード・ベンはすでにナチスの広報部によって、公然と隠蔽されて、「頽廃芸術家」として烙印を押されていた。ベンはもっと悪いことを恐れていたに相違ない。そして、「ベルリン八時夕刊紙」の文芸欄担当の若い編集者フランク・マラウンに次のような言葉をそえて、新しい巻を送った。「私の巻への補注におきまして、貴方がそれを出来ましたなら、素晴らしいことと思います。しかしながら、それはまずいことになるだろうと、まずは貴方に忠告しておきます。私が書きました巻は、ベン流のへぼな世界観という序章から始まります、その世界観は帝国の文科省の意と真っ向から対立しているのです、また今日、芸術と建築とも同じです。私の第一巻は、次のように始まります。洗練、凋落、悲しみ――これは創造の原則であると書かれております」――若くて、何事にも動じないマラウンはすぐさま大きな不幸にならないよう手当てをした。「ベルリン証券取引所新聞」に短い作文を投稿した「英雄的なニヒリズム」、このニヒリズムは当時、国防軍の将校たちの声であった（軍医大佐であったベンは、すでに再び入隊していた）にもかかわらず、その試みは失敗した。作文は十二年間もの長い間、引き出しに保管されていた、しかし、その論文は、ベンが当時、少なくとも軍医としての地位を考慮して、「ベルリン証券取引所新聞」に掲載された。

一九四八年に発刊された『統計学的な詩集』は、若い人々にさかんに読まれ、ベンは新しい詩人と呼ばれ、現代の世界で名をなし、新しい世代にとっての、抒情詩人として範となり、ドイツ内はもとより、ドイツ外でも、その名が知られるようになった。

ベルリン、一九三六年五月十一日

親愛なるマラウン様

貴方の電報、貴方のご希望、それに貴方の論文を頂戴し、とても感謝の念に堪えません。貴方の論文によりまして、おそらくわが身が救われましたことと存じます。

私のもっとも新しい詩集『黒い軍団』を、貴方は、確かにお読みになったはずです。五月八日発行の新聞「人民監視団」から、強い攻撃を受けました。そのことは当然、私が詩集に手直しを加えねば、私、将校にとりまして致命的なものとなったことでしょう。そうした場合、いったい誰が私の名誉を回復するべきでしょう?

いったい誰が、私の詩集がみだらな、つまらないことではなく、素晴らしく、価値があると、将校たちに示したのでしょう? いったい誰が、そうしたことをしたのでしょう?

今まで、一心不乱に仕事に邁進してきましたが、一身をかけまして、これまでの問いに、答えることが出来ます。

人民検閲団の暴力的な、本来らちもあかない攻撃ということは、どのような意味があるのでしょうか? それは次のような意味があるのです。それが芸術であれば、ここに芸術が存在するのでありまして、ドイツの大衆が、それを芸術とみなせば芸術であり、政府筋のプロパガンダの結果、いわゆる「洗脳された」大衆には芸術ではないのです。退廃芸術なのです。

しかしながら、第二次世界大戦での北方での勝利がやがてくるかもしれません。

ローゼンベルクの不戦運動、彫刻家エルンスト・バルラハの闘争、ヒンデミトの闘争、e.t.c. も似たようなものです。

私自身を守るために、貴方の論文を、多くの部署に差し出しておきました、現在では陸軍省におきまして検討しているようです。私は次のように言わなければいけません。軍部はなんと絵空事ばかりをしているのだろうと。

貴方は当然、私に従ってはいけません、何もかも「理解」してはいけません、しかしながら、軍部には姿勢、態度、能力、真面目さにつきましては敬意を払うとして、卑劣な、呪われた犬のような攻撃につきましては、とても嫌悪の念を抱きます。その結果と言いますと、まだ油断ならないということです。

良い結果は、あまり期待できません。

私がナチスの親衛隊に連行されるか、あるいはこの軍部に行くか、どちらかです。最悪の状況です！

いったい私達は、どのような姿勢を示したらよいのでしょうか？　音楽の指揮者フルトヴェングラーはもう指揮をしておりませんし、ヒンデミットはトルコのアンカラに一時、移住しております。建築家のペルチッヒもアンカラに移住します（訳者の知識では、シュペアーは、ヒットラー総統の片腕であり、ベルリンに壮大な帝国都市を計画したが、敗戦により実現しなかった。ちなみに、息子は戦後、ハンブルク在住の建築家として活躍した）。彫刻家のバルラッハは、彫刻作品と著書は退廃芸術として禁止されました。

戦時下では、私は、公然たる不逞の輩です。スイスのバーゼルにて開催されましたコリントの展覧会では、大成功にもかかわらず、このグループの人々からは嫌われ、ものすごく疎まれました、と言いますのは、コリントは芸術の「あの」グループに属していたからです。

当然、人は次のように簡単に言えます。それは芸術だからです。

ある戦う男がいるとします、それは東部の人だからです。違った人がいるとします、それは地中海地方の人だからです。第三番目の人がいるとします、何故ならば人道主義者だからです。四番目の人がいるとします、と言いますのは、キリスト教信者だからです——こうした人々は、すべてにおいて戦っております、ただ自分で成し遂げるのです。こうした人々はそのこと（芸術）は出来ません。

ある人を排除すること、殺すこと、民衆を弾圧すること、これらの政府から飼いならされた側の人たちは、あの人たちを支配します、ところが、他の人達に創造力を予感してそれを達成させる、創造力を飛翔させ、沈黙のうちに創造力を導く、暗中、創造力を生まれさせる、それだけでは勝利に結びつけられません、非北欧系ではありません。それらにつきましては何も予感しません。

ディレッタント（好事家）達への称賛は、ディレッタントのみに限りまして、エピゴーネン（亜流）を促進し、言葉にならない美辞麗句を連ね、インポテンツ（性的不能）を隠す、それが「あの（検閲する）」人々でありましたなら、それはあの人々の強みです。

しかしながら、芸術が目の前に現れますと、あの人々は道徳的となり、突然、責任感が強くなり、愛国心が芽生え、すなわち、弾圧するのです。

私は、この頃、今日、アマゾネス女人族の勇猛な女王ペンテシレイアが現れましたなら、どのようなことがおきるかと、夢想します。あの女ペンテシレイアがある男アキレスを愛し、そしてアキレスを殺してしまうのです、さらには、歯でもって食いちぎってしまうのです！　アキレスを食い裂くのです！

と言いますのは、私達は犬です。とんでもない、違います、私達はゲルマン民族です！　性的倒錯した貴族が、ゲルマン民族の女の獣のように残忍粗暴になった乳房に食らいつく！　頽廃した将校たち、貴族たちの特権階級が、純潔な英雄的女に襲いかかり、けがわらしくも絶頂の声をあげさせた！　等々。端的に言いますと、天才小説家クライストは長生きしなかったのです。

私は貴方に、これらすべてを、愚かなクライストの姉妹に、個人的な心に積もった恨みから書いているわけではありません。そうではありません、私は悲しみから書いているのです。

確かに、ドイツでは、精神が崩壊するとは思われません。しかしながら、精神には、深い傷があります。それはとても必要なことです。理論的にも、理論的とはとてもドイツ的ですが、さらに北方的な理論からです。

このことにつきまして、証明する書類は存在しておりませんが、ただ、希望だけがあります、つまり、私達が間違った方向に導いたことへの反省です。

私は喜んで、自身を啓蒙したいと思います。ですが、この啓蒙のための糸口がみつかりません。

私は思いますに、いまだそこにありますのは、昔のものです。ゲーテが近づけたこと、シラーが照らしたこと、ヘルダーリン、ヘルダーとフンボルトが見つけ、広げたこと、そしてニーチェが最新の形式に整えたこと、そして彼らは新しい世紀の範、希望の星となっております。

これらの偉大な人たちが、まだ、わたくし達にあらゆることを教えてくれることでしょう！

これらの人たちの考えの深さは、今日の私達の浅はかさ、そして、厚かましさとが、すぐに大惨事（世界第三次大戦）とならないように、してくれるでしょう。

ヨーロッパで混合したこの天才的な人々の流れは、ふたつの流れに挟まれた国、ドイツ。驚くほど豊かな才能と夢がある人たちが、夜となく昼となく、あたらしいやり方のはじめを思わせる彼ら（ゲーテ、シラー、ヘルダーリン、ヘルダー、フンボルト、ニーチェ）の知識とアルラウネ（巫女などに力をかす全知の小妖魔）を学びとるのです。

親愛なるマラウン様、貴方は私よりはるかにお若い方です。ですから、今後、私よりずっと多くの彼らの著書をお読みになったり、いろいろな経験をすることでしょう。

おそらく、私が今、間違っているのではないかと、貴方はお思いになっていることと存じます。私は今日の状況をただ、そう見るだけです。「親愛なる友よ、クリトン（プラトン著『ソクラテスとクリトンとの対話』）を信じます。ほかのことは聞かなくとも良いと思います」ですから、この手紙を、プラトンを引き合いに出させていただいて、終わりといたします。

感謝の念をこめて
親愛なるマラウン様！

ベン　拝

ルートヴィヒ・ティーク

一七七三年、ベルリンにて誕生。一八五三年、同地にて死去。ドイツロマン主義を代表する作家、詩人。作品に、長編小説『ペーター・レプレヒトの冒険物語』『カール・フォン・ベルネック』『金髪のエッグベルト』（今泉訳編）等々。

イダ・フォン・ルユッテイシャウへ

生前、作家ティークは、いかに自身の心情を多くの手紙において吐露したかは、ティークの死後、ホルタイがティークの手紙を四巻にまとめたことからわかる。私達の古典時代における心をひきつける祖先の肖像が、陳列室に入っている。ところで、ティークの青年時代のヴァッケンローダー宛ての手紙を読めば、ティークの観察眼が後の諸作品に如何に大きな力となったことか、また、ティークの作品への構想力、ひらめき、博識がいかに多くの作品となったかがわかる。そして、年老いた言葉の画家が月で輝く魔法の夜に、再度パレットをつかみ、手紙でもって、今までの体験を、長年の女友達を慰め、元気づけている。

ベルリン、一八五三年四月頃

愛する、尊敬する友！

以前に私が差し上げた悲しく、暗い手紙は、おそらく貴女を悲しませたことと存じます。なお、その手紙のコピーは昔のものでしたから、読み返すことなく、閉じ、手もとにおいてありました。

確かに、私達の人生には、望んでもいないのに、あらゆる悩み、痛み、そして心をむしばむような深い悲しみ、世界の貧困、避けがたい貧しさと圧制による圧迫がつきものです。珍しい経験ですとか、鈍重な性格にはまるとか、一瞬の感激とか、芸術や学問への熱狂とかは、遠い昔の童話的な素晴らしい青春時代につきものですが、それらは世界の苦しみを柔らげてくれます。

普通なら、もちろんのこと誰でもが自身のことを、そして自身の存在だけを考えます。そして遅かれ、早かれ、死んでしまうのです。頻繁に使用されている教会付属の墓地は、良き人生の楽園のスタートの施設であり、身体は後になって尊重されることなく埋葬されるのです。

私達がよく知ってのとおり、世のはかなさは、自然の摂理です。

幻想、恍惚、いわゆる来世を一瞬覗き込めば——受け入れてくれるかどうか、わかりませんが——私達の心を賛美しています。ほとんどの人は、同じような体験をして死にます。

私の恍惚、あくなき努力、私の生涯の中で最も高貴なる瞬間という状態、それらは私の長い人生において無駄であり、悔恨のみがともなっていました。たくさんの本を読み、深く考え抜き、多くの詩や芸術、そして魔法に接し、奇跡的な思考をもち、特別な経験に恍惚とした、というにもかかわらず。

一七九二年、私がハレ大学の一年生の時、ある友人が、私を遠いハルツの実家に招いてくれました。

私は生まれて初めて山岳を見ましてから、あらゆるものが新鮮で、楽しく、感動的でした。その日はちょうど洗礼者ヨハネの祝日で、夏至祭りのかがり火に参加しまして、夜はあまり眠れませんでした。

そのかわりに、数通の手紙を書きました。

私がアイスレーベンという村を見渡しますと、場所、位置の美しさ、野原や牧草地の美しさ、リンゴ等の果実がほとんど熟し、とても驚き、うれしく思いました。

それから、私は徒歩で小さな町へクステートに行きました。そこでは、死去されました鉱山労働者の葬儀が執り行われ、私も列席させていただきました。

あたりが暗くなりまして、ある森にわけいったところ、そこには合唱している快活な青年たちが集まっており、どうやらこのハルツ地方の習慣らしく、青年たちは私に花束を勲章のように胸ポケットに入れてくれるのです。

私はこの長い一日を、自然の観察のほかは、ややなげやりにすごしました。

さて明かりがともされ、音楽とダンスが煌々と照らされました、そして、私は山の中腹にある宿屋を訪ねました。

すでに真っ暗になってしまいましたが、宿屋での客たちがワイワイにぎやかに楽しそうにおしゃべりするのを聞いて、私は喜び、楽しくなりました。そして一部屋借りて休息しました。その時、部屋のドアを開けっぱなしにし、客たちのわいわいがやがやを聞いて楽しみました。若い人たちは、私に一緒にビールやリンゴ酒等を飲もうではないかと勧め、宿屋での第二夜もまた、一睡もできずに過ごしました。

中央の広間がやや静かになった時、宿屋に主人と女将、またお手伝いさんたちが、休んで寝ると言いますので、宿代、飲食代を払いすませました。

辺りに何もないこの小さな宿屋では、鍵もかけず、ドアは開けっ放しでした。当時、この国の多くの地方も同様でした。泥棒がほとんどいませんでしたから。

暗いなか、私はさらに歩きつづけました。まずは美しい牧場を訪ねることから始めました、その後いくつかの山に登りました。すると間もなく、朝日が昇りはじめました。

この朝日が昇る光景を、どのような言葉で表現することができるでしょうか！　ただぼんやりとして何も表現できませんでした！　私が遭遇した朝日が昇る現象の軌跡、また、私の魂、私の内奥にある人間、あらゆる私の力が変化し、目に見えない神的な受け入れ難いものが拒否し、また受け入れるのです。

受け入れ難い恍惚が、私の完全なる本性をつかみとるのです。私は震え、そして涙を流し、心の内から徹底して涙を流し（それまでは、涙を流したことはありませんでしたが）、目から涙を流しました。

私はこの幻想を完璧に体験しようと、静かに立っているほかありませんでした。そして私の心は最高の喜びでもって、震え、最愛なる心が私の胸をうちました。

もうすでに申し上げましたように、このことは私の全人生の至福の瞬間でした。私はよろこびのあまり、恍惚として深い涙を抑えることができませんでした。

どれほど長く、私の心をうっとりさせるようにとらえたかは、私は申し上げられません。

この激しいめまいが過ぎ去ったのちに、急坂にたたずんでおり、一見しますと誰も住んでいないような近くのお城に登っていきました、そして、お城の高いところから、幾人かの労働者が、熟れた果実を収穫している姿が見えました。

お城の一階のいくつかの部屋は開けっぱなしでして、それで私は、肖像画の枠の縁取りがなくなってしまい、部屋の麻織の壁が揺れ動くなか、壁にかかっているその家族の肖像画を見学しました。

当然のことですが、大変興奮した後ですから、ここではあらゆるものが違って見え、より不思議に思われました。

お城の付属教会の尖峰を苦労しながらやっとのことで下り、約一時間ほど離れた村に行き、はじめての朝食をとりました。

私には眠り知らずの二夜、音楽、自然を観察しての興奮、これらあらゆることが一緒になって、超自然的な恍惚状態になったのです。人間とは、おそらく、同じようなことを、たったの一回、体験できるのでしょう。家父長制における年老いた家父長であったなら、あの場所で、私に起こった同じ幻想に会うとしますと、石を清め、記念としてその場所においていくことと思います。

さて、私は八〇歳になろうとしていますが、あの瞬間を思い出すことは長い人生の私にとって最も不思議で、謎深いものと忘れさることはできません。

この名状しがたい個人的な愛、感覚的にも確信たるものは、私は再び体験することはないと思います。そしてそのような状況に自身の身をおいたことを、とても幸運であると思います。なお数時間は、恍惚に浸り私の涙はとどまることを知りません。私はその後長いあいだ、普通の生活に戻ることはできませんでした。村の宿屋の主人は、私のそうした恍惚状態を、分からなかったようです、そうではなく、不運な、元気がないと思い込んでいるふしのようです。そして、私にコーヒーを召しあがれと言い、料金は受け取りませんでした。私が払う、払うと押し問答のすえ駄目でした――。

その後、シュトフェンベルクと周りの山並みの景色はとても素晴らしいこと、その後、馬のパカパカと音をたてること、狩人のすさびた家々のこと、私が感じたそのほかたくさんのこと、私は喜びで胸がいっぱいになりました。

では、貴女、お元気で、愛する女友達。何故、私がこのような告白を手紙に書いたか、貴女はきっとお感じになると思います。

私はそれで安心しました。

是非とも、貴女との友好関係を続けていきましょう、私が生きている限り。

ご尊敬するルユッテイシャウ様！

ティーク　拝

フェルディナンド・ライムンド

一七九〇年、ウィーンにて誕生。一八三六年、ポッテンシュタインにて死去。

詩人。

トニー・ワーグナーへ

「僕たちは幸せになって、いつも手をつなぎあって、生涯、暮らそう」と、ライムンドは、五年前、トニーをそう誉めて言った。そして、ライムンドはキリストの母マリアに新しい、より美しい記念碑を立てさせた。だがそれは、完成には至らなかった。トニー・ワーグナーもまた――グリルパルツアーの妻カテイ・フレーリヒの場合と同様に、ただ友情のみの――生涯、妻として暮らした。

ところで、詩人ライムンドの気分は――親友である、人間嫌いの詩人ラッペルコプは、気がむかないと、作詩もやらないし、劇作も書かない――だから、いつも良いとは限らなかった。劇作『アルプスの王と人間嫌い』の偉大な場面の中で、作者ラッペルコプは自身の現実の姿を映し出さざるをえなくなり、素晴らしい結末を故意に避けた。実際には、哀れな詩人ライムンドは、素晴らしさとは無縁だった。妄想に駆られ、狂犬病にかかった犬にかまれ、ピストル自殺をした。およそ五〇年後、トニーは孤独と貧困のうちに亡くなった、トニーのベッドの上にある麦わら籠には、切り刻んだ詩人ライムンドのシャレコーベがあった。

一八二六年

愛する、親切なトニー！

君と同じように、僕が長いあいだ怒ることが出来ないことを君はよく知っているでしょう、僕は、気分が悪いし、もっとひどくなるかもしれませんが、君の手紙への返事を書いているところです。

僕は、君の悩みに対し敬意を表します。しかしながら、君はカフェハウスの窓際にじんどって私宛てに手紙を書いてください。君が、夫人部屋において傘や編み上げ靴もない田舎に住まざるをえないことを、僕はとても残念に思っております。人は、小雨の折りには教会へ行き、雨宿りをするものですよ。

もし君が僕を待っていても無駄でしたら、何か特別な事情があったのでは、とお考え下さい。といいますのは、僕が君を待たせたが無駄だった、ということを君は証明しないからです。ただ、僕の立場でそのことを報告したのですから、それにつきましては、君の弁解の機会を与えましょう。ですから手紙にそのことについて数行お書きになりまして、僕に送り返してください。

ところで、君はもう、お聞きになられたと思いますが、僕は、この十日以来、ある詩作にとりかかっておりまして、もうすぐ完成します、そのため忙しく、食事する暇さえありません、それでも、数行手紙を書きます。君は喜ぶことと思います。

君が正反対のことを手紙にお書きになったとしても、僕は、君を心から愛していることを、僕はもう知っておりますよ。ところで、君の友達のフェルディナンドを愛さないでください、お願いいたしますよ！

また、僕が十分注意しながら芸術作品にとりかかっていることに、君が協力しなければいけないことはしごくあたりまえです。そして恋人役をしなければなりません、そして、一日中君のそばにいる、そして他人をけなす、それに対してその他人はうなずくほかない、そのような男がいましたなら、君にとりましてまさに素晴らしいことでしょう。

僕は、自身の意思で切り開いた人生の路線を思いとどまりません。といいますのは、僕に神的想像力がなければ、そうした人生の路線を切り開くことはできませんでした。

そして、たった今、僕は君の手紙を読みました、僕の気分はじょうじょうです。

君を愛しています、大切なトニー、永遠に君のそばにいることをお約束いたします、君のフェルディナンド。

ヨハン・ネストロイ

一八〇一年、ウィーンにて誕生。一八六二年、グラーツにて死去。天才詩人、演劇家、俳優、ウィーンの民衆劇（歌入り喜劇）において多くの傑作を書き、自身主役を演じた。代表作に『悪い幽霊ルムパチヴァガブンドス』。

宮廷演劇家カール・ルーカスへ

時折り、影響力があったウィーンの評論家フランツ・ヴィーストは、自身が催したばかげた展覧会において、詩人としてネストロイが出展した詩集を堕落したものだと決めつけ、演劇家、俳優としてのネストロイの即興演技をくだらない、と批判した。召し使いの役割を演じつつカードを配りながら、ネストロイは「テーブルの上では、トランプのホイスト（訳者注：ドイツ語でWhist、評論家の名前の発音Wiestと酷似している）をしている。それは不思議なことに、イギリスでうまれたトランプの遊びで、ウィーンの馬鹿どもが同じ名前、ヴィーストとつけている」。この失敬なもの言いに、ネストロイは五日のあいだ監獄で暮らしたという。私達に残された手紙においては、変身上手な、言葉遊びの芸術だけでなく、くめども尽きせぬ笑いの天才的芸人であり、演劇家、俳優であり、詩人でもあった、そして昔から伝わった即興喜劇を新しいスタイルに変えて、オーストリアの劇作家、俳優でもあったライムントのパロディ「浪費家」をひっさげて、『悪い幽霊ルムパチヴァガブンドス』の役割を、ヨーロッパ各国の舞台で演じ、拍手喝采をあびた。また、戯画に熱心で、総計八三もの作品を作り、そのどれもが高い評価を受けたが、ネストロイ自身は自慢しなかった。「詩人としての月桂冠の栄誉は、私にはむりだろう、舞台での聴衆、観衆が私の作品を気に入り、楽しみ、笑ってくれればそれでよい、そして、それでお金もうけができ、自分は大笑いをする、それがほんとうの目的だ」。機知にとんだ、愉快な手紙だ。

獄中からの手紙

ケルカー（監獄）、一八三六年一月十七日

親愛なる友、ルーカス！

僕は、四つの壁に囲まれて、じっと座っています。

ここでは僕は、泥棒によって、何かを盗まれることはありません。

今は、誰が見てもわかるように、僕は冷静で、ものわかりのいい人物です。

純朴で、心優しい君は、今、捕らわれの身の僕に紡錘の鎖環を送ってくれました。それで、とても楽しく暮らせました。今になって、君こそ友達だ、と深く感じ入っています。

トランプのカード遊びは、ここではやっていません。この監獄の中では音が一つもなく、静寂そのものです。

君の本を読むことと、僕の杯でワインを飲むことが、僕の唯一の仕事であります、ワインをうまそうにちびちびやりながら、君の本のページをめくり、めくりながら読んでいます。

「制服の女の子」における即興演技で、ウィーン市民を侮辱した、として監獄の中での禁錮二日、それに犬野郎のヴィーストによる禁錮三日、合計五日間、それ故に僕は、監獄の中の部屋で座っています。

すると、隣の部屋のならず者が、距離六〇センチメーターから僕にむかって、何かを投げつけるのです。それでこの強情な男を、僕はなぐり、握りこぶしの下で、彼の足は強くばたつかさせるのです。

僕の抑留は、監獄の原則にそくしたものかもしれません。

自宅の僕のドアの鍵はやや大きめですが、普通の監獄のドアは、反逆罪の犯人なら開けられます。

監獄の中で逃亡の機会を狙っている犯人の警備体制は綿密で、それはまるで、僕が二万の債券を偽造し、十三歳の処女を強かんし、幾人かの子供と、さまざまのおとなを殺したのと、警備体制が同じです。

僕の格子窓の前には、木製の便器がありまして、そして、光はただ上のみから差しこみ、そのことは、僕がほかの犯人が、僕に悪事をした人の同僚が手でもって合図をしたり、あるいは文通したりすることを、警戒するためだと思います。

僕は、この惨めさを、君にこの手紙で書きました（それで君がよくわかるように）。

ウィーンにおいて、人々は芸術と芸術家をなんと尊重していることだろうか、そして、人は舞台の上で僅かな犯罪行為をした人でも、卓抜な気高い人間性の人が散在するのであろうか。

このようにして、僕はいかがわしい冗談をつぶやきながら、孤独のうちに座っております。

ただ稀にですが、僕を世話してくれる女警察官の天使のような柔らかい青色と、僕の部屋の単純な白色とが互いに入れ替わり、また入れ替わります。

詩興がわいた時、たくさんの、的を射た考えがうかびますと、僕は自分の顔にビンタをくらわせます。そして、僕が思いますには、ウィーンの評論家ヴィーストに似た絞首台の人相に、平手打ちをくらわせたいと思います。

僕たちは、いったい何をすべきか、様子を見ましょう。

君という友へ！　お元気で！


J・ネストロイ、歌手、演劇家、俳優、詩人、監獄の抑留者、そして、僕が何者であるか、神のみぞ知る。

2

哲学者

イマヌエル・カント

一七二四年、ケーニスベルクにて誕生。一八〇四年、同地にて死去。

著書に『プロレゴーメナ』（土岐、観山共訳）、『人倫の形而上学の基礎付け』（野田訳）、『人倫の形而上学法論』（加藤、三島共訳）、『人倫の形而上学の徳論』（森口、佐藤共訳）、『純粋理性批判』（篠田訳）、『実践理性批判』（波多野、宮本、篠田共訳）、『判断力批判』（篠田訳）、『永遠平和のために』（宇都宮訳）、『啓蒙とは何か、他四編』（篠田訳）等々。

クリスティアン・ガルヴェへ

クリスティアン・ガルヴェは、カントの著書『純粋理性批判』を「ゲッティンゲン学報」に掲載するにあたって、手助けをした。また、病を患っているにもかかわらず、その著書についての詳細な解説文を同学報に寄せた。しかし、同学報の編集者ヨハン・ゲオルク・フェーダーは、「文字などが判読できない、内容を曲げて伝えている、それに内容が空虚等々」と言った。それで、カントは、ガルヴェ宛てに『純粋理性批判』の説明文、解説文を以下の手紙にしたためた。その中で、編集者フェーダーの誤解を指摘し、カントの解説文が前々から意図してきた著書『学問として現われるであろうすべての将来の形而上学へのプロレゴーメナ』の序説となった。

ケーニスベルク、一七八三年八月七日

尊敬するガルヴェ様！

とっくの昔から、貴方の人格に、啓蒙的、哲学的精神が具わられ、多くの読書と世界につきましての知識と、また高尚なご趣味をお持ちになり、光栄と存じます。

貴方とのおしゃべりの件ですが、貴方はとても素晴らしい才能がおありになるにもかかわらず、ご病気になられ、それによりまして貴方の豊かな精神を世界に知らしむることができませんことを、遺憾に思っております。

貴方のお手紙の中、いろいろな点からしまして、良心的な誠意、天から授かりました精神が真の価値を与え、一緒になってお考えになる態度を証明しております、そのことを、より純粋に楽しみつつ読んでおります。

あの最近の件（『純粋理性批判』についての「解説文」）ですが、貴方のゲッティンゲンのお友達、編集者が、それを受理することができなかったとは、私はとても信じられません、貴方の「解説文」はとても魅力的でして、その解説をとおしまして（と言いますのは、文を短縮しすぎて意味不明になる、と言いたいのですが）敵意ある言葉が息づいてはおりません。

それは、難しいことが多い解説文の私の文章にも多くあります、その場合、それを解明しなければなりません。少なくともその理由は、一つに、まず、適当な光の中で全体の範囲をみわします。二つに、課題をいわば、最も単純な形式にするのです。

課題が解明されなかったとしましても、述べるのです、それでよいのです。しかし、そこで、貴方、ガルヴェ様は、ある種の気性の激しい人となるのです、そうです、私ははっきりと次のように言います。目にみえますような憤怒を地べたに吐き出してしまうのです。通常どおり新聞に目をとおし、非難すべきところがあれば、それでも楽しみつつ（解説文）の全部を読むことなく、意図的に破り捨てましたゲッティンゲン学報の編集者に、貴方は一言、声をかけるのです。

　この人物は、自身の流儀で、意図的に、自身の考えをつらぬき、聞き取らせようとする、とてもすばらしく、良く推測することができるのです。有名な新聞の一緒に仕事をしている人としての彼は、名誉、体面ではなくて、当然のこと、短期間ではありますが、権力を持った編集者としまして、世に名誉、面目があるのです。

　しかしながら、彼自身作者でありますが、自身が想像しているよりもおおきな自身の評判についての危険性があります。

　それにつきましては、私は黙ることに決めます、それは、貴方が、彼を貴方の友人としまして、心よく思われているからです。

　彼もまた、私の友人でありますし、同じ科学の分野におきまして一緒の仲間としまして努力すること、たとえ努力が失敗したとしましても、この科学にしっかりと基盤をもたらし、文学での友人になれることと存じます。ただ、そうはならないように、私には思われます。この人物の理性が問題なのでして、この人物は、文学であたらしいもの（小説等々）を創造しようとするのですが、いかんせん、自身、それへの基礎がまったくできていないことに対する恐れを抱いております。

ここで、続きのお話しをやめることをお許し戴き、つぎのように数葉の紙でもって論説を始めさせて戴きたいと存じます。悪くなりました薄いタイプ用の紙では、文章が読みづらくなってしまいそうだからです。

尊敬するガルヴェ様、ドイツ、ライプツィヒの書籍見本市におきまして、私の著書をいつも出版してくださる出版社社主のハルトクノッホ氏に、まさか、貴方が書物や演劇の評論集を出版できるとは、考えもされなかったと存じますが、私はハルトクノッホ氏の承諾を得ました。ですから、貴方のこれまでの書物や演劇の評論集が出版されますし、私の予想(私の次の著書の評判が良い)を証明する貴方の評論が出版されますことに、私はとてもうれしく心待ちにしております。

私の素晴らしい業績であります私の文章(論説)を読まれまして、異議を差し込んだり、非難させられたりしても、また、たびたびあります賛意とされて価値ある論説が故意に隠ぺいさされたとしても、私は勇気を奮いだたせ、(子供のように)甘やかされても平気です。

その文章を短縮しないで意味明快にしましたご評論を、図書館にて拝読しますことを、私は心待ちにしております。そのご評論は輝くばかりの誠実さと純粋さによりまして、お書きになられたものでして、貴方の真の学識の高さを示すもので、常に私がご尊敬することです。

いずれにしましても、貴方が思いどおりに、ご判断してください。

講義(論説)をすぐにでも始めまして、貴方の好意的な論評を期待しておりましたが、一つ、大学での講義（論説）のために十二年間以上考え抜いてきました講義の準備材料は、世間の人々に理解できるようなものではないこと、二つ、数年間必要だと、当初思っておりましたが、ぐずぐず躊躇しておりましたなら、また自分の年齢（私ははや、六〇歳になりました）を考えますと、私の頭の中に完全なる体系がありますので、四ヶ月から五ヶ月考え抜いてきましたものです。

また、私自身、この論説を如何に書くか、という私の決心には満足しておりません。と言いますのは、誰知ろう、たとえ書こうとしても、いかなる称賛をえましょうか？

しかしながら、賞賛を得るがために長い一連の努力を重ねているわけではありません、否、本心をいいますと、またふたたび称賛を得たいのです。

最初から読者が茫然自失になりますことは、今までに知ったことのない（慣用語でない）多くの概念を用いるためです、また論説をすすめるにあたりまして必要な新しい言葉が必要です。ですが、これらは消え失せることでしょう。

時間とともに、いくつかの点が、明らかになることでしょう。おそらく、私の論説『プロレゴーメナ』によって、時間とともに明らかになると存じます。

これらの点から、ほかの場所（論説の重要な部分）に光が当てられることがありますが、それにはむろん、時折り、私の注解が必要となるでしょう。そうして初めて、論説『プロレゴーメナ』の全体をようやく概観、理解することになると思います、読者が著書『プロレゴーメナ』に真剣に向き合えば、ですが、またその中で、一ヶ所、一ヶ所、個々に検討し、読者と私が理解しあうようにしまして、執筆を進める所存であります。

一言で申し上げますと、ある機械が必要となりますと、機械に油を用いて磨きをかけまして、摩擦を防ぎます。そうしませんと機械は止まって、動かなくなってしまいます。

この種の科学技術でも、機械の全体の形をまず描き、個々の部分に精通し、使用、利用できる状態にするのです、また加工するには、時間としては長くかかるものです。

例えば、私が両方（の論文）とも、読者が理解しえるよう一度に行おうとしますと、私には出来ませんし、終生努力しましても、どうすることもできません。

貴方は、大衆の人気の不足を述べまして、また、私の文章、論説に対しますす世間の批判を取り上げますが、事実、どの哲学の文章、論説にはいずれも、多くの意味を含んでおり、過去の事柄、現実に起こっていること等々につきまして、大衆に目を開かせるのです、啓蒙するのです。哲学の文章、論説のなかには、大衆のなかに頭脳明晰な人がいても、もや、霞にくもって目の前がわからなくなり、おそらく意味のないこと、ナンセンス（注1）を意味が分からないでもそのままにして、読み続けてしまうものです。

（注1：私一人の責任であると思いませんが、このナンセンスとは、私の思想を、暗闇の中で何かを見いだすように、新しい言葉を熟考し、結局は造語のようになってしまい、私の読者諸君に受け入れがたく、不愉快にしてしまったと思います、そこで私は次のような提案をしたいと存じます。純粋な理性概念の演繹法、あるいは範疇、それは完全に物をアプリオリ（先験的）に観念することは当然のこと、可能です。物がないと、純粋な認識がアプリオリに確実でない

とします故に、人々はとても必要な物であると判断します。

さて、誰かが、物をより簡単に、より大衆の方法で、作ろうと試みますと、私は言いたいのです。そうしますと、畑の中にいる時、いつもの憶測で、一番大きな物を作ろうとしますと、誰かは困難を感じます。

私が新聞広告を出しまして、そこから得ました情報によりますと、誰かが一番大きな物を作り出すことは、絶対にないということです、そのことにつきまして私は確信しております。ただこの大衆ということをとっても研究に値することでして、こういう読者に対して私が哲学論文を分かりやすい言葉にとしましても、難しいようです。

人々は、学校で理解できます概念を、野蛮な表現で話しますが、私は、大衆にも分かりやすいように努力しますが、徹底した概念、それへの全体の計画をすすめることを決心しました（この中の他の人達はすでに喜色満面の笑みを浮かべておりますことでしょう）。

まず私たちは、自身をドゥンゼ（書斎の博士）となのろうと思います。私達はただ認識を続けるのでありまして、その作業には、世間の人々が趣味として愉しむ部分はありません。また世間の人々による判断に、ものおじしてはいけません。

貴方方は、論説の全体像を一瞥し、お気に留めておいてください、論説は、私が批判『純粋理性批判』の中におきまして主張しました形而上学ではありません。そうではなく、まったく新しい、これまで試みられませんでした科学、すなわち、アプリオリに判断する理性の批判であります。

ジョン・ロックやライプニッツのような他の人達は、この可能性を有してはおりますが、違った認識力と混合してしまい、また、この対象が形式的にも必要でありまして、（世間に）広まるべき科学でありますが、その科学には（一つの純粋な認識力から逸脱しまして）、単に述べることを制限しません。いろいろな章だてが必要になります。また、このことは素晴らしいことであります。これら同じのすべての対象、（一つ）これが（その科学）完全であることは、完全なる認識能力との関連におきまして証明することができます。（二つ）それは（その科学）他の科学とはまったく関係ないものでして、すなわち、認識能力の単なる概念でして、もしも、認識能力が厳密に規定されている場合ですが、人々が知ることができますあらゆる事柄も、それ自体、人々はその事柄を自発的ではなく、偽ってでも、判断することが必要でありますし、アプリオリに（先験的に）発展させることができるのです。

その科学にもっとも似ています科学でも、その論理はこの点におきましては、無限に遠い存在なのです。

と言いますのは、そうした似た科学は、無論のこと、理性をいずれにせよ使用しますが、（一つ）如何なる対象を、如何に広く理性の認識が行われますことか、（二つ）そうではなく、その似た科学にとりまして、経験によるか、あるいは、当然のこと、違った方法（例えば数学によりまして）その似た科学を使用して、いろいろな事柄が世間に広まるのです。

そして、尊敬するガルヴェ様、これらの事柄を使用したことに対しまして、貴方はおよろこびのことと存じます。貴方の名望と（私からの）影響を使用させて戴きます。（一つ）私にとりましての数々の敵、と言いましても、私が会って知り合いの人ではありません。何故ならば、私は、世界中の人達と仲良く、平和に暮らしているからです。そうではありませんが、私のあの論説を書きましたところ、無名な人ではありません、良く知られた人が、一度、私の論説のすべて、あるいは中間ぐらいの論説に悪いとかみついたのです。まあ、それには誤解があったようですから、（論説）を丁寧に、規則正しく書き続けました。（二つ）分析的、体系的諸認識の（他の論）と私の論説との違いを精査し、あるいは容認し、それから、（論説）プロレゴーメナのなかで、如何に体系的なアプリオリな認識が可能かと問います。明快に設定されました課題を考え抜き、書きすすめます。と言いますのは、この課題に回答しますには範疇に従って、研究を続けねばなりません。

私は、論説を形式的に証明しなければなりません。論説の全体の、一つとしまして真なる——形而上学的な文章を破り捨てることなく、書き続け、神性の認識との関連におきまして、これら諸認識の全体を把握しつつ書きすすめねばなりません。

ご親切にも貴方は、私の論説の究明を、自ら望みまして、光栄にもごらんになられておりますが、貴方に甘んじまして、この時代の世間の趣味を考慮することなく、センセーショナルなものにつきましては難しいことを、やさしくご紹介する所存であります（論説をやさしくするのではありません）。この点につきましては、貴方の好意的なご努力も、実を結ばないことと存じます。これからの論説がわからなくなりそうな予感があります。

ガルヴェ様、高名な音楽家メンデルスゾーンのお父上で哲学者のメンデルスゾーン様、それに、テテンス様は、私の知り合いの方々ですが、この事柄（論説）におきまして、目標の達成に向けまして、短い間でしたが、ご協力戴きました。目標の達成には数百年はかかるのではないか？　と、思っております。これら優秀な人物たちは、私の論説に向けまして私と同様な努力をされましたにもかかわらず、困難な研究におずおずと携わりましたかどうかわかりませんが、成功しませんでした。

その間、人の努力は、既定の円環を巡りまして、前にありました同じ点に再びもどります。その間、材料は今、ごみ屑籠にありますが、おそらく素晴らしい建築に使われたことでしょう。

ご親切な貴方は、純粋な理性の弁証法的矛盾と言います表現を、とても素晴らしいと、おっしゃってくださいました。ですが、私がそうしたことによって解決することにつきましてご満足していただけないと話されました。（注1：その鍵となりますのは、「理性の弁証法的矛盾」ということをはじめに使うことが、不慣れであることでして、ですから理解しますに困難なのです。また鍵は、私達すべては、あたえられました事柄、思考の対象を二つにしまして把握することが可能です、先ずは姿、形として、次に物自体としまして。当然のこと、物自体の前においての姿、形を、人はそれ自体として、自身の関連の順に識別します。例えば、その場合、人自身に関連性がなければ、人は矛盾におちいり、頭が混乱し、矛盾によって、唯一、物自体においての行われるのです。人はそれとは逆に、世界において物自体に、何か少しでも自身に関連性があり、姿、形が目の前にあったとしても、必要がないとするとすれば、人は矛盾におちいります。頭が混乱します。また、状況のいろいろな違った意味を考慮すれば、これらの矛盾は取り去られ、人は自由になるのです。

私の知り合いでありますゲッティンゲン学報の評論家は、この種（純粋な理性の弁証法的矛盾）につきましてご判断・批判をされましたが、私は、少なくとも、悪気があって申し上げたのではございません、私は、自身予想しなかったわけではありませんが、私の論説の大部分におきまして、私の意味するところが、人とすれ違いになりましたことは、私の責任に帰することです。また、論説の大部分は、そのことによりまして批判を浴びることと思います。また、お答えしますにつらい気持ちになりますが、そのかわりに、お答えをやめることにします。あるいは、論説の基礎となる部分をお読みにならないで、すべてを手厳しく批判しますが、そのことを私は残念に思います。しかしながら、思いあがった調子、軽視すること、それに高慢さとが、この論説全体に一貫してながれているように、思われます。私はこの大著を世間に光を浴びせさせる（出版する）ことが必要なのです、そして、著作（私の以前の著作『人倫の形而上学の基礎づくり』と比較しまして、たとえ劣るとしましても、『純粋理性批判』のページが、事実それほど優秀なのか、（あるいは、策略者が後ろに潜んでおりますので）自身の論説集の論説を人がすべて賞賛するのか、あるいは反対に、あらゆる作者が良心的な専門分野でお書きになったものを、ある小さな支配権者の手のもとで、良いものと判断され、ですから必要とされ、作者がお書きになられた文章を見て、支配権者（編集者）が自身を評論家とし、自身の「手引」として、称賛しました。

貴方が好きこのんで言われました、「私は不安でならない」ということに対しまして、貴方は、ゲッティンゲン学報に寄稿されます評論におきまして、正しく証明することでしょう。貴方は、この件につきまして、私にご説明されました。そして、そもそも、評論家というものは、匿名であらねばならないのに、そうではありませんでした、私が理解しますに、受け取ってくださいというのにダメだと言うのですから、私の期待は裏切られました、ゲッティンゲン学報の編集者は、評論家の名前を、恣意的に掲載したにちがいありません。つまり、匿名にすることです。この場合、私自身も同じでした。編集者がからみます事柄の真の推移につきましての貴方のご親切なご報告を、私はお受け取りいたしました。少なくとも、公には使わないようにしたいと存じます。評論家の名前。

また、私には、苦しい、またつらい学問的な戦いに耐えられません、そして、気分が良い時には、自然の理に反し、私は、とても鋭敏に理解できます敵対者（哲学書）をとらえまして、この人に対して負けないように、すでに書きましたものの、正当性の証明と注釈文を書くといった詳細を、書く仕事をしたいと思います。敵対者の情熱、興奮は私に活気を取り戻させ、私と思考と雑談をさせます。そうしませんと、私の内なる心の中に場所を見いだすことができません。

そして、新聞に掲載されます私の論説につきましてのゲッティンゲン学報の評論家による評論がありますれば、私がお答えしなければならないと思います。

また、私と私の論説は、目に見えない攻撃者、批判者とすべて世界の人々の目にさらされております、ですが仕事上、自己弁明する者として、批判者の面目をつぶさないように、また友情が損なわれないように、答えをださなければと思います。この両極端の中間の道があるのかどうか、すなわち公開で討論するのではなく、私は、論説『プロレゴーメナ』を書き終えようとするところですので、いずれにせよ、文章にして、批判される部分を選びつつ、公的に、平和裡にことをはこび、お知らせしたいと存じます。

しかしながら、人々は次のように叫ぶことでしょう。おお、哀れな人間ども！　性格、意志が弱い人は、おまえたちは、単なる認識と真実を世間に伝え、広めることが問題で、大切だと思っているが、私達にはあまり関係がない、また、おまえたちはしょせん、虚栄心でもって、空疎なことに従事しているのではないか！

尊敬するガルヴェ様、こうした機会を利用しまして、今後、時折りお会いし、雑談等をしますことを、心待ちにしております。

貴方が、ゲッティンゲン学報の編集者の性格を、最近のお手紙で書いてくださいました、卓越した才能がないにもかかわらず、犬のとおぼえをするようですね。心持ちが純粋で、穏やかで、あらゆる分野の科学に首を突っ込むことをたっとび、そしてそうした分野の人達と友人となる。そういう人達は、私達の文学の世界では稀れで、あまり存在しませんね。

そうした理解がありますす上品な人達のどの助言も、とても価値あるものです。

また、もしも、私側から、私の場所、地位からそのような親切心、助言でもってお応えできましたなら、とてもうれしいかぎりです。

尊敬するガルヴェ様！

I・カント　再拝

ゲオルグ・フリードリヒ・ヘーゲル

一七七〇年、シュトゥットガルトにて誕生。一八三一年、ベルリンにて死去。『精神現象学序論』（山本訳）。『法の哲学』（藤野、赤沢共訳）等々。

ドュボクへ

オランダ、ルハーブル出身でハンブルクの帽子製造業者のエドアルト・ドュボク（一七八六年～一八二九年）は（聖書ルカによる福音書二三章の故事にもとづく）古代ローマ時代のイスラエルの総督ピラトゥスが質問をなげかけた。「真なるものは何か」、ちょうどその言葉が哲学者ヘーゲルになげかけられた。ドュボクは答えを得られなかったので、その哲学者宛てに、詳細な手紙、自身のそれまでの生涯と、自習、独学についても書いた。ヘーゲルは感謝し、次のような手紙を書いた。そして、ヘーゲルはその後、彼の自宅さえも訪問した。そして、二人の緊密な関係は友情へと発展した。これを契機に、ドュボクは哲学の勉強に励み、これまでの生業を、文筆業と変えた。ドュボクは一八二七年、著書『（フランス語で）人間の崇高性について』と、一八二八年、著書『真なるものと理論』『祝福された世界の賢人ラインの宗教』『信ずること』『知識と不死性について』等を出版、公表した。

ベルリン、一八二二年七月三〇日

尊敬するドュボク様、光栄にも私に下さいましたお手紙へのご返事が遅れまして申し訳ございません。

貴下の最初のお手紙で、「真なるもの」の存在をお知らせくださいまして、私はとても喜んでおります。

また二番目のお手紙によりますと、ある知識人と共に「真なるものの哲学」を、理解すべく努力されている由、またその際、内的、外的経験から「真なるもの」を理解し、実際に活動されておられることから、またご家庭では幸せな男として「真なるもの」の定義を試みておられるとのこと、私はとても喜んでおります。

貴下が私に与えて戴きましたこれらの覚書は、私がお答えするにあたって、より簡単にしてくださいました。

その理由は、覚書によりまして、私の考えの表明の出発点となったばかりではなく、個人に対し純粋な認識の基礎を作り上げる精神の心の健康を証明する覚書の状況、覚書が動機となった気分と一致したからです。また反対としての「偽なるもの」は、病的にあれこれと思い悩むことから発生しますし、終わることも、始まることもありません、そして、先ずは行為、行動においては、「偽なるもの」を見いだそうとしない意志が重要です。

「真なるもの」につきましての、私の考えの説明につきましては、貴下が私に挑戦状を突きつけましたが、ご自身がくめどもくみつくせない対決「真なるもの」との、詳細な説明を求めました、そして、もう一つのお手紙では、一般的な示唆にとどまりました。「真なるもの」は、一般的に、宗教の賢人の心が、それまでの人生経験によって信仰心のある人々に説得し、そして、マニフェスト、命題となったのです。

しかし、さらに必要なことは、「真なるもの」を思考の形で把握することです。——その思考は、貴下が言われますように、表現を必要とします、「真なるもの」を信ずることではなく、「真なるもの」を精神の目でもって見るのです。それは、肉体、身体によってでは、無理だからです。「真なるもの」を見ること、それはすなわち、知ること（知識）です。——貴下、貴方の精神の興味が「真なるもの」を知りたいという必要性の出発点にお立ちになりましたので、「真なるもの」の最初の形に注目していただきたいということ、また、二番目の「真なるもの」の移行——「真なるもの」を知識において信ずること——についてお話しします。貴下に注目していただきたいことは、信ずることと知ること（知識）とは、その内容からして違いがあると受け取られる、あるいは同じ内容だとしても、形が違うといった重要な違いがあるのです、こうしたことを考慮のうえで、私の考え方は——私は次に言うことを、最も重要なことの一つと考えております——宗教のことでしたら個人個人でよろしいのですが、諸国民や後世の人々にとりましては、欺《あざむ》く可能性があり、そして、哲学が「真なるもの」を信ずることと知ることの和解と調和が失敗しないかぎり、哲学は終わることなく、哲学は続けられるでしょう。これらの二つの形の関係につきましては、以前の覚書におきましてお話しいたしましたが、その一部を添付いたしますから、ご自由に持っておいてください。（印がつけられているところの印刷の誤りは、前もって、正しいように訂正してください、お願いします）。そして、私の弟子のひとり、ヒリン氏の著書『学問との関係における宗教について』の序文に二つの関係に触れられております。

さて、哲学の目的が思考における「真なるもの」の把握、理解されるならば――私達は、貴下もご存じの、哲学者カントの――ドイツ的な――主観的な思考の考え方を念頭におかざるをえません、貴下はやや否定的のようですが。

お手紙からお察ししますと、貴方は生まれながらのフランス人とお見受けいたします、また、貴下は心気症（ヒポコンドリー）的な考え方がありませんでしたか？　心気症とは、それ自体すべての客観を無にきせしめ、この無にきせししめる自体を、愉しんでいるのです。

私がこれを持ち出すわけは、カントの功績を誤認してはならないからです、私はカントの哲学から多くを学びました。私の哲学の進歩のために、そう、私の哲学的考え方の革命的進歩になったのです。とりわけ、私にとりまして興味深く、教えられることが多いのは、カントをたんに、必要であるばかりでなく、その晩年の著書、イデアの詳細な規定です。そのことは広く知れわたっております。その著書『判断力批判』におきましては、観察する理性の思考、それと同時に、有機的物質が存在する自己目的につきましても述べております。私にとりまして、さらなる考え方のとても良い手引書となるに違いないと思います。そのイデアとは、たんに観察の主観的格率としか受け取っていない、という出発点ですが、むろんのこと、そうした概念を抽出せねばなりません。――貴下、貴方のお手紙で言われたとおり、それを組み合わせて、私はイデアなること（認識）すること、存在と無の統一であると規定します。

私は、貴下にご注目していただきたいことは、二つの点がありまして、第一の点は、存在と無はとても抽象的で、とても貧しい表現方法なのです。ですから対立関係のいろいろな形式から始まるのです。存在と本質、存在と思考、理想主義と現実主義、そして対象化する物質と概念、ラインホルト氏の変わりやすいことと変わりにくいこと——違いを組み合わせますと、違った形式であり、最終的には保持すべきなのです。むしろ、私が見るところ、これすべてはイデアの学問的表現であり、したがって進歩であり、そして抽象的なものから——と言いますのは、あらゆるはじめはこれです——具体的なものへと進歩し、イデアが発展するのです。

まさしくこのイデアとは、本質的に具体的であり、相違したものの統一であり、対象化する物質の最も高い統一がイデアなのです。では「真なるもの」は、如何に——ご想像のとおり——思考の対象、物、物質と規定された物と規定されたものと一致されるのがイデアなのですが、「真なるもの」とはいろいろな物、物、物質自体がイデアに回帰する、そう言うように規定した意味なのです。「偽なるもの」、「偽なる物質」はむろんのこと、存在しておりますし、そして、私達は「偽なる物、物質」につきまして、正しい想像、観念を持っております。ですが、こうした「偽物」は、無です。すなわち、私達は「偽物を悪い物」と言いますから、「偽者」の概念に沿わないのです。悪い行為者は「偽者」です。理性的な意志の概念の的にはならないのです。そして、概念は何故か行為すべきこととして、本来、規定されております。

ですから、イデアとは最も重要な意味を持つのです、神よ、すべて「真なるもの」の自由な概念は客観性をもち、矛盾しない対立関係はもはやないのです、どのような方法でも、最終的には、先入観にとらわれているのです。――第二番目に、貴下にご注目されたいことは、私はこのような定義をしようと思います。イデアとは存在と無の統一であり、概念と客観性、変わりやすいことと変わりにくいこと等々、そして、それらの命題。存在は無である、概念は客観性であり、理想的なものは現実的なものである、また、その反対、逆でもあるにちがいない、しかしながら、知るべきことは、これら同じような定義と命題は一面的であり、統一、これが「真なるもの」が表現され、行為すれば良いのです。

ラインホルト氏の方法で表現しますと、組み合わせることには、とても良い根拠があり、人々を説得し、有益なものとして影響するのであり、そしてマニフェストとなったのです。私の考え方は、イデアとはたんなる過程（一つの例として未来において結実する）となり、把握、表現、行為しなければなりません。と言いますのは、真なるものとは、安らぎであり、存在する者であり、それ自体活発に動き、生き生きしたものです。永遠なる識別と、ちがいがない存在する還元があるのです。感覚的に申し上げますと、永遠なる愛と言われています。この愛自体の行為は、完全なる安らぎがあり、イデア、人生、そして精神があるのです。

ところで、お手紙を終わりにする時間となりました。

またこのお手紙の内容は、純粋なる意識のもとに書かれ、「真なるものの問題は」いずれの宗教においても、いずれの哲学においてもあるのです。しかしながら、私達の今の出発点は、この内容をさらに発展させるよう認識し、この内容を違う方法ではなく、唯一、学問的な方法で（学校で教わったり、読書したり）証明されねばなりません。

私の立場では、哲学を学問として成立させることでして、私の今までの仕事、「哲学すること」は、部分的には不完全であり、また、一部（難しい用語、表現で）理解され難いところもありましたが、ただ、この目的は私の哲学の概要を、私の百科事典に（哲学の項目）述べたいのです、ですが、それには、原稿を書き換える必要があります。

この目的の達成後、貴下、貴方はこれまでの私の哲学書と、将来の哲学書をご高読ください。『精神現象学序論』と『法の哲学』（これは扇動的な国民に、大きな衝撃を与えることでしょう）等は学問としての仕事でして、『精神現象学序論』のほうは、一般的なもので、『法の哲学』は部分的には事実、公表されたイデアであり、すべてにおいて一つの「イデア、真なるもの」です。貴下、貴方は、私の哲学の方法（考え方）を、より詳細にご高読になられると思います。その方法とは「真なるもの」という概念に必要な進歩から発展したものですね。良い根拠があるかとみまわしたり、私の心を惑わしたりするものではありません。

貴下、貴方が長くからご要望の、私の「真なるものの問題」を哲学することの、考え方をお与えいたしましたので、お知りになられたと存じます。貴下はこうした試みを、少なくとも認識なされれば、私の喜びとするものです。哲学の学問の友人としまして（表面的な自惚れ、うぬぼれ者はたくさんおります）お知り合いとなりました。

ヘーゲル教授　再拝

ドュボク様！

フリードリヒ・ニーチェ

一八四四年、レッケンにて誕生。一九〇〇年、ワイマールにて死去。

作品に『ツァラトゥストラ』（手塚訳）、『悲劇の誕生』（西尾訳）、『道徳の系譜』（木場訳）、『善悪の彼岸』（木場訳）、『この人を見よ』（手塚訳）、『愉しい学問』（森訳）等々。

エルヴィン・ローデへ

「トリスタンのピアノ曲を取り出した（自分でピアノを弾く、あるいは、音盤で聞く）瞬間から、私はワーグナーの賛美者となった」。十六歳の少年はすでに、友人達と一緒に、音楽と、将来の芸術作品そして無声映画の演劇についての評論新聞を発行した。こうして、ワーグナーに対し特別な立場におけるニーチェは、この巨匠と個人的に知り合いになった。ワーグナーは、きたる一八六九年五月二二日の誕生日に、つぎのような手紙を書いたという。「貴方と哲学者ショーペンハウアーに、私が、今日まで、ゲルマン的な真面目で、真剣な生活をおくったこと、このように謎につつまれた、疑念がわく現存在を深く観察したこと、この二つの点に対し、感謝申し上げげます」

ライプツィヒ、一八六八年十一月九日

私の親愛なる友よ

今日僕は、君に一連の面白く、楽しかったことをお話しし、喜びにみちた未来をみたこと、僕は、牧歌的な気分になり、快適にしたことをお話しし、気味の悪いお客様、それはあの猫のようなフィーバー（熱）であり、あの曲がせむしとなり、そして君自身腹立たしい気持ちで、すごすごと立ち去ります。

そして、ひどく不快なワーグナーの音を避け、僕はよく知られた料理屋に行き、食べ、それによって、君に二通目の手紙を書くこととなりました、そのなかで特別な話をし、君はそれで、特別な気分で、特別な場所でお読みになることでしょう。

僕の、喜劇の幕は第一幕。団体の夕食会、あるいは、教授の下で、第二幕。突如現われた仕立て屋、第三幕。十字架をもってランデヴー（逢引き）し、それと年老いた幾人かの女たちが一緒に遊んでいました。

木曜日には、ロムント氏によって僕は劇場に誘惑されました、それに対して、僕の感情はとても寒気をもよおしました。僕たちは、将来の劇場監督、ハインリヒ・ラウベ様とお知り合いになりたかったのです。そしてオリンピア劇場で、冠をかぶった神々のように、裁判席で、シェイクスピアの作品『マクベス・ノーサンバランド伯爵』を観劇しました。

むろんのこと、自身の十歳の子供時代の感覚で僕を誘った誘惑者を僕は怒りました。

しかしながら、（古代ギリシアの）グラウキディオン『小さなみみずく』を観劇しましたが、まるで顕微鏡でみるように、劇場の隅々まで観察しましたが、劇場を去るときには、私は幸せに感じました。

帰宅後、二つの手紙をみつけました。一つは君からのお手紙。もう一つの手紙は、評論家クルチウスからのご招待。今、より身近にお知り合いになることは、うれしいかぎりです。私達それなりのやり方で、二人の友達が手紙を書くことは、世に知られているように少天使宛てにです。君のお手紙を拝読しましたが、くすくすと笑わせるものでした。

次の朝には、上品に着替えをし、クルチア夫人のご招待に感謝すべきところでしたが、残念ながら、ご招待にあずかれませんでした。

君がこの夫人を知っているか、僕は知りませんが、夫人は僕をとても気に入っております。このご夫妻と私との中では、精神的なきずなにむすばれ、とても楽しいのです。

こうした楽しい気分で、出版社の編集長ツァルンケ氏に会いに行きました、喜んで会ってくれまして、彼と私達の関係は、整いました。私の評論の得意とする分野は、古代ギリシアのアリストテレスを除きまして、哲学者トルストリクを含めて、今、ほとんど、すべてのギリシア哲学者です。彼は世界の哲学者による各研究、論評等々についてのニーチェの評論についての担当ですし、他の分野は、私の以前の先生ハインツェ様（オルデンブルクの宮廷顧問官、皇太子の家庭教師）が担当します。

ついでのはなしだが、ローゼ様の著書『アナクレオンテアの饗宴』を君にお届けしましたが、もうお読みになられましたか？

近々、私の名づけいとこ（従兄弟）のリヒャルド・ニーチェが、博士論文『オイドキアが騎士になった物語』の著作に励んでおります――退屈な人であり、騎士も退屈です！　私が家でみつけました、君の二通目のお手紙を拝読し始めたところです。それは私を憤慨させ、暗殺を企てるべく決心をしました。夕べには、スイス、バーゼル大学での、この学期のため、私達の哲学者連合主催の最初の講義が予定されております、同僚達はとても丁寧に、私がこの講義を担当してください、というのです。

私は、アカデミックな武器を身につけ、ツァスペル氏によって招聘された他の大学と同じような就任講義を、以前から準備したとおり、四〇人の聴講者という黒い量（学生達）の前で、しました。私に委託されましたロムント氏による私の紹介では、何という劇的な面か！　すなわち、就任講義において、静かさ、調和、流暢な文体、内容が熟慮され、そして、効果絶大でした。私は、何も下書きを持たず、自由に話しました、ただデミヌチヴの助けをかりておはなししました、ヴァロニシュ流の諷刺とメニップス流の皮肉をまじえて。御覧なさい、就任講義はすべてとても素晴らしく、楽しいものでした。大学での路線（昇格人事）はうまくいくことでしょう！　ここで述べたいことは、イースター（復活祭）までに、ここで、がみがみ言いながら〈講義〉大学での教員資格（各大学でもそういう規則があった）を取ることです。そしてすぐさまこの機会を利用して教授になることです。ゆるされれば、大学からの休暇による講義免除が必要ですし、いずれにせよ世間に知れわたった眼病の兆候がまだありませんが。ですが、ところで、教授として、二つの講義をします（ユーモア）。一つ、私が両手でもって自由を獲得し、私にとりまして適当だと思われますので、世界中、旅に出かけたいと思います。二つ、公職の立場にならないこと！　ああ、親愛なる友よ、僕がふたたび婚約者になる感覚がします、喜びと怒りとが混じり合って、ユーモア、古代ローマのヴァロにつかわれたガダラ流の諷刺と古代ギリシア、メニップスのキニカーの皮肉を、まぜあわせた気分です、メニップス！

昼間は、哲学書の仕事をし、夜になると、眠るためにベッドに横たわり、そして、リチュル教授の講義の場面をすっかり忘れまして。次の水曜日にも講義がありました。

帰宅しますと、僕宛ての短いメモを見つけました。「君、リヒャルド・ワーグナーと知り合いになりたいか、もしそうであれば、（午後）四時四五分に、カフェ劇場にこられたし。ウィンデイシュ」この新しいメモを読みますと、頭がくらくらしてきました、失礼！　そしてこの場面（ワーグナーと会うこと）をすっかり忘れてしまい、大騒ぎしました。

むろんのこと、僕は駆けつけ、幼なじみの友を見つけ、新しい鍵（劇場のボックス席）をもらいました。ワーグナーは、ライプツィヒにおいても、親類筋においても、まったく知られていませんでした。新聞、雑誌の報道陣は無関心であり、（有名な出版社）の社員は本の墓掘り人達のように黙っています。

ワーグナーの姉は教授（おそらくドイツ国によくある、文化、文芸に貢献したことにより名誉としての）で、教授ブロクハス社の社主で賢明な婦人であり、リチェリン夫人の良き女友達であり、リチェリン夫人は教授ブロクハス社を紹介した、その際、リチェリン夫人は、夫の前で、女友達は、ワーグナーの姉を自慢しました。この女友達の前で、夫、（ニーチェが習った）リチュル教授を自慢しました。うれしくも、幸いなることか！

ワーグナーは、リチェル夫人の前で、君もよくご存じの、マイスター・ジンガーの歌を演奏した。そして人の好い夫人は、ワーグナーに向かって言いました。「この歌は世間でもよく知られておりますわ、私のおかげですわ」

ワーグナーの喜びと驚きの念が聴衆への最も強い意志を伝えていることだろう。

僕は、金曜日の夕食に招待される予定でしたが、ウィンデイシュが何やら詳細な説明をするので、招待が、日曜日の午後に提案されました。それで、ウィンデイシュと僕は、駆けつけましたが、教授の家族しかおりませんでした。しかも、リヒャルト（ワーグナー）は在宅しておりませんでした。ワーグナーは大きな頭蓋骨の上に気味が悪い帽子をかぶって出かけたそうです。ここでは、世に言われます素晴らしい御家族の方々とお知り合いになりました。今度はワーグナーを含めて日曜日の夕食にご丁寧にも招待にあずかりました。

この数日、僕の気分は、ややロマンチックでした。近づきがたいようなこの変人と知り合いとなったことは、おとぎ話のようです。

ある大きな会合がある場合には、化粧をし、（以前のワーグナーによるご招待）日曜日のために、僕の仕立て屋が作った舞踏会用の服を着ていこうと思っております。

それは、雨と雪が降る恐ろしい日でした。人々は外出するにも身震いする日でした。そして僕は、午後にロシェル君を訪ね、すこしエレアーテン（紀元前六世紀の後半、南イタリアの町エレアで活動した）エレア学派の哲学者たちについて（思想、人生、著書等々）お話しし、哲学における神についても説明した――と言いますのは、彼は、卒業論文として、アーレンス教授から出された課題『アリストテレスにおける神の概念の発展』について勉強に励んでいるからです。

他方、ロムント氏は大学の懸賞論文『意志』について解明すべく勉強しております。――空が白んでくると、仕立て屋は来ない、そしてロシェル君は外出中だという。

僕は、ロシェル君と一緒に仕立て屋を探しに行きましたところ、彼の奴隷（使用人）たちが熱心に僕の服を仕上げようと頑張っています。四五分後には、服が仕上がって、送ってくれる、と約束しました。

僕は、楽しい物事から遠ざかり、キンチュイ氏を巡視し、スキャンダル本を読みまして、ワーグナーは、現在スイスに滞在しており、またミュンヘンにおいてバイエルン国王ルートヴィヒ二世がワーグナーのために美しい住居を建設中、といった新聞記事を、気分良く読みました。また、僕は今日の夕方、ワーグナーとお会いするだろうことを知っていましたし、また昨日、バイエルン国王からワーグナー宛てに手紙が届き、宛先には「偉大なるドイツの音楽詩人リヒャルト・ワーグナー」と書かれていました。

帰宅すると、仕立て屋はいなかったが、オイドキアについての博士論文を僕は、とてものんびりと読みました。そして、甲高い響きで耳がガンガンし、遠くからくる人々（ニーチェのファン、愛読者たち?）には閉口しました。

それから、昔、父上様がおつくりになった格子の門に、誰かが待っていることに僕は気づきました。家の扉と同様に、鍵がかけられ、閉まっていました。

僕は、庭越しに、ナウン村方面に来るように、とその男に向かって叫びました。雨がザーザーと降っているので、理解したかどうか、わかりませんでした。

家は騒然とし、鍵を開けました。すると小柄な老人が小さな箱を僕に手渡しました。

それは六時半のことで、僕は、離れて住んでいるので、僕の持ち物を片付け、トイレをすませました。

そうだ、その男は僕宛ての品物を持ち、僕は試着してみたが、僕のからだにぴたりと合いました。驚きだ！　男は勘定書きを、僕に示した。僕は、丁寧に受け取った。男は、注文された服を渡したので、すぐにでも支払って欲しいようすである。僕は驚いた、僕はその男と口論となった。僕は、仕立て屋の一労働者とは関係はない、僕が委託した仕立て屋の主人と関係がある、と言った。その男は、真剣になり、時間も切実となっていった。僕は服等をつかみ、着ようとした、だがその男は服をつかみ、僕が服を着用することを防ごうとした。僕側からの暴力、その男側からの暴力！　その場面。僕はワイシャツ姿で戦った。というのは、新しいズボンをはきたかったからである。

最終的には、品位、尊厳の消耗、お祭り騒ぎのような脅し、僕の仕立て屋への呪いの言葉、仕立て屋の助け、復讐の誓い。そうこうするうちに、仕立て屋の奴隷の小男は、僕の服等を抱いてあとずさりする。

第二幕の終わり、僕は、ワイシャツ姿でソファに座り、何やら復讐を企てる。そして、黒い背広の上着、フロックコートを、それがワーグナーにも似合うかどうか、眺める。

――外は、どしゃぶりの雨が降っている――

七時十五分、七時半、僕はウィンディシュとカフェ劇場で落ち合う約束をする。僕は暗く、雨がちの夜に急ぎ外出する、すると、先ほどの小男が襟巻もせず、ロマンチックな気分で歩いているのをみる。幸せは良いことだ、先ほどの仕立て屋との場面は、ものすごく、非日常的なものでありました。

僕たちは、ブロクハス社の気持ちが良いサロンにつきました。そこには、リヒャルト・ワーグナーとご家族、それに僕たちしかいませんでした。

僕は、ワーグナーに紹介され、ワーグナーに二言、三言話しかけ、賛辞をおくった。ワーグナーは、僕がワーグナーの音楽をよく理解していることを、よく知っており、驚くことに、有名なミュンヘンでの上演を除いて、彼自身のオペラの上演を怒り、けなした、そして、ワーグナーは、楽長、指揮者をけなし、そのオーケストラに向かって気分が良い響きでこたえた「諸君、私の農場をさしだしてもよいから、今、情熱的！　ちょっと情熱的に！」ワーグナーは、好きな「ライプツィヒ方言」をまねしました。

さて、僕は、君に短く、簡単に話をしよう。何がこの夕食に提供されたか？　それは薬味がきいてぴりっとした食べ物でした、僕は、よりよきものをつくれる。君といっしょではもっとより良きものが作れましょう。親愛なる友よ、君と語りたい「この世のものとは思われない昔話、伝説」をお話ししましょう。

食事の前と後には、ワーグナーが演奏しました。そして、最も重要なところでは「マイスター・

ジンガー」の歌を演奏しました。その場合、ワーグナーは、すべての調律をまねし、おおはしゃぎでした。

彼は、すなわち、現実離れした変人であり、だが生き生きとした、火が燃えるような男であり、しゃべるのがとても速く、とてもユーモアに富んでおり、こうしたし私的会合でも、楽しそうでした。

その間に、僕は、ワーグナーと長い時間、哲学者ショウペンハウアーについてお話ししました。ああ、君は理解できるだろう、筆舌し難いワーグナーの心の温かさ。また、ワーグナーが唯一の哲学者であり、音楽の本質を知り抜いたこと、それらを聞くことは、何と楽しいことでしょう！

それで、ワーグナーは私に尋ねた。今、バーゼル大学の教授陣はワーグナーに対し、どのような態度をとっているのか？　そして、プラハでの哲学者会議について笑っておりましたし、「哲学的に勤務する男たち」と言っていました。

その後、ワーグナーは、今書き始めた自身の伝記の一部を読みました。彼のライプツィヒでの学生生活から、大いに楽しませる場面、そのことは今、思いだしても笑いがとまりません。なお、ワーグナーは、軽妙、流麗な文章を書き、精神性豊かです。――終りにあたって、僕たち二人は去ることになり、ワーグナーはとても心暖かく僕と握手し、友人として、自身を訪問するように言って、その時には、音楽と哲学の話をしようではないか、と言うのです、彼の姉と親類筋に彼の音楽は何ぞや、と知って戴くよう、彼、ワーグナーは僕に委託したのです。僕は、丁重に受託しました。――僕がこの夕方、何か、客観的に、遠くにある物、ある者を見ましたなら、君に、お聞かせしたいと存じます。

今日のところは、君、お元気で、さようなら。君がご健康であることを、お祈り申し上げます。

私の親愛なる友よ、ローデ様。

ニーチェ　拝

アルトゥール・ショウペンハウアー

一七八八年、ダンツィヒにて誕生。一八六〇年、マイン河畔フランクフルトにて死去。

著書に『意志と表象としての世界』（西尾訳）等々。

ヨハン・ヴォルフガング・ゲーテへ

ワイマールにおける母親ヨハンナ・ショーペンハウアーが催す、文化人等が集まるサロンにて、ゲーテはヨハンナの息子とも出会った、そしてヴィーランドの指摘によって息子アルトゥールの著書『根拠の原理の四つの根について』を読み、著者をおおいに注目した。

一八一三～一八一四年にかけての冬に、二人は色彩論についての研究をすすめたが、無論のこと、まもなく、ショーペンハウアーは自身の固有な理論を、ゲーテとは違った理論を主張するにいたり、ショーペンハウアーは『視覚と色彩について』を著作した。ワイマールからの別れの時、ゲーテはアルバムに次のように記した。君は自身の価値を喜ぶならば、君は、その価値を世界に与えるにちがいない。この挑戦に対し、ドレスデンにおいて果たした。ここに四年間にわたる仕事の成果『自身の世界像の説明とその根拠』（「意志と表象としての世界」）をあらわし、誇り高くも慎ましく、当時、強国のドイツ人たちに出版の予告をした。

ドレスデン、一八一八年六月二三日

ゲーテ閣下

私は今まで、貴方にお手紙を書く機会がありませんでしたので、永らく私についてはは何もお知りになってはいないと思われます、ですから、言い訳するのがむずかしいのです。

その間、貴方がお元気であることを、私は妹から聞きまして、私は、うれしく思っております。また、最近、貴方にお孫さんが生まれた由、私は心からお祝い申し上げます。本来、この度、あまり遠くは離れておりませんので、私が直接お会いし、お祝い申し上げるところ、それをできず、私は、比較的長い休暇をとることといたしました。

ここドレスデンにおきまして、四年以上の仕事をし、自身の手で著書を完成させました、そして出版後の評判は悪く、売れゆきはかんばしくありません。私はうめき声をあげ、咳をしました。

ですから、私は、今再び、レモンの花が咲く国へ、「(イタリア語で）貴方が過ごされた、美しい国」へと（ダンテも同じことを言っております)、そして、「私のところに、文学新聞すべてが届かない国へ」、私は旅行にでかけます。したがいまして、来たる夏には、アルプスを越えて、その崇高なる雲海を見、イタリアへと向かい、喜びつつスイスに戻るつもりです。そうしましたなら、ドイツにおいて再び、お会いするまで、少なくとも一年はたっていることでしょう。

閣下、その前にでも、再会できますれば、私にとりまして、大きな喜びとするものです。

残念ながら、閣下が温泉保養のためご滞在のカールスバートに行く時間がありません、と言いますのは、私の旅行の出発日が決まっておりまして、九月初旬まで、私の著書を手直しし、かんぺきに完成させなければなりません。

その後は、私は、ワイマール経由でいきますので、ご承知の色彩論についての意見の相違を、ご相談するため、私の妹と会ってください。彼女は、彼女の手紙から察するに、特別な女性になったようで、詩を書き、ピュクラー伯爵に贈呈したようで、伯爵はそれを読んで恍惚としながら、私に見せてくれました。

ピュクラー伯爵は、精神性豊かなひとでして、ローマにて再会することを、私は楽しみにしております。――閣下が温泉保養からこちらへ来ましたならば、うれしく思います。しかし、私は、それを望んではいけないかも知れません。

ですので、私は、自由に貴方にご質問させてください、貴方が知りぬいた、とても愛する国につきまして、何かご助言を、そして私の旅行にあたってのお知恵を拝借できませんでしょうか？　また、貴方の印刷されましたイタリア旅行での日記をまとめたご著書が見付かりますれば、（できますれば、予告されました第三巻も）旅行案内として携帯するつもりです。

おそらく、貴方のイタリアにつきましての何か有名な数々の書物を私に推薦して頂けるか、あるいは、閣下の推薦状を戴いて、誰か興味ある、重要なお知り合いの方々に、お会いしたいと存じます。最終的には、閣下は、何か小さな書物を（私が滞在します）ローマかあるいはナポリにお送りください、お願いいたします。そして、楽しいお別れのためのこの手紙は自己中心的な意図を含んでおります。

私の著書は（悪魔の化身の竜を打ち負かした）大天使ミカエルが天に見えた夜に、完成しましたが、これはここでの滞在での（大天使ミカエルからの）成果だけではなく、いわば、いくぶん私の生涯の賜物なのです。

と言いますのは、私は、もっと良い著書、あるいはもっと内容がある著書を書くことができるとは思いませんから、そして、ヘルヴェティウス（スイスの古名）人がまさに言ったように、三〇年、たかだか三五年間にわたって、すべて私の著書の思想は世界中の人達に素晴らしく大きな印象、影響を与えることでしょう、その後、出版される思想書は、たんに、前の思想を発展させたにすぎません。

外ではいろいろな人達が何も言いませんので暇ですが、私の恵まれた運命におきまして、例えばカントの影響を受け、青春時代のいくつかの成果と以前、新鮮に心の内部から決定的な衝動によって完成しました哲学書です――私は、三一歳でした。今まで、出版社と私のほか誰にも知られていないその書物の題名は、『意志と表象としての世界』ほかに四冊の本、またカントの哲学を批判したものを含む付録、補遺があります。出版社のブロクハウス社に、閣下に美しい初版の一冊を送付するよう、言っておきました。

私達は、かつて、哲学的な会話、討論をしました、自然とそうしたのですが、貴方が我慢されました。送付されます私の著書によって、私の未知の考え方をお読みになって、ご賛同くだされば、うれしく存じます。それは、すくなくとも、印刷用全紙四〇枚となることでしょう！

私の色彩論は、いまだ何も、すくなくともセンセイションとはなっておりません――湿地帯における石が、指輪やイヤリングにならないのと同じです。ですが、私は、良いものだと思います。と言いますのは、本物なるもの、真なるものは、最終的には、正しい位置を占めるからです。

より幅が広い私の色彩論のとがったくさび（楔）は、貴方の色彩論の考え方を打ち破ることと今、思っておりますし、確かに、静かに打ち破り、だんだんとすべてが人の考えを変えさせます、今、人は恥をかき、貴方に次のごとく叫びます。（イタリア語で）主よ過ちを犯すなかれ！　例えますと、一八一五年八月のライプツィヒ文学新聞におきまして、貴方の作品色彩論につきまして、馬鹿で狡猾にも、けしからぬと判断し、官庁の所轄部局が権力をかざしました、一八一七年七月十四日には、私の事柄を聴取し、私は、作品を譲歩した方法で提出しました。

官憲のそいつは虫のように体をくねらせておりました。その理由は、彼はその仕事を、今日中に終わらせねばならない、と気が付いたからです。彼はだんだんと告白します。「私はすべての作品（哲学書）で全く問題がない、正しい」とただ彼が思うには、まだニュートンが残っていると、そして、なんと小声で、均質な光（光のスペクトル分析）についてはなしていることか？　終わりに、ニュートンが言うには、過ぎ去ったとしても、貴方も、きちんと光をえられることでしょう、そうしましたなら、ニュートンの信奉者たちは、それでもって、慰められ、どんな討論会でも、いつも品よく、礼儀正しかったことでしょう、しかし、私達はひどく無作法です。

清潔な避難所には、怠けた、恥ずべき、破廉恥に行われた物事が避難しております！

――閣下、貴方の作品は、転向者たちのところか、哲学者ヒフテの信奉者たちのところか、当地の医学大学の化学の教授のところかに保管されていますから、見いだせます。それは、ピーア出版社発行の事典中の生理学と医学の項目(まだ発行されておりません第三巻中にあります)に、色彩につきましての記述があります。

閣下、私の色彩論が書かれておりますこの全紙と貴方の色彩論と結合しましたところ、それによって真実であることが、アプリオリ（先験的に）に暗示され、証明されましたが、貴方はこれによりまして御満足のことと思います。

そして、その背後には、アイザック・ニュートン卿が死刑執行の肘掛椅子の上に座っておりますよ。

おそらく、このことは、貴方の理論形成への第一歩が、本来、あの理論についての著（ニュートンの『光のスペクトル分析』）であったと思われます。しかし、勝利すべき国の城砦は、敵があけわたし、われわれの兵隊が支配し、とてもうれしく、喜んだのです。

軽騎兵を用いました私の前衛派は、称賛に値するでしょう、たとえ、前衛派が、貴方の物理学にかんする帳面中に、ないとしても。

また、おおよそ、一五〇年くらい前、アイザック・ニュートン卿がゆったりと座り、広い世界から崇拝されましたが、私がまずはじめに、貴方の隣に席をとって、座りたいという少々の、虚栄心を楽しませています。

私は、貴方がボヘミアの有名な温泉保養地カールスバートにご滞在しておられるという不確かなシュッツ氏の情報がありますが、私は、当地の図書館の秘書ゼムラー様に、この手紙を託します。彼は、とても良い人で、仕事をてきぱきとかたづける人物です。

閣下、いつまでもお付き合いのほどを！

アルトゥール・ショウペンハウアー再拝

ヨハン・ゴットリープ・フィヒテ

一七六二年、ラメナウにて誕生。一八一四年、ベルリンにて死去。

著書に『知識学への第一序論』（岩崎訳）、『人間の使命』（量訳）等々。

フリードリヒ・ゴットリープ・クロプシュトクへ

「メシアーデ（救世主の事績を主題とする叙事詩）」を書いた詩人を尊敬し、敬意の表明をしたザクセン地方のリボン、ネックレス作りの職人を父として生まれた息子を、高名な哲学者カントが、自身の同時代人である（間違って）フィヒテの著書「あらゆる告白、啓示の批判の試み」を高く評価したが、実はその著者はヨハンナ・ラーンなる女性であった。彼女は、クロプシュトクの姪《めい》にあたり、クロプシュトクの新たな家庭に出入りしていた。

チューリッヒ、一七九三年六月二二日

尊敬するクロプシュトク様

子供のころ、『メシアーデ』を拝読し、感動のあまり、生まれて初めて目に涙の雨を注ぎました。――はじめは崇高性を感じまして、私の道徳的良心が羽ペンを執る衝動が私を目覚めさせ、人生におきまして今までなかった私の御礼を、地上の噴石の場所の遠い距離からでは御礼の気持ちは伝わらないと考えますが、私は、おそらく、今はここで――つまらぬ仕事は後ですることとしまして――この手紙を書くことに集中しまして、感謝の言葉をお伝えしたく存じます。

親切で、偉大なる人物、貴方は、花ざかりのクロプシュトク家で生まれました貴方の妹の娘さんのことを、お知りになられたいとお望みでしょう——娘さんの知り合いの人々が何を知っているか、娘さんのお友達が何を知っているか、娘さんの父上が何を知っているか、そして私が知っていることを、貴方は、知りたがると思いますが。

（それを知りましたなら）貴方は、深く、すべてを抱擁する心で、その娘さんを祝福されることと思います、また、貴方が、おそらく、貴方の超人（娘さん）を祝福されて以来、生涯、人類の向上と真実のために努力し、功績を上げました幸せなる死すべき定めの者、主から選ばれし唯一の者——この幸せなる者は、この祝福の一部分さえも、分かち合えることと思われます！

私が長い間考えてきましたことを、一気に吐き出してしまいまして、大変失礼いたしました。

尊敬するクロプシュトク様

J・G・フィヒテ再拝

フリードリヒ・ヴィルヘルム・シェリング

一七七五年、レオンベルクにて誕生。一八五四年、ラガッツにて死去。

著書に『ブルーノ』（茅野訳）、『人間的自由の本質』（渡辺訳）、『哲学的経験論の叙述』（岩崎訳）等々。

フィリップ・ミヒャエリスへ

この手紙は、「自然哲学」を構想した哲学者による哲学に関するものというより、愛した夫人カロリーネの死去後、墓石に寄せたいわば墓標である。神は彼女を私に与えたもうた、死は彼女を、私から奪うことができない。彼女は、ふたたび私の妻となるであろう。あるいはむしろ、この身近な別れにあっても、彼女は私の妻である。

ミュンヘン、一八〇九年十一月二九日

大切な義兄様、どうぞ私の心と、外的状況をお察しください、いろいろな意味で私にとりましてとても慰めとなりました貴下の九月二五日付けのお手紙に、かくも遅くなりご返事の手紙をさしあげるとは、苦痛に感じ、大変申し訳ありません。

またお亡くなりになられましたお妹様の友人達がわざわざ御宅に伺い、お悔やみの言葉や思い出ばなし等をされた由、貴下のお心を思いますと、お悔やみ申し上げますとともに残念でなりません。――もっと早くミュンヘンに戻るつもりでおりました。

ですが、私の両親が心配してくれまして、私をひきとめていました、そして、周辺の印象に変化がないようにかんじました。

ああ！　いろいろなことを考えますと、精神が病んでいる感じがします。

私の悩みは、ここに来てやっと始まった気がします。このような苦痛は、時間とともに、なくなるよりか、大きくなるいっぽうです。妻と私との距離が遠くになるほど、よりいっそう、私は、妻が存命しているような感じがします。

妻は聡明な（以前シェイクスピアの翻訳を手伝ってくれました）、たった一人の人間でした、他の誰も、彼女を愛せないにちがいありません。

心の中心点にある権力を、妻は死去するまで保持していました。

私達は、最も聖なるきずなでもって結ばれておりました、最も大きな苦痛と、最も大きな不運の中でも、ともに忠実でありました、——妻が、私の側から引き裂かれますと、すべての傷から、新たに赤い血が噴き出すような気持ちになります。

もしも彼女が私の妻でなかったとしたら、（ほんとうは妻だったのですが）、人間としての彼女を、嘆き悲しみ、憂い、そして、精神の巨匠の作品（哲学者シェリングの諸哲学書）は存在しなかったかもしれません。男性のような心の度量を持った稀有な女、最も鋭い精神と、女らしい、優しい、愛に満ちた心とが合体した女。

おお、このような者が、ふたたび現われません！　何と貴方は幸せ者であったか（自身で言うのもてれくさいが）、私は、この高貴な人間（妻）を授かり、妻の献身をたくさん利用したことか！

もしも私が長生きするとしたならば、私はすべてを妻と分かちあいたいと思いますし、そう、毎日でも、私は妻と一緒に過ごし、妻と一緒に死ねるよう血の滴り落ちることに、お金を支払いましょう。

当時、妻が貴下に、お手紙を書きました内容は、事実、妻の感情なのです。

ミュンヘンは、妻が亡くなり、悲しんでおりました――すくなくとも、この瞬間では。

この夏には、あらゆる災いが暴力となって、私達に襲いかかりました。フランスの雇用主の厚かましさと、ほとんど信じがたい粗暴さでもって、おそらくミュンヘンだけが同じことを知っていますが、大変醜い姿かたちにみえます。

人間という者は、少し前には、道徳的であり、礼儀正しい態度に、育てあげられたように見えますが、これは時代とともに変り、密告があり、政治的な追放が始まりました。

これらの密告者は、革命時の特別裁判所の前に、多くの外国人とともにしょっぴかれておりました。

このことは、ほかの多くの人達より、私にも印象をあたえました、妻、カロリーネにも強烈な印象をあたえました。

それに加えて、二ヶ月間、私は病に苦しみました、その理由をここでの関係（寒さ、暑さ）にもとめました。

妻は、疲労困憊し、そのため妻をお世話し、その努力をし、夜中じゅう見守っていたのですが、神経衰弱となり、妻が恐ろしい病気となり、こんなにも早く奪われた（逝去）のです。

また、薄れた印象では、妻は長い時間、やや目が覚めていたのです。

妻の心は、娘のアウグステンスの逝去以来、いつも、だんだんとあの世に向かっていったのです。ただ、つねに、愛に充ち溢れた、友好的な現代社会でも、妻を呼び戻すことも、かたく胸に抱くこともできなかったのです。——私達は、時間を無駄に過ごしてきました。

私達の新婚旅行は、妻の意に沿ってイタリアに行きました。私は、新婚旅行から連れ帰った後、妻は、はじめて、世界の状況を、おそらく、狭い心の観点からお知りになったと思います、そして、こうした旅行をたびたびしたいと思いました。

ですが、そうした旅行への期待は欺かれました。年々、時間の都合で、難しくなったのです。ところで今、とりわけ、妻の側の献身的な努力によって、私達は、ふたたび自由な存在となり、めいめい仕事、夫は哲学書、妻はシェイクスピアの作品の翻訳に励みました、そして、妻が憧れていた国に、来年、私達が暮らすつもりでした。

ところが、愛する妻の目が永遠に閉じてしまいました、そして、私の心は、こうした事態において、強い非難を受けたのです（シェリングは自分の医学的知識を信頼して医者の処方の中に阿片のはいった薬を発見し、これを自分の判断で（妻の娘アウグステンスの病をいやそうと処方したが、医者はこのため助かるべき病人が死んだ、と言い、シェリングはその自然哲学にもとづく誤った処方で病人を殺したという悪いうわさが広まったという）——

妻の逝去にはとても優しい予感があったに違いありません。

路上でばったり会った瞬間から、一目で妻のカロリーネを好きになり、交友を深めたシュテンゲル夫人は、妻が倒れた日に、次のように言いました「さてと、私は貴方と近々再びお会いする」（おそらく、彼女はこの日の不安で疲れたのでしょう）。喉から絞り出すように次のように言いました。「おそらく、貴方とは、絶対に、会うことはないでしょう」

私は、家を出て、まだ、たくさん調達するものがあったので、私達は午後じゅう、ずっと会うことはありませんでした。私は、ようやく十時に、夜食をとりました。

その際、妻の初めの言葉は、「シェリング、もしも私が戻ってきたなら、私は、違う家が欲しいわ」。

私は、「もしも」を「いつか」に解釈しまして、妻に帰った時間ではなく、とても遅いから、いつかね、と言いました。

私は、事実、病気でしたが、もとより腺病質でしたので、妻は、私の面倒をみたい、と言いました。――マウルブロンの私達の家の窓辺で、妻は私にこう言いました。「ねえ、シェリング、私はここで死ぬことができると、貴方は本当に思いますか?」と言いました。私は妻が修道院でのようなメランコリックな、憂鬱な表情をする、と言いました。

如何にして、このような考え方が生まれたのでしょう――私は、そう、病気でした、妻は健康でした! 死ぬ前の最後の時は、妻はそれ以前よりも、とても優しく、大変愛くるしく、妻の全身が甘さで溶けていくようでした。

なんということはない小旅行から帰ったのち、私は、妻と一緒に小旅行にでかけるという期待はほとんどしていませんでした――その数時間後に、最初の発作に襲われたのです。

そして、初夏以来、ベッドの上によこたわり、近々不幸が起こるという予感に私の胸が押しつぶされるように、さいなまれておりました――それは、もともとの原因は私の病気であったのだと。――貴下が疑うように（シェリングは自然哲学にもとづく誤った処方で人を殺したという悪い噂話）お話しされましたこと、それいじょうほかの慰めはありません。

私は、慈悲深い心でもって、理性もないうわさを広めた人物を糾弾しようとはしません、私が、とうの昔から、理性的観点にたっているかぎり、そうした暗い者どもは、どうせ逃げ道がどこにもないでしょうから。

私は、最近の大切なすべて死者を讃える人たちを集めます。

貴下と妻との間に何か事柄が存在すべきですが、妻の最後の手紙には、何もありませんでした。ですから、貴下、その手紙を私にお送りください、その手紙を拝読しましたなら、さっそく、貴下のお手もとにお返しいたします。

貴下は、私からの貴方への友情を永遠に持ち続けてください。妻は、私の心の中で永遠に大切なひとです。

私は、貴下がカロリーネのために何をなされたか、を知っております。

いつか、貴下と個人的にご挨拶できますれば、光栄に存じます。

天は、貴下と、貴下の御家族に祝福あれ！

大切な友としての義兄様！

シェリング　再拝

フリードリヒ・ヘルダー

一七四四〜一八〇三。語学の天才、著書に『人間性形成のための歴史哲学異説』（小栗、七字共訳）、『シェイクスピア』（戸張訳）、『彫塑』（戸張訳）等々。

ヨハン・ヴォルフガング・ゲーテより

一七四九年、マイン河畔フランクフルトにて誕生。一八三二年、ワイマールにて死去。

ヨハン・ゴットフリード・ヘルダーへ

シュトラスブルクにおける、ヘルダーは若きゲーテに文学への開眼を促し、炎を点し、「疾風怒濤」の機運をまきおこした師であり、先輩であり、友人であった。のちにはワイマールで生活を共にし、たがいに不即不離の関係を保ちつつ、それぞれ人間性実現をめざして独自の思想を展開していった。この手紙にはゲーテの胸騒ぎのする告白が反映されている。月が惑星に出会い、ついには太陽と重なり合ったとき、ゲーテとヘルダーは立ち止まり、疎外感に悩まされた。そして、それは偶然というより、ゲーテとヘルダーが、より強いもの、あるいはより弱いものとして文壇に登場することとなった。

シュトラスブルク、およそ一七七一年夏

私は、貴方とはじめてお会いした時の印象を書かざるを得ません。マントと首の襟がありませんでした！　貴方のクリスマスローズのお手紙は、私にとりまして、三年間の毎日の経験に値するものです。

これはそれに対するお答えではありません、そして、いったい誰がそれに対してお答えすることができるのでしょうか？

私の完全なる自我は、揺さぶられました、貴方はそうお考えになられても結構です、貴方様、私の羽ペンがつねに、書いているかもしれませんが、それより入門書がたくさん出版されております。

ベルヴェデーレのアポロよ、何故、お前は自身を、私達に裸体をさらけだしておくのか、私達は、私達の裸体を恥じねばならない。

スペインの時代、階級に特有なかつらと化粧！

ヘルダー、ヘルダー、貴方は真実な身であって、私の傍らにいてほしい。

貴方の惑星であることを、私は決めております、私は悦びつつ忠実な惑星になるつもりです。

地球と月は友達です。ですが、貴方は本当にそう感じますか――私はむしろ、水星になりたいと存じます。月は最も小さく、むしろ七つの惑星の下でして、月は貴方とともに太陽をめぐります、太陽は五つの惑星の下をめぐり、太陽は土星を引き寄せ、乱痴気騒ぎになるのです。

さようなら、親愛なる紳士殿。

私は貴方から離れません！　ヤコブは天使を伴って、主なるキリストと争いました。
そして、私はその上、足が不自由になれば良いのですが。
ヘルダー様

ゲーテ　再拝

3

学者・画家・建築家

アルバート・アインシュタイン

一八七九年、ドイツ、ウルムにて誕生。一九五五年、アメリカ合衆国、ニュージャージー州、プリンストンにて死去。

理論物理学者。業績に『特殊ならびに一般相対性理論』（井上訳）、『相対性理論』（内山訳）、『相対論の意味　付属：非対称場の相』『高電子仮設に基づく光電効果』（井上訳）、『物理学と実在』（井上訳）、アインシュタイン他『科学者と世界平和』（井上訳）、『相対論の意味』（矢野訳）、天才アインシュタインの脳をたくさん部分けし、各国の研究者がその脳の部位が天才と如何に関わるか？　研究、議論されている。

コンラート・ハビヒトへ

学識豊かな研究者であったアルバート・アインシュタインは、かつて、実に二七年もの長きにわたって研究し続け、相対性理論を立証した。

誰であれ、読者はこの友人への手紙を読むと、アインシュタインなる人物が、子供のように無邪気で、大はしゃぎで、陽気な性格であったことが分かるであろう。生まれたのはドイツ。その後、各地に住まいを変える（彼の研究の始まりであり、居心地良く過ごせた）スイス、ベルン。（研究を続け、教授となった）ボヘミア（今日のチェコ）。また（マックス・プランクとヴァルター・ネルンストによって、一九一三年にベルリンの科学アカデミーに招聘され、研究を続けたが、ヒットラーの時代となってやめざるをえなかった）ドイツ。そして最終的には（世界を瞠目させるような研究をし続け、立証するまで生きた）アメリカ合衆国。

かえりみると、ベルンに滞在中は、スイスの特許庁に勤務していた。

アインシュタインは他の友達と「成員」として、古典ギリシア時代のプラトンやアリストテレスが創設した学園にちなむ、意味深い名の「アカデミー・オリムピア」を創設した。

その一員ソルヴィーネが言うには、ある女性が、彼を「やや子供じみているが、尊敬に値いする人と言ったほうがいい」と述べたという。それをアインシュタインは近くでこっそり聞いて、その女性と知り合いになったという。

事実、最少の電圧を測定する静電誘導機を、ハビヒト博士と一緒に改良した結果、ポテンシアルー乗数が発見された。しかし、何よりも『物理学の年間研究論文報告集』一九〇五年度版には、アインシュタインの五つの研究が掲載されている。そして「光電効果の法則」によって、一九二一年、ノーベル物理学賞を受賞した。

ベルン、一九〇五年

親愛なるハビヒト様！

私達の間では、しばらく音信不通でありました。もし私が今、世間の人々が僅かながらも意味をもった。馬鹿馬鹿しいことを言うことに、口をはさむようなことがありますならば、それは私達にとりましてほとんど、けしからぬ穢れのようなものです。

しかし、この世界の偉人におきましては、常にそうではないでしょうか？

貴方は今、何をなさっているのでしょうか。凍りついた鯨のような貴方、乾ききった、ねじまがった心、あるいはどう表現したらよいか分かりませんが、七〇パーセント怒りに満ちた心、残りの三〇パーセントは思いやりの心をもった貴方、貴方はご自分の頭をこなごなに壊してしまいたいのでしょうか？――ただ三〇パーセント思いやりの心があることに感謝して下さい。

そして、貴方は毎春、イースターの歌を詠いながら――張りのない声でもないようですが、毎年のように私の家に来られたのですが、この春はいらっしゃいませんでした。

私は、切リ刻んだ玉ネギとニンニクが沢山詰まったブリキ缶を、貴方のもとに贈ろうとしましたが、結局、思い止まりました。

ですが、貴方はどうして未だに、貴方の研究論文を私にお送りして頂けないのでしょうか？

私は、貴方の友人の二分の一の人達のうちの一人であろうかと思いますが、私は近いうちに届けられます貴方の研究論文を興味深く心待ちしております。

貴方はそれほど惨めな方ですか？　私は出版元から、寄贈本を間もなく受け取ることでしょうから、私は、四つの研究論文のうち、最初の論文を、近々貴方にお送りすることを、お約束します。

その第一の研究論文は、光と放射エネルギー特性について考察したものです。そしてそれはとても革期的なものです。貴方がそれをお読みになりましたなら、お解りになられることと存じます。まずは、貴方がご自身の研究論文を、前もってお送り下さい。

第二の研究論文は、自然な物質を薄めた液状のものに分解し、内部に境をつけ、そして分化させた真の原子の大きさを決定することです。

そして私の第三の研究論文は、千分の一の大きさの懸濁下媒質中に物体を入れるという、分子論の前提のもとに、熱運動によってひき起こされることが知覚され、個体の分子の不規則な熱運動が起こされるに違いないと思います。それは生命のない、小さな懸濁した媒質中の運動、その行為が観察され、それはある生物学者（ブラウン）の発見です。そして運動は自身によりまして『ブラウンの微粒子の運動』と名付けられました。

第四の研究論文は、未だ構想中ですが、電力によって動き出された核磁気が、空間と時間の理論の一時的差異を使えばよいのです。

それは私の研究の純粋な運動学の一部です。

貴方は、私のこの研究に興味をもつことでしょう。

――ソロ（ソロヴィーネ）様は、あいかわらず、無駄な時間を費やしているようです。彼は試験を受けに行こうと思っているようですが、私は良いとは思いません。私は、彼が可哀相でなりません。彼が惨めな生活を過ごしているからです。彼は、まあまあの普通の生活をおくっていると言い張るのですが、私にはそう思えません。貴方も彼のことを、よくご存じでしょう！

お元気でお過ごし下さい！

ご尊敬するハビヒト様！

私の妻と、ようやく一才になりましたピーピー鳴く鳥から宜しくお伝え下さい、とのことです。

アルバート・アインシュタイン　拝

ヴィルヘルム・コンラート・レントゲン

一八四五年、レンネップにて誕生。一九二三年、ミュンヘンにて死去。
物理学者、レントゲンによるX線照射の発明によって、世界中の人々の命が救われた。

ルートヴィヒ・ツェーンダーへ

長年にわたる自身の助手に、当時ヴュルツブルク大学の教授、物理学者は（二人の業績に）祝辞を述べ、発明された画期的な医療機器について総括的に文章にまとめ、それを発表してください、と依頼した。一八九六年一月二三日に開催された物理学・医学学会において、レントゲンはヒットルフ、その他の学者を先駆者として称え、またさらに、自身におきた偶然について語った。この手紙は、我々にそうした事情をつまびらかにしてはくれないが、この偉大な研究者の謙虚な態度を示し、解剖学者ケリカーらがレントゲンの研究意義を認識し、なづけた「レントゲンによるX線照射」がドイツ中で普及したことが、我々にもよく理解される。レントゲンは、一九〇一年第一回ノーベル物理学賞受賞。

ヴュルツブルク大学物理学研究所、一八九六年初年、土曜日

親愛なるツェーンダー様

良き友人は最後に訪れます、それしかないのです。

貴方は答えを聞いた最初の人です。

貴方の文章（X線放射医療機器について）とその発表には、とても感謝しております。ですが、X線照射についての貴方の憶測ですが、私にはまだ、実用化できません。と言いますのは、まったく異議のない仮説に対する知られざる現象を私は確認してはおりませんし、有利だとも思いません。

自然界の如何なる放射といえども、私にはまったく解明できてはおりません、しかし、縦方向の光線が事実、存在するのかどうかは、私は二つ目の線で観察できます。

事実が、とてもだいじなことです。

こう考えますと、私の研究は、いろいろな方々から高く評価されております、例えば、ボルツマン氏、ヴァールブルク氏、コールラウシュ氏、それにケルヴィン卿、ストーク氏、またポアンカレ氏などが、私の発見に対し喜びと高い評価をなさってくださいました。

それらの人々の評価は、私にとりまして重要であり、嫉妬深い人々には、うわさばなしをさせておけばよいと思います。私には、どうでもいいことなのです。

私は研究に関しては、誰にも何も言いませんでした。私の妻には、ただ、ちょっとしたこと

を研究しているとのみ伝えました、もし私が研究している事柄を妻が知ってしまえば、世間の人達は次のごとく言うでしょう。「レントゲン氏は、狂気になったのではあるまいか」

来たる一月一日には、印刷された抜き刷りをお送りいたします。そして、いよいよセンセーションがまきおこります！

ウィーンの新聞は、まずはじめに、広告のトランペットを鳴らしました、他の新聞もこれに続きました。

この数日後、私は、こうしたことですっかり嫌気がさしました。と言いますのは、新聞等の報道によりますと、私の固有な研究についてはっきりと書かれてはいないのです。

写真を撮るということは、私にとりまして、X線照射である目的のための手段でありました、そこからいよいよ主たる事柄（肺に影があるか、否か、等々の診断）が始まるのです。

だんだんと、私は胸騒ぎになれてきました。嵐が襲来し、時間が経ちました。まる四週間ものあいだ、私は一つの実験もできませんでした。他の人達は働くこと、研究、実験ができるのに、私だけができないのです。——そこからどうなったのか、貴方はご存じないでしょう。

私は、貴方にお約束の数枚の写真を、この手紙に同封させていただきます。貴方が講演されるとき、その写真を聴衆に見せたければ、それで結構です、何の問題もありません。ですが、その写真をガラスと枠の下にして持ち運ぶようにしてください、そうしませんと、写真が盗まれてしまいます‼

貴方は、私の注意書きメモをご利用されて、講演してください、何か問題があれば、さっそくお手紙をください。

私は、大きな有名な（人間が立ってX線照射するための）枠五〇：二〇センチメートルに、断続器と、約二〇アンペア一次電流の変圧器を用います。

私の装置、器械はラプシェポンプに座り込んでおりますが、数日間、胃の内容物をサイフォンで抜きます。平行して線分約三センチメートルの距離で放電すれば、最も効果的であります。時間とともに、すべての装置は（そのうちの一つの装置をのぞきます）絶縁破壊されます。どんな種類であれ、陰極線を作り、それを使えば、目的達成です、すなわち、（アメリカの電気工学者）テスラ製の白熱電球と、電極のない真空放電管でも目的達成です。

人体の写真撮影にはそれぞれ人によって違いがありますが、三〜十分ほどかかります。

貴方の講演のために、磁力を帯びたコンセントと、木製のロール、また、人体の重量制限規定、一組の分銅、さらに、亜鉛版、最後に、チューリヒ在住のペルネ氏から頂いたとても素晴らしい写真機をもっていってください。

ですが、これらのものを、なるべく早く書留郵便で送り返してください。

貴方は、人体の重心に皺がありませんか？

ではお元気で、私の家庭からも、貴方のご家庭へもお元気で、よろしくお願いいたします、とのことです。

親愛なるツェーンダー様！

レントゲン　拝

ロベルト・コッホ

一八四三年、クラウタールにて誕生。一九一〇年、バーデンバーデンにて死去。
医学者、結核菌の発見、ツベルクリンの普及により、世界の人々の命を救った。
一九〇五年ノーベル生理医学賞受賞。

E・ビーウェント博士へ

初めて賞を獲得した論文は「子宮の神経の神経節細胞の存在について」であった。暇な時間もなく、研究に没頭した医学部の二二歳の学生が、ゲオルギアー・アウグスタ・ゲッティンゲン大学より三〇ドゥカーテン金貨を授与された、このことは、コッホの将来の最も重要な生涯の仕事の布石となった。なんと慎み深く、喜びにみちた自身患者が、父親に「父上、貴方が僕たちと一緒に過ごしていると き、僕の一般的な医学的知識と、おなかがすいた人たちがジャガイモを食べて、太る不思議な性質、とりわけ、僕が今、見たこと、すなわち盲目の鳩が穀物を見つけること」と言った。ハノーファーにおけるドイツ自然医学研究会議に知識人がぞくぞくと参加、出席するように、コッホは、自身のお金を使って尽力したが、一八六五年の冬に、医学界を震撼させた。ヘダー氏のからだにせんもうちゅう病（旋毛虫病）なる流行病にかかり、その原因を徹底的に研究せよ、と言って医師伯父はコッホに研究費用として五〇ターラーをわたそうとしたが、コッホは断った。以来、姿を見せなかった。

コッホは、結核菌の発見、ツベルクリンの普及、等々により第二回ノーベル生理学医学賞受賞。

ゲッティンゲン、一八六五年十二月十二日

親愛なる伯父上様

十二月四日付けの貴方のお手紙を僕は拝読し、うれしいかぎりです。また貴方は僕の研究の進展においてご協力いただきまして、感謝の念にたえません。

貴方の計画とたくさんのお金で、旋毛虫病の原因を研究されたし、との申し出を請けいれられず、とても残念でたまりません。

ですが、僕は、この魅力的な機会を、軽率にも、充分な考慮なしに手離すようなことはしません、それにつきましては確信しております、僕の諸根拠を貴方に事細かにご説明させていただきます。

その病は、多数のひどい家のすきまにあることを、われわれ知識人が知るところであり、僕もそう確信しております。

旋毛虫はまず人体に入り込み、病がひきおこされるのです、より正確には、誰であれ、その病に慣れた人ならば、その病に一度なった時、簡単に気がつくことができるのです。

なお、剖検において見付かった諸相違は充分に研究されております、こうした現象を無論のこと、人は知っており、旋毛虫病に対し、今まで、直接的な予防措置が知られています。すなわち、豚の旋毛虫を取り出し、それを注射で人々にするのです（予防接種）。しかし、注意すべきことは、旋毛虫が豚の内部にある場合、それについて、漠然とした予感がします。何故ならば、旋毛虫のもともとの住まい地を、人ははっきりと知らないためです。

しかし、いずれにせよ、この病における治療処置の最も弱い面は、特徴、すなわち、人間の腸管《ちょうかん》に入った、あるいは、筋肉に入った旋毛虫の即死薬が今まで開発されていないことです。僕は、このような即死薬の存在、開発が不可能とは思いません、しかしながら、即死薬の存在、開発はとてもありえそうもないことなのです。と言いますのは、腸内に入った旋毛虫は、エネルギッシュに便通薬（下剤）の役を果たすからです。ところが、患者は、人体に入った旋毛虫が原因で、ものすごい吐き気をもよおしてただ死ぬ場合があります。しかし、患者が、静かに、安静に（横たわっている、眠る）していると、旋毛虫の被包が、何回かの経験が示すところでは、死ぬこともなく、苦痛に我慢しているようです。すなわち、旋毛虫が人体に入り込んだ時のための薬が必要です。しかし、簡単に解ることは患者の体力が最も弱った状態でも、生き生きとした強い旋毛虫が死ぬのです、同じく先験的に、観察をしますと、このような薬の開発に疑問を感じます、いくつかの毒を、個々の動物に与えても、耐えています、人はこのような事実を考慮しますと、いくつかの毒によって、人間とほかの生き物は死ぬ可能性があるのでしょうか？　あり得ます、また毒薬の開発は、否定できないのではないでしょうか？　否定します。そうした薬は、人間と旋毛虫との相互関係にもあてはまりますが、旋毛虫は自身の作用で死に絶えてしまうのです。

いずれにせよ、酸とアルカリはこの目的には使えません、何故ならば、酸とアルカリは多くの水分の中でも不変でないどころか、一部酸と一部アルカリの消化された分泌物（液）が中性化するのです、あるいは、もしも、これがそうした場合でないとせよ、すべて、ほかの強い刺激性のある数々の毒が、すなわち、特定の場所では、殺す効果を発揮するのですが、しかし、その場所では、旋毛虫が確実に生存しているのです。

ミネラル性のプレパラート（製剤、組織見本）、とりわけ、水銀剤（金属製の水銀剤は、すべての実験者によると、生物体、有機体に注入してはならない。と言うのは、通常の一回分の薬の服用量では、遅すぎるし、弱すぎる、また比較的高い容器を使用しても、とても危険なようです。おそらく、植物性の薬しかないと思います。

伯父上様、貴方、この二つの主要質問、すなわち、旋毛虫という悪の根源を断つ起源、それに一度罹った旋毛虫患者という偶然見つかった流行病の特別な処置、すべて豚肉を使用した食事に使った食器類、スプーン、ナイフ、フォーク等々を丁寧に調べること、（幾人かの研究者は、ねずみ（鼠）やマウス（二十日ねずみ）を用いて実験をしますが、ご承知のごとく、豚肉が普通、食べられ、旋毛虫が見付かることもあり得ます。ほかのものでは、もぐら、とがりねずみがあります。そして、さらには、それに適合した動物によって、詳細で、厳密な実験、調査、研究が必要であると思いますが、僕たちは、旋毛虫病の患者たちを（実験台として）悪用、乱用することはできません。

そのような実験、調査、研究をするには、実際の現場での活用が九九パーセントの可能性をもてるには、数ヶ月ではなく、おそらく数年の研究が必要となり、研究のための費用は莫大なものとなると思います。

そうしたさらなる企ては、僕にとりましてあまりにも遠く、僕のおそらく実地的な（研究、結核菌）方向とは違いますので、止めておきたく存じます。

伯父上様、貴方のお手紙中、旋毛虫病につきましての、ご質問ですが、旋毛虫は横縞のいわゆる何処の筋肉にも見つかるものです。旋毛虫が、どこに入り込むか、という点は確定されておりませんが、動物の実験で解ると思います。

旋毛虫病の患者の体温が通常より高い場合の抵抗性、耐性は、あるレストランの料理のシェフとフィードラー氏によって、大変厳密に調査され、列氏五五～六〇度の場合では、旋毛虫は確実に死に絶えます。しかしながら、比較的大きな豚肉片を一時間ほど料理する場合には、それを焼く場合、肉片の中央部分はこの温度に完全には達しておりません。

僕は、偶然にも、クラウゼ教授より旋毛虫が被包された肉（ここでは偶然に、部険で見つかったものです。）を（以前の旋毛虫によっては、死に至りまして、このことは、最近、ドイツ、ヘッセン州でおきたことです）ご馳走になりましたが、そこで僕は、いくつかのプレパラート（製剤、組織見本）を作り、僕は、楽しそうに旋毛虫を取り出したのです、伯父上様、同じことをすると、すぐさま、植物の臭いと、アラセイトウ属とその強さが僕の体内に到達し、病院に搬送されたのです。

おそらく、ヘダー氏の場合と同じく、僕は、豚肉を食べたのでしょう。

伯父上様、僕のこれまでの旋毛虫病についてのご報告が正しいと信じてください。また、伯父上様がさらにお元気でお過ごされますようお祈り申し上げております。

幾重にも感謝をこめて。

親愛なる医師伯父上様！

R・コッホ　再拝

ゴットフリート・ヴィルヘルム・ライプニッツ

一六四六年、ライプツィヒにて誕生。一七一六年、ハノファーにて死去。万学の天才、微分積分の発見、ドイツ、オーストリア各都市に科学アカデミー創設、著書に『形而上学叙説』（清水、飯塚共訳）、『モナドロジー』（清水、竹田共訳）、『小品集』（清水訳）等。

神聖ローマ皇帝カール六世へ

ハノファーにあるライプニッツの記念碑には、「天才ライプニッツ」と記されている。このことはおそらく、彼の永遠のモニュメントであり、手紙のやり取りにも反映していることだろう。

彼の思索と行為のファウスト的範囲の打ち明けるものは、当時、指導的な学者や政治家との手紙をとおしての関係に反映されている、それら多くの手紙はラテン語、またはフランス語で書かれている。稀に、いくつかのドイツ語で書かれた手紙があるが、術語上のシュヴルスト（後期バロック文学の修辞的形容過剰な表現を指す術語）を克服し、やめている。

ライプニッツが人生の末期において、神聖ローマ皇帝に拝謁したり、手紙をしたためたとしても、偉大な人間が大きな課題をやり遂げた、と言ってもライプニッツの業績からして当然なことである。

ここに、神聖ローマ皇帝カール六世宛てに、ライプニッツの草稿があり、そこでは自由気ままに話しかけ、辞書で得られた見出し語――文化科学への相当な特権である年金によるお金の支払い、政治のための数学、パリにおける蜜蝋づけの人体の解剖の見学。ライプニッツとカール皇帝によるライン川とドナウ川の接続（すなわち、すでに、カール皇帝はライン川とドナウ川を結ぶ、運河建設をもくろんでいた）等がそこに記されている、また、皇帝へのやるべきテーマが読み取れる――ライプニッツの努力はわずかしか、報われなかった――ライプニッツが創案した精神的協会であるウィーンの科学アカデミーが、ようやく一八四六年に、ライプニッツ生誕二〇〇年の記念として設立された――このことも死後であった。晩年、不遇と失意と孤独で、めぐまれなかった天才。

一七一三年一月

私はお話しすることが医者から禁止されましたほど、喉の状態が悪いものですので、陛下と拝謁できますことを長い間、願っていたのですが、それもかなわないことでした。

そして、この季節にもかかわらず旅に出ました。

その旅行中に、ある政府の要人と出会いました。その方と一緒に歩きながら、その方のお仕事や、私の人生でこれまでやってきました仕事（微積分法の発見、ベルリン、科学アカデミーの初代院長の仕事、著書『モナドロジー』等々）につきましてお話ししました。

陛下！　陛下は私のこれまでの仕事、業績、そしてこれからやるべき意図等につきまして、お知りになりたい由、近々医者のガレル氏に書類を陛下宛に託したく存じます。その中には哲学的構想のメモ、少し私に関すること、いくつかの著書、そしてネーデルランドの貴人たちから得た情報をまとめたもの、また、スペイン政府が認可したいくつかのもの、宮廷宰相ザイレルン伯爵が自身の観点から行いました、現今のイギリスとネーデルランド間の和議に関する政治的情報収集・調査等が入っております。

また、ある学識ある方が、ベルリンの科学アカデミーにつきまして書きました書簡も、その内容から私の発案であると、読み取れます。

私の業績であります国際公法事典（その中の民権）がフォリオのかたちで一冊の本になっております。その中には人民に対して未だ知られていない重要な法案が盛り込まれております。またそこには有名な言葉が添えられておりまして（『国際広法事典』第一巻において、民権は十二～十五世紀において諸侯から認められていました）世界に訴えるものです、これはF・フォン・リヒテンシュタイン宮廷長官にお渡ししております。

また、私はすべての仕事の成果をリヒテンシュタイン宮廷長官にお渡ししておりますので、もうそれらを私が触れる必要はないと存じます。宮廷長官が、陛下にとりまして役に立つものだけを、判断してお見せ戴ければ幸いです。

ところで、私が昔若い時、アルトドルフ大学で博士の学位を得ましたのは、一六六六年、十一月五日のことです。(もともとはライプツィヒ大学で法律と哲学を学び、博士論文『結合法論』を提出しましたが、歳が若すぎる二〇歳という理由で拒否されました。

その後、旅にでようと思いました。ところが、マインツの選帝侯ヨハン・フィリップ・フォン・シェーンボルンによりまして、自身に仕えるよう、そこに引き留められてしまいました。引き止められました理由は、論文『法律の方法』のため(法律博士論文『法律における複雑な事件について』でして、私は、複雑な法的事件を扱う基礎となる問題の解決を志向し、法律の新しい方法を考え出し、自然法の原則へと発展させました、さらに小冊子『法律の学習と教授の新方法』を選帝侯に献じたこともありました。

また、私は当時、すでに科学の分野で功績をあげ、好きで勉強していましたが、裁判の法廷におきまして、上告評議員の役を仰せつけられました、それはわざわざシュパイアーの都市へでかけまして、控訴法廷で尋問する代わりにです。私が福音派でありましても、選帝侯は寛容でした。また、私は、ある宮廷顧問官と法律の修正、改訂の仕事を仰せつけられました。法律の主要構成部分の改良を、マインツにおいて、私は、宮廷顧問官ラッサー博士と共にたずさわりました。

そして、選帝侯は帝国の一の宰相となりましたが、選帝侯の死去に伴いまして、私は立ち去るを得ず、旅を続けることとなりました。

フランスでは、数学に重点をおき勉強いたしました。そこでは、とても手に負えないような新しい数学に出会い、私はそれを勉強し、習得し、微積分の発見をし、フランス王立科学アカデミーの会員に推挙されました（一六七二年～一六七六年）、そのうえ、イギリス王立科学アカデミーの会員にも推挙されました（一六七六年～）。

また、フランスでは、私に多額の恩給を賜るよう推挙して戴きました。

ところで、陛下の御令室アマリア妃の父上であられるブラウンシュワイクのヨハン・フリードリヒ公爵殿下が、私に宮廷顧問官として仕えるよう申し入れがありました(一六七六年～)が、同時に、宮廷図書館の蔵書を点検するようお達しがありました。

その兄弟で、後を継ぎましたエルンスト・アオグストス・ハインリヒ選帝侯は、私に仕えるよう申し入れまして、枢密法律顧問官に推挙して戴けました（一六九六年～）、宰相は職務をとかれまして、ヴェルフェン家の歴史と系図の研究の委託を受けまして、バイエルンとイタリアに研究旅行に出かけました。

この旅行におきましては、ブラウンシュヴァイクのヴェルフェン家の歴史と系図の研究ために、多くの珍しい事柄がわかりましたが、それだけではありませんで、陛下と帝国の歴史と系図のためにも多くの珍しい事柄が分かりました。それらをまとめましてメモにしておきました。

また、それと関連しまして、私の著書、二巻の『中世の歴史集成』（一六九八年）と、三巻の『ブラウンシュヴァイクの歴史』（一七〇七年～一七一一年）が印刷、出版されることでしょう。

また、旅の途中で、鉱山のいろいろな事柄につきまして調査、研究してきました。

更に、新しい数学の方法を見つけようと努力し、とうとうまったく新しい分析方法を発見しました、微積分法が発見したのです。またそのことにつきましてフランスの高貴なる侯爵殿下が解説書を書いてくださり、光栄にも私の発見を大変誉めて戴きました。ドウ・ロスピタール侯爵は、一六九六年に微分法の最初の体系的表現である『微分析』を発表しました、このことは微積分法を誰が初めに発見したのか？　論争になっていましたが、ニュートンではなく、私、ライプニッツに味方し、私が発見者であるとするものであります。

イギリス人たちも、これを賞賛すべきだと言いました。

ところで、アカデミー創設につきましていくつかの提案をしました。プロイセンの王陛下は、科学アカデミー設立に興味を示され、アカデミー創設にあたって役所の指示は一七〇〇年六月十一日、私はカレンダーから始めまして、アカデミー創設につきましていくつかの提案をしました。グレゴリオ暦の改良、そして復活祭の祝日の計算につきまして、私は名声高き天文学者――ビアンキーニ、ライハー、レーマー――と共に行ないました。また天文学者達のベルリンへの招聘は、アカデミー創設にあたりまして決定的な役割を果たしました。そしてベルリン科学アカデミーは創設されまして、ブラウンシュヴァイクの今の選帝侯のご令室の姉、侯爵妃のご助力もありまして、私は初代院長として推挙されまして、そのため、たびたびベルリンに滞在するはめとなりました。

ところで、ある有名なフランソ・バイルなる人物(ピエール・バイル、一六四七年〜一七〇六年)

イエス－キリストの言葉についての哲学的解釈‥それはプロテスタントの人々との長い闘争をもたらすきっかけとなり、それはバイル著『歴史と批判』と著『批判の事典』と他の多くの著書が多くの人々に、とても読まれ、自身の著書においてキリスト教は広まるとして、とりわけ神の正義、好意、労働の自由、神への感謝、自由な意思、神の慈悲を擁護し、そしてマニヒアエル（キリストの教えの完成者であり、紀元後二七六年、死刑を執行されましたマニスの支持者）は良いものと悪いものの原則の昔の教えを蒸し返そうとし、私は国王妃（一七〇五年、崩御されたゾフィー・シアルロッテ）に、テオディーチェ（それは神の正義）の名をもとに、三つの帝国――宗教が成立しますよう著書に『高貴なる神学』（山本訳）。『唯一の普遍的精神の学説に関する考察』（一七〇二年？）あるいは『神の善意、人間の自由、および悪の起源に関する弁神論』（一七一〇年？）を著書としまして公表いたしました。

また、あるイエズス会士はその著書をラテン語に翻訳する、と言っております。

福音派といろいろな改革派神学は、私のその著書を公的にほめて戴きました。

また、ノイシュタットの、前代、それに今の代の司教も、栄光ある神聖ローマ皇帝！　レオポルドも私のその著書をお読みになられ、刺激になったと賜り、また、宗教上の争いを抑えることができそうだと、お悦びつつ述べております。ヨハン・フリードリヒ公爵も、また選帝侯エルンスト・アウグストも、そして最近の選帝侯で、選帝侯選挙司会者のテオロギス、すべて私の構想に賛意を賜りました。

そして、ブーハイムの、いまだ存命中の司教伯爵は、当地での神学の主たる部分は、すべて、私の著書が言わんとすることと一致していると述べておられます。

それで、その著書につきまして教皇大使と、今は枢機卿となっておりますがこのドリア聖人と協議会を開催し、会談しましたところ、とてもお喜びのご様子でした。

それはさておくとしても、中国に布教の目的等で滞在しておりますイエズス会士達が（ライプニッツはイエズス会グリマルディの活動に協力し、それによってグリマルデイとの文通が始まり、それにより、私は著書『中国の新事情』を書き終わり、出版しました（一六九七年）（著書『語源の集成』は、ようやく死後、一七一七年に出版）。

私と文通し、いろいろな珍しい事柄につきましての報告を送ってくださいました。そうした中で、中国人たちは、コンフテイ時代にはすでに大昔の中国の字の意味を理解することができないこと（?）を、私は発見しました。

陛下に、多くのことをお聞き戴きまして、私のお手紙もあまりにも長くなりそうです、陛下、私が、上述の仕事のほかに、いかなる仕事で陛下にお仕えすることができますか、陛下ご自身がご判断くださることがいちばんよいのです。

時間があまりありませんので、てみじかにお話ししますと、帝国の副宰相が私に一冊の本をくださいました。それによりますと、ヨーロッパの晩餐式におきまして、今日、平和協定は、破滅的であるようです。罵倒の言葉をあびせるあるフランス人の手紙で抗議されたようです。私はすぐに、まちがいがないように、それに対しまして答えを出させていただきました、その答えと申しますと、フランス人の馬鹿げたことは、笑いを誘ったということです。

さて、国王陛下、お仕えしますにあたりまして、以前にもお話ししました計画（『高貴なる神学』）をスペインへ、そしてまたフォン・イムホフ閣下へお送りしようと思います、その前にユリブス殿がスペイン語に翻訳され、再び出版されたならのはなしですが。

私は『天文学者の策略』なる本を見つけました、そして著者はP・オルバーニ氏でありまして、私のとても良き友達の中の一人であります、彼は大変な勤勉家でして、願わくは、何か良い著書を達成できましたなら、と思います。彼の著書『毎日の星座の動き、位置』のいくつかの抜粋をしました、そしてそれらの著書は墨汁と羽ペンとで書かれましたが、それらが（『天文学者の策略』『毎日の星座の動き、位置』）が、当たっているかどうかを見ましたが、結果は、彼が陛下と私に伝えていただきたいと、思います。

なお、私は、広く成し遂げたことを、次の機会にご報告させて戴きます。そうしましたなら、おひとりで毎日の星座の動き、位置を、食卓の一覧表に書き留めるだけではありません。蒼穹の星座を眺めつつ、人々が望んでいる帝国議会ですが、陛下は即刻開催し、帝国議会長の職をより良く勤められるよう、お祈り申し上げております。

神聖ローマ皇帝陛下！

ライプニッツ　再拝

カール・フリードリヒ・ガウス

一七七七年、ブラウンシュヴァイクにて誕生。一八五五年、ゲッティンゲンにて死去。数学者、天文学者、物理学者。業績に『ガウスの定理』『最小二乗法』の発見、『平方剰余の相互法則』の証明、『ガウス単位』『電磁気で電報を打つ電信機』の発明等々。

ヴィルヘルム・オルバースへ

未だ、十九歳になっていない若者が、ある朝、「ベッドから起き上がって、正十六角形は、他の正多角形に等しい」ことを見出した、また、二四歳になって、確かなことがわからないが、ナポリの天文学者ピアッチが尾のない彗星《すいせい》をながらく観察していたのが、最近、やめてしまったという。ガウスは、彗星が完全に楕円軌道を回っていると、計算して認識した、またヘリオグラフ（太陽写真儀、太陽光線を鏡で反射して信号を送る装置）を発明、考案し、これによって測地学・地理学に大きな進歩をもたらした。そして、一八三二年からは、地磁気の研究に没頭し、そして、地磁気の測量の結果、画期的な発明、考案をした。電磁気で電報を打つ電信機である。ガウスは、一八三三年にはすでに、ヴィルヘルム・ウェーバーと一緒に、碩学アレクサンダー・フンボルトに、ガウスが前々から成功すると確信した知識を教え、そして、勇気をもって電報をうった。「お金がかかりますが、それをお支払い下されば、私は考えますに、人は直接、ゲッティンゲンからベルリンに思った事柄を話す、電報することができます」

ゲッティンゲン、一八三三年十一月二〇日

私の親愛なる友よ！　長い間、私は、貴方の音沙汰を何も聞いておりません、また、私は、長い年月、私は、貴方にお手紙を差し上げませんでした。その理由としましては、事実、山のように積んだ、時間がかかる数々の仕事があったこと、もう一つの理由は、（もっと多くの理由があるのですけれど）私には、いろいろな心を悩ませること、それに心配事がありますし、多くの人達との文通で、それに丁重に目を通すことで、貴方にお手紙を書くことが遅れてしまいました。そこで、私は、貴方に、すくなくとも、私に今まであった事柄をお話ししましょう。「地磁気の強さ」がテーマで、私の大学で講義をしておりますが、そのテーマについては、大学委員会の承認を得てその第一巻印刷・出版されたものですが、その完成された著書を貴方にお送りするには遅すぎると、私は思いますが、いつか、おそらく、もっと良い紙で印刷されたもの、私に届けられる一冊の本を、どうぞお受けとりください。

私は知らないのですが、貴方は、おそらく、ポッゲンドルフ氏により翻訳（ラテン語からドイツ語）された彼の雑誌を御覧になりましたか？　それはとてもお薦めできません、また、まったく使えたものでなく、極端なあやまりをふくんでおります。

磁気の天文台は、今現在、いくつかの内部の設備まで完成しました、そして、私は、前もってこれまでの器械、装置（ヘリオグラフ）を中に据え、最も良い場所においた糸のねじれ率を目的のゼロ点にし、何回となく、誤りを訂正し、そのさい、数日の、日が短く、暗い夜に、また、しばしば夜中、二人の女性の同僚の絶え間なく続く雑音・おしゃべりに邪魔されましたが、やり遂げました、女性の同僚の雑音・おしゃべりで阻止されましたが、晴れた数日の夏の日、そして、一～二日の時間において、この実験は成功しました。

その場合、多く糸が失われることは、全然ありませんでした。と言いますのは、援助用の装置（鏡のホルダー、柄、あるいは手芸のタッティングのシャットル）をまず作っておいて、それを用いて、最終的に約四ポンドの重さで長さ二フスの縫い針に糸を吊るすのです。

私は、もうずっと以前に、私達がここで作りました素晴らしい装置につきまして、貴方にお手紙でお話しさせていただいたでしょうか。

それはガルヴァーニ（イタリアの解剖学者、生理学者が発明した）医学的、直流通電法でありまして、その直流通電法を用いて天文台と物理学執務室との間を、電信線を空中で町の数々の家の上にたらし、ハニス教会の塔に引っ掛け、それを往復させるのです。電信線の総延長は、約八〇〇〇フス（一フスは約三〇cm）となります。電信線の両方の末端には数学の乗数がつながっており、私の天文台では、一七〇の機械のネジがあり、ウェーバー氏がいる物理学執務室では、約五〇のネジがありました。合計一ポンド（約五〇〇グラム）の磁気の縫い針となりました、それを私の装置に、吊り下げたのです。

これらのことから、多くの強い感銘と驚くべき実験とその経験が生まれたのです。

その経験では、もちろん、予測できたのですが、目に見えて落ちる効果がある大きな板、プレート、あるいは強い酸などは必要ないのです。

私達は、つねに、清潔な泉の水と、(プロイセンで通用しているターラー銀貨の大きさの)普通のプレートを使えば、強い酸や大きなプレート(前提として、二つのプレートを使う)を使わなくとも、効果はそれほど小さくはないのです。

私は、電流を逆方向に流れることが可能であり、(私は数学上、交換子、電気学上、整流子となずけました)交換子・整流子という簡単な装置を考えました。

もしも私が、拍子にのって私が、二つのプレートでもって操作したなら、とても短い時間内に(例えば一分三〇秒以内に)、物理学執務室において縫い針をとても強く動かし、教会の鐘を鳴らして見せましょう、大学の他の部屋においても聞こえるように。ですが、これは遊びと言ったほうがいいでしょう。その意図は、とても入念に、縫い針を動かすことでした。

私達は、この装置をすでに、電信、電報の実験のために使いました、結果は、語り、あるいは少しの慣用句において、うまくいき成功しました。電報を打つことの利点は、気候や、一日の時間にまったく左右されないことです。誰もが電報で、なんらかの要件を送りますと、受け取り人は、自分の部屋でその要件をうけとることが可能で、その人が望めば、窓の鎧戸でも要件を受け取ることができます。

また、充分に耐久性がある電線をこのように使えば、ゲッティンゲンからハノファーへ、あるいはハノファーからブレーメンへと、電報を打つことができるであろうと、私は確信しております。

ところで、土星の環の現象につきましての貴方のご説明が正しいことは、私は疑う余地はありませんが、その土星の環を観察する方法を、私が思いつきました。

夜中、アストラーブ（古代の天文観測儀）を据えますと、環の表面は、とても輝いており、ただランプの光で照らしても、十分な距離、遠さであっても、とてもわずかですが肉眼によっても輝く土星の環の表面がとらえられます。望遠鏡を使えば、その現象を詳細に観察することができます。

意志さえあれば、距離、遠さを自由にえらぶことができ、輝く土星の環の表面の見かけの大きさのモデルや、土星の環自体もみられます。

私は、ハーデイング氏に、もうずっと以前のことですが、同じ実験をするように、勧めさせていただきました。もちろん、完全な成功でした。

貴方は、ザイッファルト氏の著書『エジプトの天文学』をお読みになられましたか、そして、そのご感想は？

貴方のお手紙をお待ち申し上げております。

喜びつつお待ちしております。

親愛なる友よ、オルバース様

C・F・ガウス　拝

アレクサンダー・フォン・フンボルト

一七六九年、ベルリンにて誕生。一八五九年、同地にて死去。博物学者、探検家、地理学者、近代地理学の祖。業績に名著『コスモス』、地球の磁力の強さが南、北極から赤道に向かって、減少することを発見。著書『新大陸赤道地方紀行』（大野、荒木共訳）、著書『自然の諸相、熱帯自然の絵画的記述』（木村訳）等々。

兄のウィルヘルムへ

若い頃のアレキサンダー・フォン・フンボルトは、ウェルナー株式会社とレオポルド・フォン・ブーフのもとで鉱山学を学び、鉱業に従事した。その後、自然科学の全分野について学び、植物学者のエメ・ボンプランと共に、テネリッファを経由してスペイン領南アメリカへ旅に出た、一七九九年にはクマナまで到達した。ヴェネズエラとオリノコ地帯、さらには、ボゴタとキトにまで立ち入った、そして一八〇二年、チンボラッソ山に登り、高さ五八一〇メートルまで征服した、これは当時、登山では最高の高さであった（ようやく、一八五六年になって、ボラッソ山の最高の高さである六五四三メートルが登山家によって征服された）。

一八〇四年、フンボルトは帰国するにあたって、観察したもの、スケッチしたもの、測ったもの、研究、収集、そして発見したもの等を持ち帰り、二〇年の長の年月をかけて、精査・研究し、『新大陸のエキノクシアル地方への旅行』と題した二〇の二つ折り半（フォーリオ）と十の四つ折り判巻に編集、出版した、それは、カール・リッターの言を借りると、「新世界の科学的再発見」である。

南アメリカのクマナ、一七九九年七月十六日

大切な、尊敬する兄上様、経由地のテネリッファにてイギリス人たちを目にして、今、幸運にも私達の、空飛ぶ鳥の大群が誇らしげに翼を振って羽ばたきつつ荒波の海の旅行は終わりを告げました。

私は、旅の途中でたくさん働き、さまざまなものの観察、収集、スケッチ、測量、研究、また発見をしました。とりわけ、天文の観測、観察を熱心にしました。

私達は、数ヶ月の間、南米のカラカスにて滞在しておりました。ここはかつて、最も神秘的な地でして、驚くべき、不思議な植物、ふるえるウナギ、虎《とら》、アルマディッレ、猿、パパガイ、そして、多くの純粋な、そして、混血のインデイアン人達は、とても美しく、興味深い人種です。カラカスは、雪に覆われる山岳が近くにあるものですから、南アメリカでは最も涼しく、健康にも良いところです、メキシコのような気候です。グアヤキルを訪ねまして、そこから山岳の内部にわけいりますと、世界でも最も知られていない地帯があります。

このような自然の魔法のようなもの（私達が、昨日までは知られておりませんでしたヨーロッパの植物――あるいは動物製の製品をもっております）のすべてを、調べました（観察、収集、スケッチ、測量、研究、発見）、ここカラカスよりクマナまで海上を船で二日の旅です。こちらに滞在しまして、ちょうどこの数日イギリスの戦艦がこの地帯をよこぎりますので、ご報告をそれにたくします。

ここからハバナまでは、八～十日間の旅です。すべてのヨーロッパの護衛船団は、この地の港につきますから、プライベートな場合を除いて、自由に利用できます。

それに、キューバでは、ちょうど、九、十月までの期間、暑さがとてもひどいのです。ですからこの期間では、私達は使用人に扇であおがせ、あるいは自分で動かして涼しくさせるか、健康に良い空気にあたるのです。ここでは、夜中じゅう、外で寝ることも許されているのです。ながいあいだ、パリ、ドミンゴ、そしてフィリピンに滞在していたことのある年老いた（国から一定の任務を託された）海軍特別委員は、一人の黒人女性と二人の黒人男性を使用人とし、ここにも滞在されておられます。

私達は、月づき、二〇ピアスター（スペイン、南米諸国の通貨単位ペソ）の支出で、二人の黒人女性（一人は食事係です）を使用人とし、居心地の良い家が借りられます。

ここでは、食事に困ることはありません。ただ残念なことは、今、穀物パンやラスク（パン生地を用いた二度焼きした菓子）のようなものが無いのです。

この都市では、いまだ半分ぐらい、瓦礫にうずまっております。有名な一七九七年、キトは地震に襲われ、クマナの都市全体も崩壊したからです。この都市は、比較的大きな湾に面しており、フランス、プロヴァンスのトゥーロンの都市のように美しく、背後には、厚く生い茂った森の山々を利用した、高さ五〇〇〇～八〇〇〇フス（一フス：約三〇センチメートル）の野外円形劇場があります。あらゆる家々は、白い支那の木とアトラス山の木を用いて建てられております。小さな川沿いにリオデクマナには、ドイツ、イェーナのザール川のように、七つの修道院と大規模な農園があり、まるでほんとうのイギリス庭園のようです。

都市の郊外では、銅色のインディアン人達が住んでおりまして、そのほとんどすべての男たちは、真っ裸で往来を行き来しています。住んでいる小屋は、壁などはわら（藁）でできていまして、屋根はココナッツの葉っぱで覆われています。

例えば、私がその小屋の中に入ってゆきますと、母が子供たちと、椅子ではなく、海で生まれた珊瑚礁の茎で作った椅子のようなものの上に座っております。また誰もが、私達が利用するお皿のかわりに、ココナッツからつくった皿を利用して、魚などを食べるのです。

大規模な農園はすべての人に公開され、誰もが食べたり、家族のためにもっていったり、自由に行き来します。ほとんどの家では、夜中でも、ドアの鍵をかけておりません、ドアはオープンです、開いたままです。ここの民族は道徳心が高いのです。また、ここでは、黒人よりも、だんぜん、純粋なインディアンが多いのです。

何といろいろな木があることでしょうか！　五〇から六〇フスの高さのポインセチアは、一フス（約三〇センチメートル）の高さの茂みに最も気高く、高貴に赤く咲いております。バナナと沢山の木々、ものすごくたくさんの葉っぱ、そして手の大きさの、香りが良い花が咲いた木々、それらは、私達は知らないものです。

ただ、考えても見てもください。この国の母花（カヴァニッレ　イコノネス、トム）それは、すでに二年前に出版されましたが、その本によると、高さ六〇フス（約十八メートル）で、幅が大きく、影を落とす木です。これらの素晴らしく、高貴な植物類を昨日、発見しまして、私達はとても幸運でした。

私達が、観察しなかったものでも、何とたくさんの種類の植物が存在することでしょう？そして、数々の鳥達、数々の魚達は、むろんのこと、ざりがに（天にあらわれる青色と黄色）は何といろいろな色があるのでしょうか！

馬鹿者共のように、私達は、今までこの辺をうろつき回っております。ここの人々は、うまそうな物をつかみ、そして食べ、常に、物をつかみ、食べ、その後、捨ててしまうので、私達は、この三日間、それらの物を特定（観察、収集、スケッチ、研究）できませんでした。

例の、植物学者ボンプラン氏は、素晴らしく、不思議なものは、すぐには枯れない、感じがすると言うのです。

しかしながら、これら個々の素晴らしく、不思議なもの、美しいというより、これらのすべてが、力強く、繁茂し、そして、そのさい、とても軽やかに、人を愉快にさせながら、穏やかに、優しい植物の性格となっている印象が心をうちます。

私は、ここに滞在しますと、とても幸せな気分になります。また、これらの数々の印象によっても、将来、私が穏やかに、やさしい気持ちになります。

私が、当地におきまして、どのくらい長く滞在するかどうかは、私はまだよくわかりません。当地とカラカスにおきまして、およそ三ヶ月、滞在するのではないか、と思います。おそらく、もう少し長くなるかと存じます。

人は、近くにあるものすべてを見て、よろこび、楽しくなります。

おそらく、次の冬には、当地に滞在することをやめ、何処か暖かく、居心地の良いところで過ごし、オリノコ川とボッカ・デル・ドラゴ（竜の口）との河口地帯へ旅をしたいと思います、ここからは、安全な、切り拓いた道を歩いて行けます。

私達は、このボッカ川をヨットで航行したことがありました。恐ろしい竜しぶきをあげる濁流でした！　七月四日の夜に、私はうまれてはじめて、南十字星を正確に、はっきりと見ました。

追伸：熱帯と言いましても、恐れることはありません。私は、すでに四週間ほど、赤道直下で過ごしました、そして、私は何も苦しむことはありませんでした。温度計は、永遠に摂氏二〇～二二度をたもち、それ以上高くはなりません。しかしながら、カイェンの海岸では、摂氏十五度にもなり、私は震えました。このようですので、世界中ほんとうに暖かいところは、どこにもありません。

私の旅のルートを、世界地図を見ながら、辿って下さい。

六月五日には、コルナを出発。十七日には、グラジオーサに向かいまして七月十九日～二五日には、テネリッファにて滞在します。すると、ものすごい東風とどしゃぶりの雨。七月五日

〜六日には、ブラジル海岸沿いに十四日には、タバゴとグラナダを抜け十五日には、マルガリータと南アメリカを結ぶ運河がありまして、十六日朝には、クマナの港におります。

兄上様

アレクサンダー・フォン・フンボルト　拝

ウィルヘルム・フォン・フンボルト

一七六七年、ポツダムにて誕生。一八三五年、テーゲルにて死去。

言語学者、文人、政治家、ベルリン、フンボルト大学の創設者、総長。業績に、著書『言語と人間』（岡田訳）、『双数について』（村岡訳）、『人間形成と言語』（ルーメル他訳）、『言語と精神』（亀山訳）、評論『フンボルト』等々。

ヨハン・ヴォルフガング・ゲーテへ

ゲーテ宛てのフンボルトによるこの手紙は、精神的な友達であった「シラーへの思い出」を涙を雨の如く流しつつ、考え抜かれたものであった、また、フンボルトはシラーとの文通を出版した、それはシラーの精神の発展の思い出を示し、永遠の記念碑となった。

ローマ、一八〇五年六月五日

私は、貴方のお手紙を戴きましたが、まったく喜んではおれません、と言いますのは私が心から信頼しておりますフェルノヴ様から、シラー様の死去という恐ろしい出来事をお聞きしたからです。

今まで、このように私の心がひどく揺さぶられたことは、かつてありませんでした。

私は、選りすぐりの親友シラー様と、数年にわたり、私達の考え、思想と感覚、感情とを心から分かち合えましたが、こうした方を失うなんて、生まれて初めてです！

また、私達は過去数年、語り合いつつ過ごしてきましたが、今では、お互いに離ればなれで、（私の弟が探検にいきました南米ほどの）遠い距離を思いますと、いまだに、それは、それは恐ろしく感じます。

シラー様の最近の私宛てお手紙では、一八〇三年九月に私の愛する息子の死をお悔みされました。シラー様のお手紙は、私の心の苦しみを強く揺さぶりました。息子は、いろいろなことを望み、それらを満足させて、あの世にみまかれたのです。息子は、優しく、愛らしい子でしたが、何もやり遂げることなく、天国に召されました。息子自身は、「体質が弱いことは望むところだ」、と言っていました。

わが息子が、私達のもとから、こんなにも早くみまかうなんて！

私は今、時々、息子は、短い人生の最晩年をここ、ローマで過ごせば良かったのでは、と思います。

ローマは、おそらく息子に大きな印象を与え、その印象を抱いて、神々が待つ天国にむかったなら良かった、と思われます。息子は、かりに、ここローマで滞在することができましたなら、おそらく、もう少し長生きできた、と思われます。ドイツの厳しい冬の寒さは、息子の健康をむしばみ、おそらく、息子が、周囲の事柄に対し、思い巡らし、意味を想像し、思考の働きを奮い起こし、あるいは少しだけ奮い起こして理解したようです。息子の想像力は、天から授かったものと感じているようです。

ところで、ゲーテ様、貴方は何とさびしく思われておられるか、私には察しがつきます。そして、私は、貴方を羨み、妬みます。

貴方は「シラー様と双子の兄弟のようである」と、世間から言われました。シラー様の晩年のお声の調子を真似することができるようですが、私には、シラー様の影が逃げ去っていくようです、そして、シラー様が生き生きと、元気よく私から、シラー様が応えるすべてが、暗い遠いところから、やっと、この世に連れてくるようです。人間という者は、自身に幸せをもたらす者を、なんと軽々しく別れ、きずなを断ち切り、自らすすんで、やがて新しい者を追い求めようとするのか、と私は何としばしば思いつくことがあるのでしょうか。

人の運命の真の不確かさによりましても、現存するその人は、誰が見ても生き生きと元気です。

ゲーテ様、貴方は冬に、シラー様をイタリアへ連れていくべきだったのです。

たとえシラー様が生きておられるとしても、私は、貴方をとてもまじめにはご招待はできますまい。

貴方方は（ゲーテ様とシラー様）はお互いに向き合って、座っておられました。貴方方には、何か用事があって、長い間お別れしたとしても、代わりになる人はおりませんでした。

今、こうした堅いきずなが断ち切られましたので、貴方にとりましてシラー様との思い出となります美しい地方とその周辺を一時、お探しになったら、いかがでしょうか。

政治的な状況には、貴方は恐れ、はばかることはありません。また、私は信じませんが、たとえ戦争が勃発したとしましても、私の経験から、貴方は私を信頼なさってください。

親愛なるゲーテ様！

W・フンボルト　再拝

ヨハン・ヨアヒム・ヴィンケルマン

一七一七年、ドイツ、シュテンダールにて誕生。一七六八年、イタリア、トリエステにて、死去。

碩学、古代美術史家。業績に、著書『古代芸術史』（中山訳）、『ギリシア芸術模倣論』（沢柳訳）、ヴィンケルマンはゲイでローマからの帰途トリエステにて、ささいな小銭の件でこれもゲイの若者によってナイフでもって胸を刺され、ヴィンケルマンは殺害された。

フリードリヒ・ヴィルヘルム・マールプルグへ

数年間の音信なき後、音楽評論家として名声を博したハレの学友が、ヴィンケルマンのもとに手紙をしためた。そしてこの手紙に対する返事として、このラプソディー（叙事詩）を送った。そこには、ギリシア古典の地、そして数年のローマでの生活と研究で、誇り高く喜びに満ちて、著書『古代芸術史』を自身の世界と後世の世界に捧げた。

ローマ、一七六二年十二月八日

兄弟として手紙を書けるのは、君、君しかいないよ！　山や川が我われをはなれ離れにし、お互いに忘れ去っていたが、君の嬉しい手紙を受け取って、君を信頼している。

この数年、研究に没頭し、初めての著書『古代芸術史』を書いて完成させたものだから、僕はその著書を胸に押しつけ、くちづけをした。

僕は今、僕たちの青春の歴史を、まるで絵に描かれたように、想像している。

僕の宝物である君は、僕の生涯の歴史、事跡を知りたい、と手紙に書いてくれました。

その歴史は、僕が愉快と思うことだけを書くのだから、とても短くなります。

古代ローマの執政官M・プラティウスはイスラエル人たちを征服した後、テイヴォリの近くにある――今日でも残っています自身の墓石に「紀元後九年、何とかかろうじてやり遂げた」と自分の業績を書かせました。

僕は八歳まで生きた、と言いたい。つまり、ローマと他のイタリアの諸都市で過ごした時間です。ここでは、部分的には自由奔放な暮らし、また部分的には研究によって、悩みの青春を失ったし、それを取り戻そうとしています、そして僕はすくなくとも今は、僕はお祭り気分のようですが、より満足な気持ちで死ぬであろうと思います。つまり僕が得たいと思っていたすべてのことができたし、考えたこと、希望したこと、功績をあげようとした以上のことが出来ました。

ローマ教皇クレメンス十一世の孫である大司教に仕えることは、僕にはありえませんでした。そうではなく、僕は、ヴァチカンの教皇が言うことに、従うことが出来るかと思います、僕が教皇に仕えること。

つまり、僕は教皇の図書館の司書です。そして、教皇の偉大な、壮麗な図書館は、僕が利用するためにだけ存在するのです。僕はたった一人で、その図書館でたくさんの書物を読破し、研究して、愉しんでおります。僕はすべての仕事を済ませておりました。僕は今は、研究だけに没頭しています。

僕は友達と会って会話するよりも、研究に没頭したほうが良いのです、そうしたら嫉妬心も湧いてきませんし、唯一、死のみが研究から引き離してくれるのです。僕は死に、心の秘密を、片隅で打ち明けます。そして死の側から、ゼウスの信頼感を得ます。

ですから、僕は、世界中でとても満足して、何も欲しがらないめったにない人たちを尊敬しています。心からこうしたことを言える人を探しています！

僕は今まで、ドレスデンにおいて僕の年齢にふさわしい地位を与えるといわれましたが、すべて辞退しました。と言いますのも、皇太子殿下がすでに四年前に、殿下の美術館の監督官として立派で、楽な地位を、僕に与えて下さったからです。

そしてまた、この天使のようなドレスデンの国で、王立学術協会の一員に推挙すると、僕に約束して戴きました。

こうしたことと、宮廷とのつながりがあることから、恩給の一部を、王様手ずから僕は戴いております。

僕は四年前に現在の地位を戴いておりますが、今では、そのことを自身、きっぱりとお断わりしました。

それまでは僕は、人々や宮廷との関係で暮らしておりました。

そして僕は数年間、アルキント司教の図書館で司書の仕事をしておりましたが、その場合、給料がなくてもそうしていたのですが、一部は、恩給がありましたから必要がなかったこと、もう一部はあまり気がすすまなかったのですが。この司教はドレスデンにて僕を改宗させたからです、そして一番の理由は、僕が王立恩給者になりたかったことを、司教が尊重してくれたからです。

同じころ、僕は偉大な碩学のパッシオネイ司教と百年の知己を得ました。そして僕は好きな時に、司教にお目にかかれ、司教のもと、二人で食事をしました。僕は司教といつも町に出かけたり、司教の郊外の別荘に出かけたりしました。

こうした友情によって、僕がローマに出かけることを勧められたり、その費用を信用貸ししてくれました。司教の死は僕にとりまして痛恨の極みでした。

四年ほど前、僕は九月間ほどフィレンツェで過ごしました、それはフォン・シュトシュ男爵が所有の彫像につきましての、詳細な記述をするようお願いされたことでした。私は無論、当地で記述に励みました。

一年半ほど前、ナポリと、そこから古代ギリシアの植民都市、ターラントへと、初めての旅行に出かけました。昨年の冬には、二度目の旅行をしましたが、この時はフォン・ブリユール宮廷侍従が同行しました。目的は、発見されましたヘラクレスにつきましての詳細な記録を、ブリユール宮廷侍従に文書で送ることでした。次の四旬節には、三度目の旅行で同じ所に、イースター（復活祭）まで行って参ります。そうしましたなら、友人たちをお呼びして、君の健康をお祈りして、シラクーサでの最高のお土産を持って行きます。

僕のこれまでの生涯のことを、概括してお話ししましょう。

ゼエーハウゼンという町で、八年半ほど、小学校などの副校長を務めておりました。また、フォン・ビュナウ伯爵様の図書館司書として、これも八年半ほど勤めておりました。そして、旅に出かける前の、一年ほどドレスデンにおいて生活しておりました。

確か、ある用件で二ヶ月間の中で、ポツダムに二度旅行しておりました。そして友人を訪問、ところが、おしゃべりな友人と話に花が咲きまして、ベルリンの博物館見学への、時間がなくなってしまいました。

ドイツにおいて、より多くの古代ギリシアや古代ローマの考古学的資料が見学することが出来ましたなら、スイスを通ってザクセンへの旅をする予定です。ですが、ローマに戻りまして、目的は、私が執筆にとりかかり始めた時の、著書を完成することです。

私が努力を重ねた仕事は、今までのところ、『古代芸術の歴史』、とりわけその彫刻、彫塑でありましたが、その著書はこの冬にも印刷される予定です。

更には、百以上の私自身が銅版画で描きましたイタリアの作品で、『古代の神話、風俗・習慣、歴史、すべて知られざる古代の思考方法に重きをおいた解明』という題名の著書です。こうした著書はヨーロッパで初めて出版、公表される予定のものでして、この著書は二つ折判の形でもって、ローマにおいて、自費で、印刷・出版されることになっております。

そのかたわら、僕は芸術家たち向けに、著書『寓意・アレゴリー』の執筆を進めております。

以上が、一七一八年の初頭にシュタンダール町のとあるマルクト（市場広場）において生まれました奇跡の人ヨハン・ヴィンケルマンの生涯であります。

暇なときには、僕はアラビア語を独習しておりますし、また、古代の人達の書物や、古代の金貨、銀貨、銅貨など、それに古代の銅版画を収集しております。そしてそれらを、将来、遊び道具とするつもりでおります。

僕がこのローマの地で今、満足し、過去も満足しておりますように、君も満足するようお祈り申し上げます。
いつも変わらぬ親愛なる友人であり、かつ兄弟へ

ヴィンケルマン　拝

追伸：君たちのあいだでもよく知られていると思いますが、スペイン王宮の一番目の宮廷画家でありますメング騎士が小さな書物『絵画における美』を執筆されましたが、その著者として、自身の名前を語らずに、私の名前としました。それは、フェスリというただの家屋管理人と、――私はそのことを思い出しましたが――数人が、私がその著者だと言っている、とのことです。

ヤコプ・ブルクハルト

一八一八年、スイス、バーゼルにて誕生。一八九七年、同地にて死去。碩学、芸術史家。業績に、著書『イタリア・ルネサンスの文化』（柴田訳）、『芸術史要綱』（柴田訳）、『絵画史要綱』（柴田訳）、『ベルギー諸都市の芸術作品』（柴田訳）、『ケルン大司教コンラート・フォン・ホーエンシュタイン』（柴田訳）、『コンスタティヌス大帝の時代』（新井訳）、『チチェローネ、イタリア美術品鑑賞の手引

き』（滝内訳）、『ルネサンスの文化』（間崎訳）、『文芸復興史』（山岸訳）、『ギリシア文化史』（新井訳）等々。

ヘルマン・シャウエンブルクへ

『ドイツの歌とメロディー』の収集によって、また『ドイツ学生組合酒宴歌集』（一八五八年）の編纂者として知られる医者で学友のヘルマン・シャウエンブルク（一八一九〜一八七六年）に宛てた手紙で、ブルクハルトは限られた文章の中で積極的に、自身の人間性と、学問的な業績を告白している。

すでにドイツの大学の学生であったころ、姉に向かって次のごとく告白したという。「私はあらゆることをドイツに感謝する！　私の最良の教師はドイツ人であったし、ドイツの文化と学問に支えられた。この地で、私は力の限りを振り絞ろうと思います」

ところで、ブルクハルトにとってこの地は、時代の嵐によって暗くなり、「あらゆる美しい思い出があふれている首都（ベルリン）は崩壊するかに思われた。ブルクハルトはけがわらしい精神の爆発を恐れ、ドイツ、ラインの友人たちと距離をおきたかった。

大惨事は防ぎようがなかったかもしれない、しかし、ブルクハルトはそうした時代の真っただ中にあって、過ちを犯すことはなかった。ヨーロッパの精神的な文物は助かり、ブルクハルトはそれらからいくつかを得、心に残った。

そしてドイツ人たちに加わらないために、将来の故郷はスイスとイタリアとした。ブルクハルトは、カエサルがルビコン川を越えた如く、思い切って告白した。

バーゼル、一八四六年二月二八日

心の友へ

二、三日の予定で、私はローマの旅に出かけます。君には数ヶ月以上、手紙の返事をしなかったのですが、私はこの旅をまえにして、今が潮時と考え、君への手紙をしたためることとしました。

君たちのところでは、冷たい風が吹きすさぶいていることでしょうが、こちらでは風もなく、穏やかです。ところで、君たちとは完全に離れて、美しい、怠惰な南へと行くことにします。そのイタリアの歴史は戦乱で、途絶えましたが、静かなる、偉大な墓碑は私のいつもの疲れた眠さを、古代のシャワーで新鮮にしてくれます。

そうです。私は君たちすべての人たちから逃げ去りたいと思います、急進的な人たちからも、共産主義者たちからも、産業人たちからも、碩学の人たちからも。そして気難しい、尊大な人たちからも、熟考する人たちからも、抽象主義者たちからも、絶対主義者たちからも。そして哲学者たちからも、ソフィスト（学校の先生）たちからも、国の狂信者たちからも、理想主義者たちからも、そしてすべてその類の人たちからも。――ただイエズス会士たちには、あの世で再びお会いすることでしょう。そして絶対主義者たちからも。しかし、外国人たちは、君たちから逃げ去ることとなっています。

アルプス山脈のむこうイタリアで、できますれば生活をし、詩を作りたいと思います。つまり、今の状態では、私は内面的に混乱しております——とても静かで、特に腹立たしい気持ちではないのですが、次第に水滴が石に穴をあけるように、心がふさぎがちです。そして私は自分を取り戻します。何でもないんです。

私はたぶん、一年間ほど南で暮らすつもりです。

君には私が手紙を送るつもりです、どんなことが書いてあるか、今から期待していてください！

多分、私たちの神様は、私に慈悲深い熱をもたらしてくださった、少し日が経てば、頭痛も治ると思います——よろしい、私には、どうでもいいことです。頭痛がきたければ、こい！カロン（冥府の渡し守）の小舟であろうとも。暗闇の運命がしばしば私たちによくついてまわるようです。父よ、崇高なる天空の支配者よ、私を導きたまえ！

私は、今のように素晴らしい気分になったのは珍しいことです——壮麗なヨーロッパの景観が愉しめる古城の夢を再び見ますと、秘密に満ちた未来が合図するようです——ああ、以前のことだが、生きることのまんなかから、面白い死が訪れ、子供たちとその子孫たちが惨めな状態で感傷的に死ぬことはない、といった夢は、日常茶飯事です！

私の精神には首都ベルリンが崩壊するかに思われました。私には、再び強靭な緊張感が高まり、何か正しいものを研究し、書きたいと思っております、それが実現するかどうかわかりませんが——何故、そのことを君に言わなかったのでしょうか？　今、詩人がようやっと目を覚ますようです。

親愛なる君、私の場合、自由と祖国はそれほど多くは失われませんでした。私がその一人でありますす大衆が国家を築き上げることはないのです。そのかわり、私は生きている限り、私の周りの人達には親切で、連帯しようと思います。私は失礼のない私人でありたいと思いますし、愛に満ちた仲間、とても優れた心の持ち主でありたいと思っております。それに加えて、私はある才能を持っています、そしてその才能に磨きをかけたいと思っています。大きな意味での社会を、私はどうしていいかわかりません。私はその社会に対して、なんとなく皮肉な態度をとっているようです。その詳細は、私事で、おはなしするにはおよびません。

私は教育と手慣れた仕事をうまくやることができますので、いざという時には高次の政治におきまして、国立大学教授として、もの申すことはできるかもしれませんが、少なくともこんなに混乱した世の中では、そうする気にはなりません。君はそれで、怒っていても結構です。私はそのうち君を捕まえて、私の胸に抱きつかせることでしょう、ただ信じてください。

五月五日

とんでもないことをしました、この手紙を郵便ポストに投函せず、長い間、私の手元にあったとは！　手紙を書いて以来、やり遂げなければいけない仕事とか、教授会とかで、頭の中はいっぱいでした。私は自分をもはや御することはできません——朝早く、二時間ほど読書をし、百科事典のための十五項目を書くこと、そして今日、授業の下調べでうんざりすること、そしてほかのくだらないこと！——私はこれらすべてをはやく終わらせねばなりません、そうしないと、君宛ての手紙がもう一日遅れてしまうからです。

親愛なる息子よ、君たちの目には、世間の人々が、口には出さないが私を非難していることが、新聞記事で読み取れると思う。世界が生みの苦しみにあり、ポーランドは没落し、社会主義の前触れの日々が迫っているというのに、私は首都ベルリンの芸術と古代に耽溺しているからだ、と思います。

神の名のもとに！　世界情勢を変えることは、私にはできません。野蛮な行為（といいますのは、私にはそうとしかいいようがないからです）が、世界全体に広まる前に、高貴な熱心な教育を受けた正しい目でもって、もし社会主義革命が一瞬にして暴れまくり、不可避な旧体制の復古があり得るようだが、——「そのように教皇はおそのみであれば、私たちはそのように生きる」これが自然の摂理です。来たる二〇年までにどんな高潔な精神の持ち主たちがこの大地から這い上がってくるか、君たちには見ものでしょう！

今、鉄のカーテンの向こう側であちこち飛び跳ねている者、つまりコミュニストの詩人や画家そしてそうした類の者は、ただの道化師であり、先ずは大衆を洗脳するでありましょう。国民とは何か、その国民は如何に簡単に暴君にひれ伏すか、君たちすべての者はいまだ知らないのです。

教育は資本の密かな盟友であることを言い訳として、暴政はなんと精神に権力をふるうことか、君たちは知らないのです。

マルクスとエンゲルスの哲学上の学説によって運動を先導し、左翼として保つことができるといった思いあがった者たちは、私にとってはなんと馬鹿なのかと思います。

そういう人たちは、予定されているフェラン（穏健）な運動なのです。そうした運動は、自然現象の形をとったフランス革命と同じでありまして、人間の本姓というものには、地獄の魔女のようなものが具わっています。

そのようなことがあったとしても、私はこうした時代にもはや生きようとは思いません。と言いますのは、弱い所がある限り、私はそこで救出するのに役立ちたいのです。

君にとって、私は不安でも何でもないと思います。そうした自然現象に対し、君がどのような態度をとるか、私はよく知っています。

我々すべてが、没落する可能性があります。しかしながら、私は何のために没落すべきか、私はすくなくともそこに興味があります。それはすなわち、古代ヨーロッパについての教養です。

いつの日か、時が来ましたなら、お会いいたしましょう。

君は幻想で身震いしていることでしょう、私の親愛なるヘルマン！

怒涛と嵐から、まったく新しい、すなわち古いものと新しいものとが混じり合った基盤の上に立った新しい存在が生まれ出ますよう。そこに君たちの場所がある、と思います、粗暴なふるまいをする場所ではないと思います。

非常事態が過ぎ去った後は、新たに構築するにあたって役に立ちなさい、それが私たち二人の約束です。

ローマから再び君に手紙を書くつもりです。私はこの二四日の日にここから発ちます。その前に昔からの友達であったのですから、手紙を書いてくれればよいのではないでしょうか！

私の古代ローマの守護神、ゲニウスの力が発揮できますように、祈っていてください。

イタリアの素晴らしさは、いつも君を思い出させるでしょう。

お元気で！

君のエミヌス

（エミヌスとは、ラテン語で、遠い、という意味。ブルクハルトは、出生証明書をベルリンへ送り、欠席のまま博士の学位を取得した、という事実にもとづいた、冗談めいた言葉遊び）。

レオポルド・ランケ

一七九五年、ヴィーエにて誕生。一八八六年、ベルリンにて死去。

碩学、歴史家。業績に、実証主義にもとづき資料批判による科学的な歴史学を確立。著書『列強論』『宗教改革時代のドイツ史』（渡辺訳）、『ラテン及びゲルマン諸民族の歴史』（渡辺訳）、『プロイセン史』（渡辺訳）、『フランス史』（渡辺訳）、『強国

論』（相原訳）、『政治問題』（渡辺訳）等々。

自身の妻へ

一八五三年のこと、バイエルンのマクシミリアン二世王はランケに（すでに若い教授としてマクシミリアン二世に数回、進講した）ミュンヘンに移住するよう申し出た。ランケはそれを拒否したので、王は一八五四年に、ベルヒテスガーデンにある秋の別荘にランケを招待した。別荘においてランケは、歴史の研究について会話し、「全世界的な歴史のラプソディー（狂詩曲）」について十九回、進講した。こうした日々に、ランケは手紙をしたため、すぐさま王たる庇護者と友情をあたためる記念碑となった。

ベルヒテスガーデン、一八五四年十月一日

山々が私を取り囲むところで、昨日の朝、貴女、愛する妻クララのお手紙を拝読させていただきました、それによりますとお元気でお暮しの由、安心しました。また、ほかのいろいろな心配事があるようですが、どうぞお気分をたしかに克服されてください。心配事はあまり深刻に考えてはなりません。例えば、私は家のドアをもとのままの灰色にしておくか、あるいは新しいドアとするか、また、応接間の床を新しい絨毯にするかなどです。私はもともとアルプス山脈向こう側のイタリアで、できますれば生活し、詩を作りたいと思います。つまり、今の状態では、私は内面的に混乱しております――とても静かで、とくに腹だたしい気持ちではないのですが、次第に水滴が石に穴をあけるように、私は自分をとりもどしつつあります。つまり、何でもないのです。

私は多分、一年間ほど南で暮らすつもりです。

君には私が手紙を送るつもりです、どんなことが書いてあるか、今から期待してください！

子供たちは元気ですか？　ほかに不都合な状態はありませんか？　とりわけひ弱なフェルディナンド、むろんほかの子供たちの元気な様子を思い出しますと、感謝の念にたえません。

私が、昨日、いかに過ごしたかを、子供たちに語りたいと思います。

私達は、ヴィムバッハ村に滞在していました、バイエルン山脈の最も高い頂上、ヴァツマン村の麓で、地図によると標高は九〇〇〇フス（一フスは、約三〇センチメートル）の高さです。

小川を形成した山脈の谷の下に小川が消え、そして後になって急速な自然の力によって小川が再び戻り、ベルヒテスガーデンの昔のカトリック司教座聖堂首席司祭が、自身のために狩猟小屋を建てたのです、そこで数日過ごし、狩猟をしていたのです。

アルプスカモシカの狩猟を見ながら、また最も高い山脈にあるモアビト村で散歩する人たちを眺めながら、私は書斎で仕事をしていました。

それは、私達がすごした三日目のことでした。

王陛下の周囲では、夜中じゅう、畜舎の敷《し》き藁《わら》のにおいが漂っていました。それで、私はそのにおいが気になって、小部屋でベッドを見つけ、その上に貴女のお手紙を受けとったのです。

私は、そのお手紙を拝読しようとすると、月の光で、近くの山の円頂の最高峰が黄金色に染まっているのを見ました。とても詩的な光景です。これ以上のものはありません。

まるで狩猟を思い出すような中庭では、朝食用のいろいろな食べ物が用意されたおり、私はいそいで朝食にありつきました。朝食には、王陛下と付き添いの副官、年老いた将軍（ラロシュ）で、また、フランスの亡命者がおりました。将軍は話し好きで、フランス語の新聞を持ってこさせ、山脈をよくご存じのようです。一般的な教養をそなえ、たゆまぬ野心をいだいた人物です、それに朝食には、二人の将校、またドイツ、フランケン地方のレオンドロ男爵がいました。また昨日には、二、三回、幸運にも狩猟をされました――それは男爵の誕生日であったためです。また真剣さを欠くレヒベルク伯爵、すなわち私達の雷様！　また森林監督官、それに数人がおりました。

すべてのことについて、素晴らしい日を喜び合いました。そしてまもなく出立しました。王陛下は、青春時代のようにお元気で宮廷の城の前におられました。

その後、私は王陛下と、小道がつづくかぎり、散歩しました。道の坂が急になるほど、歩くのに困難になると、小さなノルウェイ産の仔馬の、そのうちの一頭はオラーフという名前で、私に乗れと王陛下は言われました。王陛下はノルウェイ産の仔馬に乗り、私はオラーフに乗っていきました。

その散歩のさい、私達は、どんなお話しをしたことでしょう？

日々の物事の話ではなく、人々の性格の話ではなく、また政治の話でもなく、私自身（歴史家）の歴史の話でもなく、宗教の話なのです！

キリスト教主義につきましての私の見解は、まったく反しての理解です。

王陛下は、はじめは私の見解と同じでしたが、事実は哲学者シェリングから学んだこと、哲学的教養をとおして人間の歴史と宗教とをあらためて討論したい、ということです。

王陛下の一般的思考の範囲に、異議を唱えることは、しばしばとても良いことで、的を射ています。

私達が、王陛下を山の斜面にお連れ申し上げました時、王陛下は王位という身分であり、最初の日は、私は王陛下のもとにとどまり、王陛下は時間を見つけては、私に、詩を朗読されました、こんどはそういきません。私とリチアデッリ伯爵も同じ王位という身分にさせ、二人にそれぞれ詩を朗読せよ、というのです。

ところで、あそこには、イストリア出身の一人の狩人がおりました、もともとは黒かった髪が、今は白髪となりカールしております。彼の身分は山の斜面のように低いのです、私達は、その狩人や、山の斜面を含めて山の窪地全体を見渡せます。

世界の始まりのころ、千もの溝から海水が流れ出し、海岩を引き裂き、山頂から深く、下へと氷河まで続いていました、そして青空がその上に広がり太陽のあたたかさが恩恵を施しました。

ですからいつ、雲雀が私達のもとに飛んできたのか、山岳に住むこくまるカラスが私達の周りを飛んでいます——ところで、死のごとき静寂は深々《しんしん》と周囲を支配しています。そこでは、木もざわめくことをしません。永遠なる山岳の深々たる沈黙は、静かに空中に飛ぶ紙飛行機のようであります。

唯一、聞こえるのは、遠くでの鹿の鳴き声であり、しかし、人は何も見えませんでした。おそらく、鹿の鳴き声は二頭のうち一頭でありましょう。

私達の目の前の岩の上には、雄の猪の下顎の牙がありました。

禁猟区でありました。(牙をみて)「神の名において、とんでもない」と私の道連れが私に叫びました。「鼻をかむハンケチは捨てなさい。柄付き眼鏡も捨てなさい!」私も同感でした。私は、孤独と安らぎ、沈黙と空気、太陽などで満足感いっぱいで楽しみました、――最終的には、仕事をする気分となりまして、また、人間であれば誰もが近づき難い貴女のお姿が、山頂に浮かび上がってきました。

狩人達は、山岳の壁からアルプスカモシカを追いはらおうとしています。そしてアルプスカモシカを狩人の近くにおびきよせ、できますれば、狩人ではなく、王陛下が狩りをおやりになられてもらいたいものです。

私達は、落石の音を聞きました。そしてあちらこちらで、暗く動く点のようなアルプスカモシカを見ました。

私はそれをただぼんやりと見ただけですが、私の道連れ達は、王陛下がお散歩される道の近くにいるアルプスカモシカの仲間たちの数を、数えようとしました。

何処からか高いところから、十八世紀の戦術に用いられた八個部隊で構成された小隊が銃をうつ音が響きわたるのが、聞こえました。

王陛下の傍らでは、猟の従者がひざまづいておりました、緊張しつつ注意深く、鋭い目でもって、王陛下にどこで、どういうふうに獲物がいるのか、注意を喚起するのです。そしてお二人も、銃に弾を込めて順番に撃つのです。

王陛下は大成功を収めました。なんと四頭のアルプスカモシカをしとめたのです。そのことは、私達がいるところからは、見えませんでしたが。

私の連れは立ち去ろうとはしませんでした。彼は弾丸を込め、山岳の壁にいる獲物に狙いを定めました。そして私達は、鉛の弾丸が私達の傍をかすって、山岳の壁辺りに命中するのを見ました。

私も、一発銃で撃ちました、しかしながら、獲物にではなく、空砲でした。私は告白しますが、銃を撃つさい、ドカンという大きな音と、そのエコーに原因があると私は思います。と言いますのは、山々を越えて風のざわめきにように、銃で弾丸を撃つ瞬間、雷のようにエコーする音ほど壮麗です。

ようやくのこと、狩人は叫ぶことをやめ、王陛下がお撃ちになされたアルプスカモシカを人が探しております。王陛下は事実、とても上手にお撃ちなされました、そしてその日の名誉でありました。

すべての人達は、山岳の麓で、王陛下の周りに再び集まりました。そしてすべての人達は王陛下に挨拶を交わした後、残った者は狩猟小屋にもどりました。

王陛下は、山岳の峡谷を訪れ、観察されておられました。

その後、王陛下と私は再び馬にまたがりました。私達の前を、先導者が馬にまたがり、馬丁が私達の後ろに従います。

道はだんだんと急勾配になり、馬に乗るには難しいので、先導者は馬からおりました。私はできるだけ長く馬に乗っていましたが、しかしながら、私もついに馬からおりました。

（王陛下が私に乗れ、と言われました）私のオラーフは、自由の身となって、石野原を走ったり、唐檜《とうひ》の森の中で走ったり、楽しんでいましたが、とても悲しいことに、馬丁が、二頭とほかの馬をいつものように、山岳のやや高いところに連れて行ったことを、私が見たからです。私の悲しそうな顔つきに気付いたのか、間もなく馬丁は山岳の上のほうにゆき、二頭の馬を捕まえてきました。

馬丁の馬術はこれらの馬では褒められたものではありません。これらの馬は、自身で走ることを好むのです。馬の速歩《はやあし》の動きは素晴らしく、興奮させ、昔の青春時代の思い出を彷彿とさせます。

山岳の峡谷は、かぎりなく美しく、素晴らしいものです。

山岳の岩塊に囲まれ、岩塊はすぐさま灰色となり、すぐさま茶色となり、すぐさま赤色となり、さまざまな色を形成する自然の力が、この最も高い不毛な高地でも証明されます。

雲雀《ひばり》が住む林も、唐檜《とうひ》の林も、氷河の深い裂け目にも生えて成長しております。

道が終わったところで、私達は引き返します。私達は、ヴィムバッハ村をめざす道をとります。

私達が到着した直前に、「王陛下がご到着あそばされたこと」を、宮廷の召し使い達が喜んでおられました。

王陛下は、明日、朝にお話しされる、と言い、王陛下は次のごとく問いました。「讀罪の教えの救済の秘密につきましての私の考え方」、を王陛下は聞いておられました、王陛下が青春時代に、讀罪の教えの救済の秘密を把握されたことを結びつけたいと捜しておられたようです。学問、芸術につきましての私達のお話しは、キリスト教諸宗派についての違いに若干触れました。

ヴィムバッハ村におきましては、正餐がとられておりました、そこで、私は将軍の知り合いのフランスの貴族と――と言いますのは、今、私達は、再び歴史と政治について議論し――また、戦争について討論し、とても満足がいくことに興じ、愉しみました。その討論によって戦争が回避されるようなのです！

食事をすませた後、私達は直接ベルヒテスガーデンの別荘に帰りました。はじめは徒歩で、私は王陛下と並んで、ほかの人達は後ろからついてきました、それから馬車に乗って私は王陛下のお隣に座って、いろいろなお話をしあい、話題につきませんでした。そうこうするうちに、夕方になってしまいました。王妃殿下はテラスにお立ちになられながら、王陛下をお迎えされておりました。

私は王陛下に、歴史（世界史）につきまして進講しはじめました。ヴィムバッハ村におきましても、同じように進講しました。

宮廷の秘書局には速記者がおりまして、発せられたどの言葉も速記されます。彼は二度ほど山岳の別荘へと呼び出されました。

王陛下に、夕方に帰った後、同じようなテーマで進講しましたが、王陛下はそれでも私を傍においておくつもりのようでした。私が進講させて戴いている時、王陛下は学ぶ意欲を強くお示しになられ、喜びもお示しになられました。

私は一冊の本も手もとに携えておりませんが、私のラプソディー（狂詩曲、進講した内容。世界史）がどうなっているのか、私自身興味深いのです。それは人と約束したことでありますから、速記者に速記してもらい、私のもとに送って頂くことにしましょう。

私のこれまでの『世界史』は、私が今思いますと、心を込めて、全力で著したものではなく、ここで進講させて戴いたものにも、まったく満足するものではありません。

しかしながら、精神的な研究、仕事には、愉しみと喜び、それに運動、散歩が欠かせないことを、貴女もよくご存じのことと思います。

王陛下は、この両方の点におきまして、たゆまざる努力をされるお方です。

もう十時が過ぎました、王陛下は、私に休めと言われました、それで私は、王妃殿下のお茶に訪問できませんでした。

そのあと、私は宮廷の城の前で少し散歩をしました。

愛らしく、上品な王妃殿下のことと、宮廷の女官たちにつきましては、次の機会にお話ししましょう。と言いますのは、とてもたくさん言いたいことがあるからです。

私は七日あるいは八日まで、一週間ほどここに滞在しなければなりません。そしてバイエルンに戻るのではなく、おそらくウィーンに行きまして、数日滞在し、十五日には帰宅するつもりです。

それまで家族一同、お元気で、明るく笑ってお過ごしください。

ちょうど今、デンニゲス氏が、「セバストポール氏が私の著書を気に入った」との報を私に伝えてくれました。

ウィーンでの私の短期間の滞在は、そうした意味で、とても興味深くなることでしょう。

L拝

カール・マルクス

一八一八年、トリエールにて誕生。一八八三年、ロンドンにて死去。

『資本論――経済学批判』（第一巻：日高、長坂、塚本共訳）、『資本論――経済学批判』（第二巻：日高、長坂、塚本共訳）、『資本論――経済学批判』（第三巻：日高、長坂、塚本共訳）、『哲学の貧困』、エンゲルスとの共著書『共産党宣言』等々。

フリードリヒ・エンゲルスへ

唯物史観の創造者、方法論者は国外退去を命ぜられ、つねに危険にみちた人生を歩んだが、やっとロンドンにおいて安住の地を見いだした。イギリス、マンチェスターに住む友人のエンゲルス（一八〇〇年、バルメンにて誕生。一八九五年、ロンドンにて死去）のつねなる積極的経済的援助によって、マルクスは、どの観点からみても、画期的な著作『資本論』に励み、没頭した。すでに、一八六七年のこと、マルクスは最も正確に、鋭い点に光をあてる『資本論』著作へのたゆまない努力の内容を、年がら年中、エンゲルスと手紙のやりとりによって議論をしていたが、その中で、友人エンゲルスが言うには、「エンゲルスの『資本論』への賛成、賛同は、世界中の誰の評価より重要だ」と言った、そしてつけくわえて言うには「いずれにせよ私が望むことは、ブルジョアジーは生涯、私の病的な瘍（よう、化膿菌により高熱の出る悪性のはれもの）を考えるであろう」今、嵐、暴風雨の中、友人エンゲルスに感謝しつつ、最後の仕事を『資本論』やり遂げました、とエンゲルスに言葉で伝えた。ところで、エンゲルスは自身で自由に開催した展覧会に自身の数々の業績を展示した、マルクスは当然のこと展覧会場に姿を現し、ものすごい業績であると高く評価し、ブラボーと叫んだ。

一八六七年八月十六日深夜二時

著書『資本論』が発刊・発行されましたなら、そのただしく清書した印刷物『資本論』を送り返してくだささい、私はそれが（印刷のさいの誤り、自分の誤り等々をチェックするため）必要なのです。

　フレド君！

　その本『資本論』の最後の分冊（四九）の誤りの部分をチェックして、正しく書き換えました。付け加えました注釈は、印刷所の体裁で——小文字で、四／十一のおそらく全紙の分量となります。

『資本論』の序文はチェックし、書き直し、昨日送り返しました。すなわち、この巻は完成です。この完成は君のおかげです、感謝しております！

　三巻という『資本論』を書くというものすごく努力を要する仕事は、君の献身的な犠牲がなくては不可能でした。（英語で）私は君を抱き締めたい、感謝の念にたえません！

　二巻へ付け加えました注釈を添付いたします。

　君の経済的援助金、十五ポンドを受け取りました、ありがとう、感謝しております。

　ではさようなら。私の親愛なる、大切な友よ！

マルクス　拝

テオドール・モムゼン

一八一七年、ガルディングにて誕生。一九〇三年、ベルリン・シャルロッテンブルクにて死去。
古代ローマ史研究家。著書『（古代）ローマ史』（長谷川訳）『オスク人の研究』『北イタリアの方言』『古代ローマの貨幣事情』『古代ローマの刑法』、モムゼンは一九〇二年ノーベル文学賞受賞。

グスターフ・フライタークへ

モムゼンは科学の偉大な組織の才能がある人で、モムゼン自身、収穫の多い地方（古代イタリア）を、科学的に征服した。すなわち、著書『オスク人の研究』（古代イタリアの一部族、一八四五〜四六年）と『北イタリアの方言』（一八五〇年）等々が古代イタリアの解明するに難しい言語を解明し、後世の人達に道を拓いた。『古代ローマの貨幣事情』（一八六〇年）は、お金の関係を明らかにし、古代ローマの経済を深く洞察し得るものだった。『古代ローマ法』（三巻、一八七一〜八八年）、それに『古代ローマの刑法』（一八九九年）等々は、モムゼンの神的想像力にたいし、記念碑をたてるものであった。また著書『ローマの歴史』がある。当時（古代ローマ）の政治のあらゆる流れをとうとうと環流させたその著書は、人間と時間を把握した思考と筆力、十九世紀における歴史の著述において、最も成功したものだった。こうした偶然的な背景とし、モムゼンの手紙は、幕を開く。

——手紙の最後に、デイツの名が触れられている、彼は古代ローマのついての文献学者で、一八七六年に逝去し、その功績をたたえて「国際的デイツ賞」が設立された。モムゼンの広い視野のたまものだった。八五歳になったモムゼンは、一九〇二年ノーベル文学賞受賞。

シャルロッテンブルク、一八七七年三月十三日

親愛なる友よ！

この前から、私達がお互いに行き来して以来、私達はとても貧乏になりましたね。ユリアン・シュミット氏が追悼の辞を書く必要があります。そうして私達ライプツィヒの老人たちがそろって、教会でのご葬儀に行き、追悼者名簿にそれぞれ名前を書き、そして、いかに追悼の辞が読まれるべきか、いかに生存している人を傷つけないかと、人は恐れております。人間とは、利己的な望みに気がつくようです。この場合、故人ではありません、故人は私達と共に笑ったり、泣いたり、迷ったりしません、といいますのは、追悼の辞はすべて徐々に終りとなり、そして人は化石となり、尊敬にあたいする人となるのです。

そうなのです、「それは芸術ではありません」。貴方は、追悼の辞をよくご存じのことと思います。追悼の辞を誰かに読ませるのです。私達の牧師にメメント（生者と死者への執りなしの祈り）を仲立ちする意図がありますと、貴方は言われましたが、私は納得できません。そして、貴方がおそらくお知りにならないことを、私としては、あなたは一つ心にとめておくべきです。

私が『ローマの歴史』を著しました動機を、貴方はご存じですか?

私は若いころ、あらゆる可能なことを心に刻みまして、『古代ローマの刑法』『古代ローマの法律文書』（これらは、古代ローマの文献学者の功績をたたえて設立されたパンデクテン概要に入っておりますが）、よもや私が古代ローマの歴史を叙述しようとは思いませんでした。

と言いますのは、博識なライプツィヒの人でしてお互いに代講しあって、何かについて講義しておりましたが、それらの教授陣の一人から、よく知られた小児病（風疹？）を私にうつされたからです、そして、私はちょうど『古代ローマの農業法』を研究し、著し、その頃、悪いことに私の婚約者にその小児病をうつしてしまったのです。

そして、私は古代ローマのグラヒェン族につきまして、政治的な講演を行いました。聴衆は、現行の政治と似たようなものだと考え、有名な兄弟二人が遠くの席におり、「政治においておぼろげな予感をもっている」と私は把握しました。

しかしながら、聴衆の中には、ライマー氏とヒルツェル氏がおられました、その二日後に、お二人は我が家においでになり、お二人の文庫のため『ローマの歴史』を著してください、と尋ねるのです。

そのことには、とても驚きまして、私自身その可能性が頭の中に浮かんだことはありませんでしたが、貴方もご存知のように、かつて数年間、混乱と迷いの中にあって、すべての自信を信頼し、そしてお二方が、教授である私をからかいました。「貴方は、文化大臣になりたくありませんか？」私は受託の返事をしました。私はあのお二人が、私に畏敬の念を起こさせるのではないか、と私は考えました。

誰が、お二方の考えを把握したかどうか、私は知りません、もしも私が知ったとしても、私は誰にも言いません。

お二方のそれぞれのご性格がまったく異なっていたことを、貴方もご存じでしょうか？　お二方の仕事、創造につきまして、私達の知っていることは皆無です。しかし、私が思いますに、貴方が人民に向かって宣言した、としますと、それがもしも正しいのなら、私はそれを信じなければなりません。

私の著書『(古代)ローマの歴史』が、ありがたくも読者に喜ばれています、それは私の感謝の一部分でありまして、おそらく最高のもの、その著書を著すよう励まして戴きましたお二方に感謝申し上げます。

国民に対してではなく、唯一貴方だけにお話ししましたが、私はこの数年来、古代ローマの歴史の叙述という企ては、最もな困難によって打ちひしがれ、自身を疑いながらも、努力に努力を重ね、素晴らしいゴールとなりました。

貴方はすでにご存じのようにX氏は馬鹿であり、今、X氏が著しました本は芸術ではないと、X氏自身知りました。しかしながら、X氏は当時、事実なにがしかの人物として、世間に知れわたっておりました。ですがこの予期せぬ出来事が起きた(『古代ローマの歴史』の完成)というユーモアに貴方は笑い転げ、楽しんでいることでしょう。

私は、今までにいろいろたくさん貴方にお話ししてきましたが、ところで、ようやく州議会が始まり、大学での講義のための愉快な思いつきがうかんできました。

少なくとも、お手紙のやり取りで、友人関係を高め、強くすることが可能かどうか、私達一緒に試してみましょう。友人関係が弱かったことに、私は責任を感じておりますことを、知っておりますが、私はより良くするつもりです。

私は、貴方の劇作『ジャーナリストたち』のご贈呈に感謝申し上げます、そのご著書は貴方が今まで著したものの中で一番よいものの一つと思います。

ところで、私達のデイツ氏の事柄に、貴方はご興味をお持ちになっていることと存じます。そのデイツ賞設立の計画は良いのですが、貴方のご著書『戯曲の技法』は、より生き生きとした言葉の標準をより高めることを社会に貢献すると、私は思っております、そして、大学での講義で学生たちが理解できるか、どうなのかの問題です。おそらく、この問題は、私達の将来の教育にあります。

どうぞ一度でも貴方の事柄につきまして、お手紙ください、お願い申し上げます。ご老人でも、私講師になる予定ではありませんか？　そうなされば、貴方のご著書、劇作品、研究等いろいろ利用できることでしょう。

ガストン・パリス氏が、パリやロンドンで大学での私講師の職につき、熟慮しておりますから、私講師の件はお断りするようです。ガストン氏は立派な方です。

私の妻が、貴方に、心からよろしくお伝えください、と言っています。

どうぞ、お手紙をお待ちしております、また今夕、我が家でパーテイを盛大に催します。

ドアは開いております。

親愛なるフライターク様！

モムゼン　再拝

ジークムント・フロイト

一八五六年、フライベルク（メーレン）にて誕生。一九三九年、ロンドンにて死去。精神病研究者。著書に『精神分析学入門』（懸田訳）、『防衛によるノイローゼと精神異常』『不安ノイローゼに関する論文』『ヒステリーの原因について』『ノイローゼの原因における性』『夢の解釈』『詩人と空想すること』『ミケランジェロのモーゼ』『快楽原則の彼岸』『トーテムとタブー』等々。作曲家マーラーの精神分析をした。

アルトゥール・シュニッツラーへ

フロイトの精神的な発達にとって、医師であり生物学者であるヴィルヘルム・フリース宛てのフロイトのいくつかの手紙が重要である。また、主として短編小説においてフロイトと似たような「心の中を研究」したアルトゥール・シュニッツラーは一八六二年、ウィーンにて画期的な研究と実際の診断を大いに称賛し、フロイトの自宅を訪れ、長く疎遠であったフロイトの五〇歳の誕生日をお祝いした。このような時折り、会っての話し合い（シュニッツラーの短編小説とか、健康状態、雑談等々、フロイトの更なる研究の経緯と著書、例えば、ノイローゼ患者の診断、等々について）はあったが、手紙のやり取りはおよそ、少なかった。ウィーンの医者であり劇作家のシュニッツラーの六〇歳の誕生日を祝うべく、フロイトは自宅に招き、お互いの交流が何故に少ないのかと問いを発し、自我の精神分析像をあきらかにした。

一九二二年五月十四日　ウィーン、九区、ベルク街十九番地

尊敬すべき博士様！

さて、貴方も六〇歳になられました、また私は、六歳年上でありますので、生き永らえる限界は近くにきました、まもなく、とても理解し難く、楽しいとはかぎらない喜劇の第五幕が閉じることが、見えるでしょう。

「考えることの全能の神」の一片でも信ずることができましたなら、私は躊躇しません。貴方に将来へ心からのお祝いの言葉をさしあげます。

しかしながら、私は、貴方に告白いたします、（その告白を）貴方は心優しくも、心にとめておいてください。そして友達にも、見知らぬ人たちにも、外国人達にも伝えないようにしてください。

私は、何故、この数年間、貴方と交流を深めようとしなかったのか、そして、貴方とお会いし、（いろいろな出来事、事柄につきまして）会話をしなかったのか（この場合、もちろんのこと、貴方ご自身が、私とのお近づきを、貴方が喜んで承知されて、のはなしですが）、私は、そうした問いに苦しんでおります。

この問いに対する答えは、とても私的告白です（フロイトは、この手紙を書く、以前四月に、口蓋のがん（癌）の手術をした、そのことの前兆。事実、この年の十月と十一月にたてつづけ

に、口蓋の手術をした)。

私は思いますに、ある種の二重人格の恐れから、私は貴方を避けてきたのです。

私は、貴方の素晴らしい創造力、詩的な耀きを、よく知っております、(小説、詩を著すにあたって)興味、結果を見いだすことを私はかたく信じております。

貴方の決定論と懐疑論——人々は、それをペシミズム(厭世主義、悲観論)と言いますが——無意識のうちにある真なるものへの感動、人間にある衝動性、貴方の文化的・因習的なものへの崩壊の確信、愛と死の両極についての貴方の考え方への執着、これらすべては、私を深く感動しました。

私は一九二〇年に『快感原則の彼岸』という小本を著しました、その内容は、エロス(性欲)と死の衝動を自然の根源的な力(本能)と考えましたが、この正反対であることは、あらゆる人間の謎《なぞ》なのです。

貴方は直感——むろんのこと、洗練された自己知覚の結果でしょうが——をとおしましてすべてをお知りになられます、そのすべてのこととは、私が精神分析診断におきまして大変苦労して患者(ノイローゼ、ヒステリー等々)から聞いたことです。

私が思いますに、結局は、貴方の人となり、本質は心理学を深く研究された人でありまして、また公平で驚くべきことです、そして、もしも貴方がそうでない場合では、貴方は芸術的な才能と言語芸術、それに造形力とをお持ちで、また自由な遊び心もお持ちでして、民衆の期待に応えて、貴方は詩人となったのです。

私にとりましては、貴方が医者として、心理学を専門に研究をされた、というほうがよいのですが。

しかしながら、私が貴方の精神を分析させて戴いたことをお許しください、私は今は、それぐらいしかできないのです。

分析することは、人から愛される方法ではないことを、私は今、知りました。

親愛なるシュニッツラー博士様！

フロイト　再拝

ヨハネス・ケプラー

一五七一年、バイル　デア　シュタット（ドイツ、ヴュルテムベルク州）にて誕生。

一六三〇年、ドイツ、レーゲンスブルクにて死去。

天文学者、数学者、自然哲学者、占星術者。『惑星は楕円軌道を描いて太陽の周りを回っている』『光の逆二乗の法則』『ケプラー多面体』『八角星』の発見。著書『ケプラーの夢』（渡辺、榎本共訳）「月面着陸して、月の精霊たちと平和の協定を結ぶ、等々とても興味深く、面白い本です」、『宇宙の神秘』（大槻、岸本共訳）、『宇宙の調和』（岸本訳）、『新天文学』（岸本訳）等々。

匿名の貴族へ（ヴァレンシュタイン？）

キリスト教参事会の一員としてのケプラーは、大学での神学の勉強をやめ（彼はプロテスタントであって、当時、福音派とプロテスタントは厳しく異なる宗派だとされていたが、彼はそのことを理解できなかったため）、オーストリア南部のグラーツに数学の教師として赴任した。その後、デンマーク出身の有名な天文学者テイコ・ブラーエの助手として、神聖ローマ皇帝ルドルフ二世の宮廷に招かれた。そして、ブラーエの死後、ケプラーは宮廷数学官、宮廷天文学官として働いた――星の移動から、田畑をふくめて日々の暮らしに役立つ「年間カレンダー」の唯一の編集・発行者となり、治療学と政治の分野で成功した、昔から「惑星は楕円軌道をえがいて太陽の周りを巡る」の計算が得意であったが、それを研究課題とし、「世界の秘密」を推論しようとした。事実、惑星のいろいろなシステムから著書『蒼穹の調和』（一六一九年）を著した。これは天空間での調和的秩序を証明するもので、ケプラーが自身の名を付けた三つの法則のうち一つにあたる。ケプラーは俸給の要求を、繰り返しお願いしたにもかかわらず、宮廷の金庫はほとんどからっぽで――ケプラーは自身の死にいたるまで経済的に不安定な状況にあった。にもかかわらず、いくつかの著作、発表はあるが、なかでも、『新天文学』（一六〇九年）この著書はコペルニクスの世界像を証明するものであり、またコペルニクスのそれをより良く、改良するものであった。また、宇宙の望遠鏡（「Dioptrce」一六一一年）なるものを用いて蒼穹を努力に努力を重ねて研究した結果であり続けた、また、力強く前進し、そして、天文学においてドイツ語の専門用語を作り、天文学の道を開くものであった。ケプラー自身、身に覚えのある星占いで自身の指を見た、そして宇宙の現象を簡単に解釈出来た。すると、ケプラー宛てに、ヘリサウス・レスリンなる人物が、

「突然姿を現すもの（魔女）」を観察し、手紙というかたちで「（ケプラーの母と関連して）審判あるいは、よく考えなさい」と書いた。この人は、散々こき下ろされ、おまけに嘲笑された。ところがケプラーの母は、近所の人達から「魔女」に祭り上げられ、磔刑にさせられ燃やされるところ、間一髪、ケプラーが助け出した。

この手紙を書いた博識のラテン語学者は、国民に広く行き渡った母なる言葉で語り、上品なユーモアと天空をいつも眺めるに飽きることはなかった。

プラハ、一六〇四年十二月十五日

高貴なる男爵閣下！　閣下は、私の高き意志による仕事を、前々からよくご存じなのですね。閣下は、（私の仕事につきまして）すべて、あらゆることを、H・ヘンケルン様にお伝え戴きまして、私はとてもうれしく思いました。

ところで、私は努力を重ね、たくさんの新しい星座を、発見してきました。

そして、この六日前、私の考え方を著書にし、私の予言をトルクハ様にお伝えいたしました。

閣下、私は名誉あるご回答の代わりとしまして、初版の一冊を差し上げるとともに、恭しくも新年のお祝を申し上げます。

レスリーノ様のご著書『哲学の基礎』の（一部は違いますが）論証は確かです。「言葉と文筆とで見直しされたくお願い申し上げます」と言ったところ、「それは悪口だ」というのです。

ですが私は悪口を言った覚えはないのですが。彼はまもなく預言者の出現を見ることでしょう。ところで、私に確かなことは、主なる神よ、蒼穹に新しいいくつかの星が現れ、再び消えました。それを解釈する人、私が哲学書に書きました。

ドイツ、ヴュルツブルク在住の純粋で天文学に無知な男が、天文学上の、今まで見たこともない不思議で、稀なる物体を観察したことを、私に伝えてくださいました。その方は天文学に通じておりませんので学識ある人ではありません。

神は私を選択し、私は両目と、両耳、理性とでもって「その稀なる物体」を観察し、そして無論、哲学書に書きました。すなわち、レスリーノ様にも、ほかの方々にも、芸術品のような、未来の物体を観察・観測し、見事に当てました。神が問題を提出したものを回答したのです。

しかしながら、貴方方が通常行われております論拠、根拠は、私が思いますに、大部分、ヴュルツブルクの生まれの「カレンダー作りの者」と大した違いはないでしょう、カレンダーを読めば、カレンダー作りの者は、何もかもあらゆることがわかるのです。私は、カレンダーを読んでも何もかもわかりませんが。

つまり、レスリーノ様も、カレンダー作りの者も、一五八〇年、彗星を見ることが出来たようです、そして一六〇四年にも彗星が見られるようです、私より彼のほうがよく知っております。

また「カレンダー」作りの者は、彗星出現現象についての論文に論拠を示しております。一五八〇年と言いますとはるか昔ですが、一六〇四年まで、すなわち、両方の場所で二四年間、彗星が見られます。

一五五六年、彗星が見えました時、一六〇四年に土星と天空神、ゼウスが一体となって三月に現れました。

そうしますと、彗星が一五八〇年、逆の軌道を描いていたのではないでしょうか。

あらゆる彗星群が一五五六年と一六〇四年とのあいだに現れ、一六〇四年にすべての物体は逆になってしまうのでしょう。そして、大きな奇跡が起きました。バスタ氏が大きな物体を逆さまに持ち上げますと、不思議な星が現れると言うのです。ですが、断固、私の理性では理解できませんでした。私が見るところ、それは一五五六年の彗星だったのかもしれませんが、バスタ氏は考えすぎのようです。そして人は彗星をどこでも見ることが出来るのです、彗星を見る意志がありますれば、かならずうまくいきます。

一五八〇年における彗星が出現し、それを見ましたマエストリーノ氏は違ったことを記述しております。次のような言葉で「一五七一年十月二日、たくさんの彗星があの方向へ、折よく明白に見ることが出来ました、また十二月十二日もまったく同じ現象でした」、また彼は十二月十二日に見えた方向を、東経二五度、北緯二三度としております。

しかしながら、レスリーノ様は、一月一日まで、とてもながく蒼穹を観察されておりまして、下から上に最も尊重される射手座が見えた、最も高貴な射手座を見たと言うのです。それもその軌道は、私から見て、後ろ側だったのです。そして逆の軌道ではありません。ですから、レスリーノ様は基礎的な知識がなくとも、カタストローフ、大惨事と星座の転換を予言出来ました。

そして、レスリーノ様は、先ずは広い蒼穹を眺めました、それから、馬から降りて、毎日、そして毎月、月にどのようなことが起こるかと観察されたようでした、やがて、レスリーノ様はそうしたことをやめにし、自分の人生、ほかのことをしようと考えたようです。

こうしたことすべては、コペルニクス博士に味方されましたことと思われます、彗星は、自身の意志で、蒼穹をめぐり、その後、自死し、また回復します。

高貴なる男爵閣下、つまるところ、私は、こうした状況に抑えがたく閣下に申し上げたく存じますが、私達は、こうした物体にあまりにも芸術品のように探しているのだと思います。人は、牡牛を角でもって捕まえねばなりません。山羊はひげでもってつかまえねばなりません。

ではこの物体につきまして、お話ししましょう。物体は彗星ですが、そして物体は、私が彗星を研究しなさいと促します。

その物体が何の意味がないとしましても、私達、馬鹿どもは、彗星を観察します。物体がなにがしかの意味があれば、それはなにがしかの意味があるように作られているのですから、その物体を下品な男でも理解ができます。

そうしましたなら、これらの星群は自然に作用、発生しましたもので、（人は単なる星と意味ある星とを区別します）これらの星群は地球から、彗星よりもずっと高いところにおりますので、あまり意味がありません、そして一つの星、二つの星を特定するだけでしょう。

では自然光が、あらゆる人間の心をゆさぶるのでしょうか？

すなわち、確かに、彗星群が、多く星群によって戦争かあるいはペストの流行（事実、流行した）によって突然の大敗（多くの死者が出た）をきっし、そしていままであった意味が移行し、不運を意味しているのでしょう。一六一四年十一月七日と四日を越えては見ないことにしましょう。

ここでしばらくしますと、彗星群が現れ出でます。そして誰もがドアに自身の不運を見いだします。（星占い）

新しい星群は、自然光より少し明るいのですが、長く照っているのです。そして、早く移行することなく不運な事柄を意味するのです。（星占い）

そして、ちょうど一五七二年のこと、ネーデルランドがスペインから離反したというニュースがながれました。また、フランスでは殺戮（サン・バルテルミーの虐殺）がおこりました。イエズス会士たちが、国王、王妃、そしてパリの市民たちを扇動したのです。国王、王妃はひどいことにキリスト教の条文を偽って解釈しまして、たくさんの人々を告発したのです、このことで終わることなく、このために戦争がながく続き、結局は、新しい政策が誕生したのです（占星術が当たった）。

ところで、ハンガリー王国はそれまでは良き時代であったのですが、今ではハンガリーを征服したオスマン帝国のシュレイマン皇帝のもと、国王は恭順に振る舞っておりますし、そしてこのようなできごとがおこりまして、私達にとりまして心痛の想いです、そのことをこれらの星群が疑っていたのです。

そして、これで終わったのではなく、ようやく始まりつつあります。

フランスとネーデルランドが長年、危機を乗り越えておりますが、両国は再び、長い戦争に突入することでしょう、そのことはすくなくとも、予測できます。そのことを、私はひどいことに、偽って解釈しました。蒼穹の星と天文学的原因は何も予言しておりません。

しかしながら、私の印刷、発行されました著書『論争』をお読みになられましたある学識の高い方が、こう言うのです。この世界は、とりわけネーデルランドは、とりわけフランスは、そしてとりわけハンガリーは相応の報いをしてくれるのでしょうか？　そして、新しい星群は責任をとってくれるのでしょうか？　あるいは、円形の地球で、そう世界中で、とりわけハンガリーは？　とりわけネーデルランドは？

これにつきまして、多くお答えすることが出来ないと思いますが、このことは私にとりまして良い仕事になるのではないかと思いました、ひどい農夫風ではなくて、一千回も宣誓して、確かに、蒼穹のあらゆる星群はそれらの国で輝いているかもしれません、そして太陽は十マイルほど近くきますと見えなくなってしまいます。もしも、太陽が（ほんの少しだけ）高山にのぼりましたなら、蒼穹の天使が歌うことを、太陽が欲することでしょう。

そして、太陽と月は秩序をつくって、この年は一回、いっしょに滞在するのです。（日蝕）

どうしてかって？　品のない農夫たちが間違わないように、私は農夫のための特別な予言書（カレンダー）を書きました。また、ここには、星がハンガリーだけに光っているか、を書いてあります。神様が意志ある気象予報士をお与えくださったなら、彼には意味があります。男爵閣下、こんな単純しごくな言葉を使いまして、閣下は私に怒りを覚えておられることと存じます。ですが、閣下は今、示されましたことを、一瞬にしてお分かりのことでしょう、簡単なことが、星座の観察・観測によって、すぐ推測できるのです。

閣下がご希望とあらば、私も心して、悦んで推測させて戴きます。

男爵閣下！

ケプラー再拝

グレゴール・メンデル

一八二二年、ハインツェンドルフにて誕生。一八八四年、ブリュンにて死去。植物学者、メンデルの法則を確立。著書『植物の雑種に関する実験』（井上健訳）

カール・ネーゲリへ

当時の神学校参事会員が、ミュンヘン大学の植物学者に宛てた手紙で、メンデルの諸研究は、私達の精神にとって嬉しく、豊かになったが、その諸研究は学会でもあまり顧みられなかった、このひかえめな学者メンデルは、八年間にわたって厳密な実験で努力したが、それもあまり注目されなかった、だが、そうした努力によって革命的な推論に達し、それについての講演をした。自身の実験方法を説明し、その時代の最高権威に参加を呼びかけ、共感するよう求めた。

だがメンデルの諸認識は、あまり注目されなかった、だが、今日、私達にとって遺伝の基礎となるもので、このことは自明なことだが、その本当の意味を把握することは難しい。

メンデルの死後、敬虔な人々から敬愛される大修道院長（メンデル）が墓地まで担がれた。ようやく一九〇〇年代になって、コーレンス、ドゥフリース、チアーマク等によって遺伝の法則が再発見され、アウグスチノ修道会士の名前と業績が後世に残された。

チェコ、ブリュン、一八六六年十二月三一日

拝啓

閣下は、植物の種類をお決めになられ、それらをグループ別に編入されました。

そのお仕事、大変ありがとうございました。野生に成長しました雑種の植物が得られました。植物に人工的に受精させる試みを幾つかしましたが、良いお知らせを書くことは、私にとりまして快い義務であると思います。

いろいろな形態のエンドウを用いまして実験しましたところ、雑種の子は特異な配列を形成し、その部分は一様に両方の門の種類に入るのです。一定の中間形態を用いて行いました同じ実験では、とりわけ注目すべき点が見付かりました。二、三相違している形質の発生列におきまして、それは論文中に取り入れました（ページ二一と二二）が、部分は係数に従いまして順

序立てられており、一定の形態の記号が冒頭につけられました。その場合、部分中の一つはすべての形質におきまして、雑種でありまして、同時にもっとも高い係数を有し、正確に中央に位置するのです。

ゲルトナー氏がさまざまな実験をしましたところの、さまざまな結果は、私は理解しておりますす。彼が実験したことと同じことを、私は繰り返ししました。私は実験植物を見つけ、できますれば発生の法則と一致するか、彼がしたことを、私は厳密に見抜きました。

たった一人での努力にもかかわらず、一回も明快な認識をえられませんでした。

功績ある男（ゲルトナー氏）も、その一回、一回の実験の結果を詳細に記述し、それを公表し、また同じ受精をしたいろいろな雑種の形態、すなわち同じ受精させたものを充分、記相、判断したのですが、とても残念でなりません。

「いくつかの個体は、母系の、他の個体は父系に似る」あるいは「子は先祖（女）の系に多くはきせられる」等々と言ったことは、一般的に受け入れられておりますが、そこから確かな判断をくだすには、はっきりとはしていません。

また多くの場合、すくなくとも、エンドウとの一致は除外されている可能性があることは、確かに認識されております。

雑種の形態とその門の種類とのあいだの類縁関係の度合いが、記相、診断的に理由づけられ、そして単なるおおよその印象から思ったようなものではなく、いろいろな実験から決定されると思います。

エンドウそのものであることをテストするためには、いずれの場合でも最初の世代と思われるいろいろな形態を調べることが良いと思われます。

それは次の通りです。エンドウの場合、それぞれ相違した形質の同じ関係位の割合数、そして単なる発育の列ならば、事柄は決定されます。

発芽の時を止めることは、多くの場合、そう難しいことではありません、それはいくつかの植物について言えますが、開花したものを受精させ、そして、いくつかの雑種の種を作り出すこととしました。無作為に取り出した雑種は、その血統、子が疑うべくもない場合に、二つの線を利用することができます。

またいくつかの実験に、ヒエラシウム、シルシウム、そしてゲウムを選択しました。ヒエラシウムとシルシウムを最初に人工的に授粉させましたが、それらが小さいことと開花の特異な構造であることからして、非常に難しく、そして、確実ではないことがわかりました。

昨年の夏のこと、私は、ピロセラとプラエアルトウム、そしてアウリクイアとを交配しようと、またムロルムとウムベラトウム、そしてプラテンセとを交配しようと、発芽力のある種を得られるように実験しました。充分注意を払いつつ、自家受粉が行われることに、私は危惧の念をいだきました。若い植物の外観からして、期待した成功にはほとんどいたりませんでした。ヒエラシウムの種類は、とても容易に小さな鉢に植えやすく、その花々も室内かガラスの温室においておけば、種がたくさん実ります。

シルシウムと、ガラスの温室と室内に置いてありました花が咲いているアルヴェンセとオレラセウム、そしてカヌムとを受精させました。

いろいろ開花したものは、花を布地で囲うことによりまして、各種の昆虫が訪れることを防ぎ、いろいろなシルシウムを防ぐことにはまったく充分でした。

セウヌを受精させ、さらに、C・カヌムとC・ランセオラトウム、そしてC・オレラセウムを単純に花粉を保菌させる実験を試みました、その場合、ほかのものたちがカヌムとランセオラトウムの開花させることを避けることをしませんでした。自由に空を飛んでいる昆虫ができることでしたら、やはり人の手によってできるに違いありません。そして多数の種からは、一つや二つの違った雑種がえられることでしょう。私は次の夏に、ヒエラシウムを用いて同じ方法で試みたいと思っております。

またゲウム・リヴァレの雑種につきましても、より綿密に観察しております。そして受精が自身の花粉によって行われますと、この植物はゲルトナー氏の話では、子孫においてほとんど変化が生じない雑種で、今日まであまり知られていなかったようです。またゲルトナー氏から提供されました雑種が本当に受粉していない中間体であったのかどうか、私には確信が持てません。

ゲルトナー氏はその植物を中間のタイプであるといいます。ですがすべての植物において中間体が存在するとは、必ずしも言い切れない、とのことです。そして中間体からリヴァレへの変換につきまして、ゲルトナー氏は、雑種とリヴァレの花粉とを受精させますと、同じ父方のタイプに近い個体が得られた、ということを明確に主張しております。

ですが、その根拠が何処で成立するのか、また、それぞれの授精によりまして中間体の性格がどの程度排除されたのか、またリヴァレの純粋なタイプが結果として出たのかも、私達はよくわかっておりません。

また暫時生じます遷移は、ある一定の法則に従うこと、そしてこの種の他の雑種の生態につきましての解明が可能であるということには、疑う余地はありません。私は来たる夏に、人工的に受精させ、得られました雑種を開花させてみたいと思っております。

雑種で生じましたヒエラシウムの種は、ゲウムと似たような生態が観察されるであろう、といった推測は、おそらく、それほど間違ってはいないでしょう。

そして例えば、ピロセレン群のもとで、ほんの半分程度、成長させえた二又にわかれた茎を分裂させましたことは、とても注目すべきことでありまして、また、昨年の夏、H・ストロニフロルウムの小さな種子群は完全に一定（コンスタント）な形質であることを、観察することができました。

シルシウムとヒエラシウムの種群を、以前から目論んでおりました実験によりまして、閣下の専門分野に入れさせて戴きましたが、閣下のような広い知識で、数年間、夢中になりまして、閣下の分野でありますこれらの属群のいろいろな品種群を、自身で観察し、比較することができました。学校での授業が大変でして、あまり自由になることができませんから、私にはこの経験が欠けております、そして休暇中でありましても、多くのことを学び、多くのことをしようとしましても、もう遅すぎます。

ヒエラシウムを用いた実験を意図しておりますが、多くの困難の直面する可能性があると思います。ですから、ご信頼しております閣下、何かの場合、私が閣下の助言が必要となりました時、どうぞご助言を賜りたく存じます。

ネーゲリー様！

グレゴール　メンデル参事会委員　そして高等実業学校の教師　再拝

ハインリヒ・シュリーマン

一八二二年、北ドイツ、ノイブコーヴにて誕生。一八九〇年、ナポリにて死去。信念の強い人、驚異的勤勉・努力家。考古学者、実業家。盲目の詩人ホメロスの『イリアス』を若い時に読み、トロイアの存在と、ミケーネ文明の存在を信じて、先ず実業家として大金を得、大金持ちとなり、トロイアとミケーネ発掘の準備のため、五か国語を独習し、パリその他の大学で考古学の基礎知識を得、トロイの発掘、ミケーネの発掘、黄金のアガメムノンのマスクを発見した。著書に『古代への情熱、シュリーマン自伝』（村田訳）、（佐藤訳）、（立川訳）、（関楠訳）、（池内訳）、E・ルートヴィヒ著『シュリーマン：トロイア発掘者の生涯』（秋山訳）、『シュリーマン旅行記』（石井訳）等々。ゼウスの末裔、英雄アガメムノンの黄金の仮面は、現存し、今日ギリシア、アテネの考古学博物館の所蔵・展示されている。

法律顧問官カール・プラトへ

（盲目の詩人）ホメロスの熱烈な読者であり、支持者は、まるで童話のような寄り道をし、自身の力と奮闘努力によって、古代ギリシアのミケーネとティリンス、そしてとりわけトロス墓の偉大な発掘をし得ることを、確信した、そして、自らを固く信ずる意志によって、考古学において今日まで通用する新たな世界を開拓した。

トロイアの王プリアモスのペルガモン（トロイアの城砦）、一八七二年七月二三日

詩人ホメロスが讃嘆し、この壁の建設は、きっと海神ネプトゥーヌスか、あるいは予言と治療の神アポロによることであろうとしました（『イリアス』第二巻四五二～四五三ページ）、この月、十九日に、厚さ十メートル、すなわち三三フスの巨大なトロイアの壁に偶然に出会うことができましたことを貴下にご報告いたします。この報告を聞いて、ドイツ国民の心は歓声にわきたつことでしょう。トロイアの城壁は、土を混ぜた石材で加工されており、その外側は七〇～七五度の角度の傾斜となっています、また城壁の内側は、直角に落ち、またとても平滑な面となっております。

城壁の西側上部は、三・五メートル、東側は、四メートルの厚さで、斜めにもともとの地中まで、ささっているようでして、と言いますのは、十五メートルあるいは五〇ドイツフスの深さまでその側を掘らせましたが、基礎には届きませんでした。

東側の城壁の厚さは、地中に向かってだんだんと厚くなっていき、私の推測では、おそらく、数歩歩きますと、アクロポリスへと通じる都市の門があるのではないかと思います。

今、多くの人夫たちが風邪のため、高熱におかされていますが、東に向かった壁を調査したいと思います。

以前、キュクロプス（人間を食うひとつ目の巨人）族による建物、建築が最も古いものと、いつもされてきました。そのことは簡単に証明できます、建物は土を混ぜた石材で加工されており、すくなくとも、（トロイアの城壁と）同じくらい古いものです、と言いますのは、この同じ方法によって六八フスの厚さで火山灰の三層の下に家々や、城壁等がテラ島（サントリーニ島）とテラッシア島において発見されているからです。紀元前二〇〇〇年に人は生きておりまして、火山が三万八〇〇フスの高さまで火山灰を噴出後、少なくとも、紀元前一五〇〇年には海中に没した、と考えられます。

私は、ここで四月一日以来、はじめは一〇〇人、その後、一二六人、そして今、一ヶ月をかけて、一五〇人の労働者と共に仕事に励んでいます。

私は、この年に、山頂上から、北側十六メートルの深さまで掘りはじめ、七〇メートルの幅の塔等の上の展望台を掘り進めました。

しかしながら、さらに二五メートル掘り進めましたところ、私が愕然としたことに、原生土がとても深くあるではありませんか。ですから、私が発見した展望台を十パーセント沈め、そして、二五メートルの山の斜面を十八メートルに掘り進め、原生土にたどりつき、そこに展望台を据え置きました。

このような荒れ野で、何もかもなく、山を深さ六〇フス、幅二三二フスまで掘り進めたことは、何と恐ろしく、羽ペンで書き尽くせないほど、難しい仕事であったことか！

そして、下部、五〜八メートルの高さの瓦礫層があり、まるで石のように硬いのです。それから、巨大な石塊が非常にたくさんの量であります。これをどのようなアイデアでもって利用するかは、目撃者でしかわかりません。

私は、この巨大な仕事を、不可能であると思いますが、今年中に、やり遂げ終わらせたいと思います。そうしましたなら、二ヶ月間をかけて、浄水路の掘削をし、前もって、山全体の長さ三〇メートルの運河を、山全体の下を抜け、通じるよう掘削しようと思います、そして私は、同じことを北側と南側とで同時に始め、運河工事は急速に進み、およそ、十一日には完成すると思われます。

この運河の掘削では、五〇メートル城壁の斜面から離れた南側から始めます、城壁は、ラオメドンが二柱の神々に作らせたものです。貴方に数週間後、その城壁の小さな写真をお送りいたします。

来たる三月には、大規模な発掘作業を進めたいと思います。

そして、とりわけ、アクロポリスの壁と、それと関連します大きな都市の城壁を研究したいと思います。

今まで、発見した物事は、考古学にとりまして、新しい世界を切り拓くものです。と言いますのは、一つの例を言いますと、いろいろな違った模様の宗教的な象徴に覆われた、火山と木馬の形をした千ものテラコッタです。また、ここでの、すべて違った陶器は、とてもファンタスティックで素晴らしく、こんなものがこの世にないくらい多様です。

瓦礫層を取り除いた後、また陶器の著書『形象のモニュメント』の後、私は、『トロイとその継承者たちの歴史』を今年、五番目の論文としてかきました、それは、必ずや、知識欲に燃えたドイツの人達に、多大なる興味をもって読まれることでしょう。今、今年で私の六番目と七番目の論文が完了しましたが、一度も、最初の論文も今まで印刷されておりません。

そのうちの初めの四つの論文を、私は、昨年、アウグスブルク一般新聞社宛てに送りました。ですが、新聞社は印刷もしないし、私に送り返しもしてくれません。

ですので、アジアの郵便制度はとんでもなく恐ろしく不秩序であって、送るべき論文がとても厚すぎたなのか、盗まれたのか、どこかで失ってしまったのか、わかりません。

ここには何と、瓦礫が山のようにあるのでしょう！

山の南側では、トロイの陥落以来、幅が五〇メートル増えています。そして、山の瓦礫――と石材のいくつもの層は五～八メートル高く、大きな塊が覆っており、また、塊は三つのまったく違った前史時代の民族に、そして、最終的にはヘレニズム時代の人達か、古代ローマの人達のものです。

私はもともと貧しかったのですが、商人として身をたて、偉大な詩人ホメロスをかたく信じての冒険のため、商人として知恵を発揮し、資金をもうけ、お金は豊富でして、発掘調査費用は六月一日までに、三〇〇フラン、そしてその後、毎日、四〇〇フラン以上かかります。

また同時に、アポロ神殿の建設現場を調査するため、原生土まで掘削しています。ですがしかしながら、アポロ神殿は二一メートルの深さに建っているようです。

私は初めて見ましたが、アポロ神殿が美しく彫刻された大理石でできており、切妻壁、ペディメントに四頭の馬が生き生きと描かれております。アポロ神殿は、リュジマクスの時代のものです。

このような発掘をしたいというアイデアをもつには、ベルリンか、パリにおいて、十八メートルに届くか届かない高さの家に住む必要があります。

法律顧問官プラト閣下!

シュリーマン　再拝

ハインリッヒ・ヘルツ

一八五七年、ハンブルクにて誕生。一八九四年、ボンにて死去。

天才的物理学者。業績に『無線電信機の発明』をし、「世界中の人々にラジオの普及に貢献した」。『周波数ヘルツ』『電磁波の発見』等々。カールスルーエ工科大学構内に、ヘルツ教授の胸像が立っている。

自身の両親へ

ヘルツの研究と研究に重ねた、無線電信機の発明は、世界中の人達にラジオをもたらした。それはマクスヴェルの微分記号から発した実験から得られた電磁石の光の理論であった。かつてヘルムホルツの助手であった者がカールスルーエに来て、カールスルーエ工科大学の偉大な教授の研究に研究をかさねた結果、電磁波の発見の意義を、その助手は高く評価した。電磁波の普及の速度と地域を算定できることを助手は証明した。

ヘルツの実験はつねに、目的達成を意識し、一八九七年、マルコーニの援助によってイギリスからドイツ、カールスルーエへと無線通信が通じた。両親宛てのこの新年のご挨拶としてのこの手紙は、この年の研究達成の実り多きことを、慎み深くも、誇り高く、書いたものである。

カールスルーエ、一八八八年一月一日

親愛なる父上様、母上様！

新年のこの最初の日のお手紙は、父上様と母上様に捧げられております！

私達は、楽しみ、喜び勇んで、家の敷居をまたいで家に入るのです（訳者注：古代ギリシア、古代ローマから、敷居は神聖なものとされた）、そして、父上様、母上様、昨年と同様お元気でお暮しくださるようお願い申し上げます！

願わくば、貴方がたは私の手紙を時間どおりに、お受け取りになられたことと存じます、そして、これまで、時には深夜に至る研究による多忙の故に、お手紙を差し上げることができず、大変失礼いたしました。

ところで、私は、アウグステ氏からとても親切な、好意的なお手紙を頂戴いたしました。感謝の念にたえません！

それでも、私達の事柄につきましてこの数週間、あまり多くお話しすることはございません。今は、厳しい寒さです。この数週間、毎日、毎日、研究に励んでおりました、そして、暇つぶしに研究発表等のための大きな講堂を準備しました。

私の研究につぐ研究の成果は、私が半年前に考えましたより、より明確に、より重要になってきました。

しかしながら、ある研究が終わってしまいますと、いつもそうですが、私は不思議な気分になるのです。研究のすえの結果、すなわち、無線電信機の発明、電磁周波数の発見、ラジオの普及等々への努力が、はたして価値があるものかどうか、と私の理性が考えるのです。と言いますのは、その無線電信機の発明、電磁周波数の発見、ラジオの普及等々が私の感じでは、面白みのない、日常的で、どうでもよい、自明な、当然なこととなったのです。

また他方、私はつねに、もっといくつかの研究、実験をし、疑問を排除しました、しかしながら、その疑問はとても不機嫌にさせられました、何故ならば、疑問がなくなり、そして、緊張と興味がほとんど消え去ってしまったのです。

事柄：無線電信機の発明、電磁周波数の発見、ラジオの普及等々につきましての巡る疑問は、電気力学的な作用についてです。私は、簡単、単純にお話ししますと、電気の作用によって、上空を無限定に、その速度と広がりはすでに証明されております。すなわち、瞬時に、直接的な遠隔作用があると、証明されます。

電気の速度は、光の速度（一秒につき、三〇〇万メートル）より遅いものですから、電気の作用は、およそ、数メートルの速度となりまして、すなわち、証明は簡単、単純ではありません。

しかしながら、私は思いますに、証明は確実にある、と思います。

最も重要な研究、実験は再度、私が行わなければなりません。そして、私はまだ、欺瞞の可能性がある、とは思いません。

また、「見込みのある、希望がある理論」を見込みのあること、希望があるようにするのです。

多くの個人的な事柄は、私はもう書きません。

私達の成功、無線電信機の発明、電磁周波数の発見、ラジオの普及等々、のお祝いは以前に祝杯をあげましたが、父上様、母上様はすでに、祝杯のお祝いをされたことと存じ上げます。

しかし、まだとてもたくさんありますよ！

妹のエリザベートが、私を通じて父上様、母上様にご挨拶、くれぐれもお元気で、やすらかにお過ごしくださいい、との由です。

私も、父上様、母上様、今後もお元気で安らかにお暮しくださるようお願い申し上げます。

ご両親様！

息子ハインリッヒ　拝

ロベルト・マイアー

一八一四年、ハイルブロンにて誕生。一八七八年、同地にて死去。

碩学、物理学者。業績に『エネルギー保存の原則』『力の量的、質的規定について』『生命なき自然界における力についての考察』『有機体の運動と物質代謝の関係』『天体力学への寄与』『熱の仕事量についての考察』『エネルギー理論の成立』（崎川訳）、オスヴァルト著『エネルギー』（山県訳）等々。

グリフジンガーへ

若き船医として、マイアーは一八四〇年バタヴィア、今日のジャカルタにおいて、静脈血流が、最も寒い気候の地方（北ヨーロッパ）よりも、バタヴィア人たちではより明るい赤色を示していることを観察した、そのことから「エネルギー保存の原則」が発見された。「その原則とは、すべての計量可能な物質を無条件に支配し、与えられた物質はゼロにはならない、ゼロからはどんな物質もうまれない。物質とは、自身の中で変化し、いろいろな形態となる」。こうしたことをマイアーはグリフジンガー（精神科医、一八一七年、シュトゥットガルトにて誕生。一八六八年、ベルリンにて死去）に報告した。そして彼の「エネルギー保存の原則」の暫定的な発表が、リービング氏発行の「化学と薬剤学の研究発表の年代記」（一八四二年五月号）において評価されなかったことに、マイアーはグリフジンガーに、不満であると嘆いた。誤解に対する反論としての次の手紙をもちだすまでもなく、ようやくマイアーの死後、死者に対し「十九世紀のガリレイ」と高く評価された。

ハイルブロン、一八四四年七月二〇日

親愛なる友よ！

君が、僕の『エネルギー保存の原則』の発表が評価されなかったことに、批判的な言葉をされ、ご親切にもそれを僕に伝えてくれたことには、僕としては大歓迎でありました。またとても重要なことは、自分で努力して、できるだけ明瞭に、数学的明確さが（すでにそのように発表したにもかかわらず）、いわば全てにおいて誤解されてしまったのです。

多くの、そしてとりわけ、自然哲学派はあの数百年自身の発表に救いを求めてきましたが、誰からも、自分自身からも理解されませんでした。僕の望みの目的はちょうどその反対、逆です。ですから、僕の研究をできるだけ明確、明瞭になるよう特に努力することにします。

僕は研究発表をもう一度します。おそらくは成功すると思いますが。予行練習として先ず僕たちのあいだで研究発表をします。そして君が裁判官の立場になるのです。裁判官は弁護人に理解させようと模索するのです。そして判決を言い渡すのです。しかしながら、検察官は一度も納得しません。

物質（化学的な質量とそれらの結合）が僕たちの目の前で、変化していくことは、誰が見ても争えない真実です。

水は常に滴下しうるではないのですが、場合によっては水は氷、すなわち固体に変化し、また逆でもあります。瞬時に、水は氷になることができ、次に氷は、瞬時に水になるのです。

このことは、明快で誰もが知っております。

私の主張は以下のごとくです。コンロの水の熱もまた、私達の目の前で変化しお湯になり美味しいカフェが飲めるのです。それはまた、瞬間的に熱は次の動きになるのです、この逆でもあります。

近い分野、とりわけ証明が（私達が今まで忘れ去った）物理学の分野でこのような（『熱力学保存の原則』）に意味が与えられます。いずれにせよ、今言われたことを、君はお分かりのことと思います。僕がそのことを証明したいと思います。それが証明されましたなら、それ自体『熱力学保存の原則』です。

僕が提案しました「生産する、力、原因、働く、作用を及ぼす、変化」といった専門用語、そうした言葉自体は、たんなる方法であって、目的ではありません。

例えば、原因と作用を及ぼす、という言葉をとりだせば、——僕にとっては、まったく同じです。僕は片手間に、物理学での分野で多く使われている表現に次のような意味を与えました。人は徹底してそこにある、と。ですから、この関係性で聖なる使い方ですと、そうしますと、違うことが起こらない、と思います。そして、人がこうした使い方をすれば違反となり、そうすれば、そこでも、あっちでも、人はどうでもよくなるのです。

細かいことに拘泥する論理とともに、僕はたとえようのない願いを心にいだいています。人は原因と効果（生命のない自然）では、お互い大きな関係性にある物か、あるいは、お互い関係性にない物かと。

火花が火薬に点火し、地雷が空中に飛んだ。

ここでは次のように言われています。火花Aは、火薬の爆発Bが原因であり、そして、それは、反抗する者C（マイアーの『エネルギー保存の原則』に反対する者）が、大地に投げ出されることが原因・効果であると。

確かに、BとCは密接な関係にあり、しかしながら、AとB、それにCとは密接な関係ではない。火花あるいは、たいまつで点火したとしても、まったく同じように爆発します。

論理的に厳密に、その表現で言えば、AとB、そして、BとCは、「因果関係」という名に帰せられるという、二つではなく、ぜんたいの違った関係を考えねばならない。すなわち、Bの原因Aとする、あるいはCの原因Bとすること、あるいは論理的な正しい表現方法等々も断念、放棄する。

科学的な目で見ますと、思考の原則に対する反対、反抗は通常の言葉の使い方に対して反対、反抗することより、よりいっそう悪いことであります。そして、それによって、鯨《くじら》を魚の種類でないとしたり、ヤシの実の油を油の種類ではないとしたり、鎮静のための塩を塩の種類ではないとしたり、昔から通常の言葉の使い方をしませんでした。

僕は君に以下のことを決断を下すよう、お願いします。例えば、(古代ローマの言葉で、自然科学の事柄で)A原因は、作用の比率か、あるいは、B原因は作用の比率ではないのか、あるいは、C原因は、時々、比率であり、時々比率ではない。Aの場合、僕から提案しましたように、君は、仮に普通の概念とします。Bの場合、君はもちろんのこと、僕が言う意味での熱と運動との因果関係ではないといえます。Cの場合は、AとBの原因は、自体で、区別されます。

もしも君がそうしたいのであれば、この道をとおって、物理学における力と原因の明快な概念に達することが可能です。これらの言葉は、他の科学の分野ではまったく違った意味をもっていることを、君はきちんと知っているべきなのです。僕の論文では、「個体」という言葉を考慮し、使いましたが、例えば、幾何学、人類学、ワイン商人等々においては、まったく違った意味をもっているのです。「(人間生活の類例に題材をとった多くは教訓的な内容の)たとえばなし」にも、修辞学と、数学等々ではまったく違った意味です。

金と銀の等価数は商人と化学者とは、まったく違ったお金で支払われます。そして、あのユダヤ人は歌います。私の最初の感じでは、流通している金額です。ある人が借金を申し込むと普通、ユダヤ人は高い金利で貸します。

君はおなじみのデパートの売り場で、量と重さ(新着のコートを作らせようとして)測ったが、買うことをやめにしたことがありますね、「原因」に対する脳の働き、本『発明した機械、作用と効果』と名づける——どんな物理学者でも、ここで口をはさむことは禁じられています。

君は、この概念を確認することは、疑問の余地なく正しい、また君が概念を確認したことを、他人に言ってはいけません。君の原因、脳の活動は、君の効果に転じ、その本：火花は爆発しませんが、火薬でもって燃焼しますと熱が発生します。ですから、熱は部分的には機械的効果に転じます。ある一定の火薬量が保存されているに違いない熱量は、同時に、機械的効果が得られるよりも、比較的小さいのです。一ポンド火薬を燃焼させて発生しました熱量、それ自体一定の大きさで、ショッペン（ワインの液量単位：二分の一リットル）の液の一定の大きさと同じです。ショッペンのエーテルをゆっくりと違う容器に注ぐと、部屋中臭いがたちこめます、そうしますと、二つ目の容器には、ショッペンのエーテルはありません。すなわち、エーテルは一部蒸気に転じたのです。そして、正確な大きさの規定という言葉と結びつけられたのです。といいますのは、いわば、二つ目の容器にウンツェ（薬剤の重量単位。約三〇グラム）が欠けたとしますと、エーテルの蒸気の重量と、ウンツェとまったく同じです。素人は、言います。空気はエーテルを食いつくした。空気が食いつぶす、とりわけ新鮮な空気を。

僕は言います。熱は運動に転じ、また逆もあると、エーテルとその蒸気のあいだのように、熱と運動のあいだを、あちこち同じ量的関係で行われる、ということを意味しません。――僕にとっては、これらのてまひまのかかる演繹法が成功したなら、僕の全理論かかっている通常の因果関係の概念規定を、君に見せたいと思います、それで、僕の目的は達成されました。

――最後に一言：雪が降りますと、寒くなりますね、まきが燃えています、研究しておりますと、吐く息、胸のざわめき、温かさ、食欲が旺盛になります。

論文の資料を集め、整理するに急ぎましょう。

しかしながら、どのような根拠で、いかなるポンド（重量の単位：約五〇〇グラム）とロート（重量の単位：約十七グラム）への量、これが問題です、そして、リービグ氏は、最初の問題に、とても不満足で、次の問題には、まったく答えませんでした。

同じ問題に、君が正確にお答えすれば、四〇ページもの、ご苦労されて著わされますご著書のための予備研究、調査が可能となるでしょう。

――おそらく、僕は君たちにこう言います。たった一つ数は、たくさんの仮説が掲載されている高価な図書館よりも、より真実の価値があると。

――僕が公表したい次の論文は、ベルリン在住のシュルツ氏に鋭くあてこすりたいと思います。このことを研究論文中に含めたいと思います。君がこのことでご満足であることを、私は望みます。

――おそらく、いろいろ良い結果を生む書物から、研究論文のための良い資料として、ありましたなら、お伝えください、そうなされば、僕は感謝の念に堪えません。そのことで、あまり時間をとらないようお願い申し上げます。

親愛なる友！　グリフジンガー様

マイアー　拝

ヘルマン・ヘルムホルツ

一八二一年、ポツダムにて誕生。一八九四年、ベルリンにて死去。医者、物理学者。『力の保存の原理』『自由エネルギー』『完全な熱力学関数』『等温過程』『統計力学との関係』『ギブス自由エネルギー』等々。

G・A・ライマーへ

控えめな本の装丁。偉大なる発見を記した広告。ポツダムの軍医が、生命力を研究し、「力の保存の原理」を発表した（むろんのこと、ヘルムホルツより以前のロバート・マイアーによるほかの前提から導き出したものである）、その原理を、ヘルムホルツは数学的に根拠づけた。ヘルムホルツがここで有名な出版社に礼儀正しく申し出をしたが、その際、以前の研究と、この若き識者の研究の場をのぞかせ、この同じ年に、画期的な本が出版され、世間の注目の的となった。

ポツダム、一八四七年、八月十四日

ライマー様

物理学的な研究論文『力の保存の原理』の原稿を同封させて頂きます、そして、貴出版社から出版されるかどうか、ご質問させていただきます。その論文は、三、四刷り紙の厚さになると思います。銅製の表紙などでなく、比較的少ないのですが、数学的な数、文字、表の印刷が必要であると思われます。

その論文は、今まで、限定的に応用され、一般的にメカニズムの根本法則として実験されてきましたが、現代、いろいろな側からきっかけを与えたアイデアでしたが、ここで最初に完全に実験してみました。

私の論文は、物理学のあらゆる分野を深く、厳密に研究し、関連した結果なのです、いままで、その結果を個人的に（同僚などに）伝え、高く評価され、称賛されました、そして私に次のように言われました。この論文は一般的な興味、関心を呼ぶであろうと。このような関係で、ベルリン大学のマグヌス博士に前々から（質問の）許可を得られましたが、彼の判断は、とてもよろしいと許可されました。E・ドウ・ボアーライモンド氏とブリュッケ氏とお会いしましたが、同じ質問で、同じ答え、すなわち、許可がえられました。

私のこれまでの科学的研究では（一）博士学位請求論文『わしみみずくの、神経のシステムの工場、顕微鏡での調査、研究』、（二）論文『腐敗と醗酵の本質について』、ミュラー氏のアルヒーフ、記録保管庫中、生理学一八四三年、四五一ページ、実務的な新聞、雑誌に掲載第十六巻ページ四二九～四九三、（三）『筋肉アクシオン、運動のあいだの質量の消費について』、ミュラー氏記録保管庫一八四五年七二～七四ページ、（四）『動物の暖かさについて』、ベルリン大学医学部で発行されました医学的科学の百科事典に掲載されております。このようにすれば、私の科学的研究に、能力があり、おそらく評価されておりますでしょうか。一番良いのは、

J・ミュラー博士にお聞きすることです。

私が考えますには、誰が（同じ研究をしている者）いない場合でも、私の研究に対する給料は（同僚と同じ）同等にしてください、私にはすくなくとも、（私の研究に対する印刷された）全紙があります、そして、貴方の有名自由主義的な出版社に送られ、出版されることでしょう。どうぞよろしくお願い申し上げます。

いずれにせよ、十五の献本は残しておいてください（同僚、特別な知人、父、母?）、そのほかの本は、私が更に使うかもしれませんが、世間にある書店に値引きして、売るようにと、言ってください。

ライマー様、今後お元気で、ますますのご活躍を!

H・ヘルムホルツ　再拝

オスヴァルト・シュペングラー

一八八〇年、ブランケンブルクにて誕生。一九三六年、ミュンヘンにて死去。文化的哲学者、歴史学者。著書『西洋の没落』（村松訳）、縮約版『西洋の没落』（村松訳）、『人間と技術―生の哲学のために』（駒井、尾崎共訳）等々。

ゲオルク・ミッシュへ

希望をいだかせる楽観主義が占めるヴィルヘルム二世の時代、小説家フォンターネの一八九七年四月五日の手紙において、シュッペングラーと同じような思考を書き残してはいるが、そのおよそ十五年後、シュペングラーは一九一一年におけるアガディールの異議申し立てに強い印象をうけて、哲学的著書を書き、(エドワード・ギボン著『古代ローマ帝国の盛衰』とオットー・ゼーク著『古代の世界の没落の歴史』)に範をとってその題名を『西洋の没落』とし、一九一八年、出版した。この多くの議論をよんだ著書は、はじめから人々が社会の崩壊する気持ちもあって(第一次世界大戦)、多くの人たちの反響があり、たくさん売れた。いろいろな人たちの伝記を書くことによって歴史をかくゲオルグ・ミシュはその著書を読んで、称賛した。シュペングラーは名高い大学教授の賛意を得て、「シュペングラーは文化的哲学者だ」と言わしめた。またシュペングラーは――第二巻にとりかかっていたが――それを完成させて、第一巻、第二巻とも持っていた。

ミュンヘン、一九一九年一月五日

大変ご尊敬いたします教授殿!

私が大喜びで有頂天になるような貴方の手紙に対しまして、いたましい出来事(第一次世界大戦)によります精神的抑圧によりまして、ようやく今日、手紙を書くことが出来ました。私の基礎的な形而上的観念(生命――時間――運命――空間――世界)はとても貴重な価値のあるものです。といいますのは、今日多少とも意識的に考えることを、私はここで実際にそのこと（考え方）を表現したと信じます。

ただ、相対主義、あるいは私が出来ますればそう言いたいファウスト的な形式の懐疑論がこの考え方が必然的なものだと、私は思います。そして、私も、貴方、教授殿もそれにつきましては、納得することが出来ることと希望いたします。

哲学者ヘーゲル（そして、哲学者ディルタイもまた）による世界史の描写が私に印象付けたこと、そして、最高の人間性の可能性の宝が、次第に多くなること、そして、統一ある課題がどんどん成し遂げられていること、それらは当然ではありますが、ゲーテの場合は、前々から思っていたことですが、とても深い懐疑の念を抱かざるを禁じ得ません（ゲーテの根源現象：多様な現象の背後に一貫して存在するとみた必然以上の連関、に対しましては、私は自立的な、文化的個人であるという考え方をもっております）。

しかしながら、ヘーゲルと共に、西洋の精神のあくことのない知識の歴史的渇望がようやく始まったのです。ヘーゲルは、むろん、伝統的な歴史描写（古代――中世――近代）としたのです。

またちょうど、計り知れない歴史についての知識が、必然的に無――ゴティク的芸術的に言いますと――生き生きとした自然の美しい目的のない戯れに行き着いたのです。

これは避けることのできない出口です。

一八二〇年頃の、ヘーゲルの知識の状況は、一回性の一個人的な出来事の「後」、何か絶対的な、完全なものを信じていた、ということは正しいと思います。

また今日、インド、中国それにメキシコの文化は破滅しております？古代に入りますと、エジプト人の生き生きとした創造的精神は、いったい何処へ行ったのでしょうか？

イスラムの統治時代の古代では、最高の支配者はいったい何をしたというのでしょうか？それは、超個人的なエレメント（進歩）の、純粋に（ゲーテの）ファウスト的な必要性であったのであり、それはあらゆる歴史的没落にもかかわらず、一つの目標に向かうのであると思います。古代の人々も、インド人もそれを知らなかったのです。

そして、紀元後一〇〇〇年からますます増大する権力によって、進歩思考が現実となるやもしれぬことが、すべて歴史が描写するように、唯一、こうした必要性から作りあげられたのです。かくして、図式：古代——中世——近代が得られ、そして、それぞれ成熟した文化群が一定の方向に向かって、交代するのです。

だが、すべてのこれらの文化群は地球上の偶然の場所、そして偶然の時代に起こったこと、この歴史の私たちの理想という事実とは、違います。

私の著書の大部分は、個々の地域におけるこの仮象として示しております。といいますのは、例えば、紀元後七〇〇年頃には世界の情勢、状況はどのようなものであったのでしょうか？

インドと中国の後、硬直した世界群があります。エジプトとバビロンは、今は時代遅れになってしまいました。

古代のもので僅かな遺物、いくつかの建築の絵、いくつかの草稿（誰にでも本当のことは理解できません）を手に入れました。キリスト教会が古代のものとして保存されているとしましたら、それは間違いです。

西洋の地で、ある文化が生まれでたということは当然です。時代を超越した力への内的な、心からの欲求からです、過去につきましては、知るということの形式としてです。こうした偶然がなかったとしましたなら、「人間性の進歩する文化」というものが、私達の超個人的な観念から生まれ出たとしましたなら、何としましょうか？

文化はむしろ、要請としてようやく、生まれ出たのです。

そして、にもかかわらず、私達の発達内での、外国の文化財を、本当によみがえさせるのではなくて、独自性を表そうと、幻想や形式が問題であったのです。

哲学者ヘーゲルがこの進歩観念を強め、その進歩観念を十九世紀の主潮たるものとしましたが、しかしながら、一度たりともそうではなく、これらの諸文化につきまして、際限のないほどの多くの知識が掘り起こされ、諸文学、諸工芸、諸宗教、諸習慣につきまして学ぶ、つまり、純粋に知的な人々がそれらの魅力にとりつかれ、実行したのです。

そして、これらの全体の現象、純粋なファウスト的、そして、いずれの相違した文化については、ちんぷんかんぷんなのです——といいますのは、人は、インドの、中国の、またギリシアの哲学によって、こうした力学的な形式の、完全なる人間性という考え方をしても、それは無理ということです——西洋の人々と、そして西洋の文化は終末を迎えます。

このことは、今日、ヘーゲルの段階を越えまして私達の歴史につきましての、本能によります必然的な帰結です。千年以来、それぞれの文化、すなわち西洋の文化は徐々に進歩していることは、私にとりまして、ある文化の意義と本質なのです。しかしながら、この進歩は、後ろ向きに、たぶんいろいろな文化が一諸になって長く続くこと、そして、かくして前向きにも、およそ直線上に歴史が伸びたがっていることです。

相対主義は個々の文化とは関係なく、全体の文化ということは、私達の精神に深く理由づけられました幻影なのです。

貴方、教授殿は、その点につきましては、私と同じ考えだと思います。

また、私の著書にあります、疑いもなく存在します数々の間違いや、矛盾につきまして、お気付きになりましたなら、すぐさま批判して下さい。願ってもないことです。

私は一九一一年から学校の教師をしまして、この身は縛られておりましたが、やっと自由となりまして、数年間、孤独に耐えつつ、このような考えを深めてきました。

私は、どの哲学派にも属しておりませんし、むしろこうした考えかたを、数学や、歴史、絵画それに文学から、あるていど自身で形而上学的に総体的に見まして、執筆したのです。

しかしながら、私は自力で執筆したものですから、教師や、友人たちの私の著書に対する批判による危険性をとても、よく意識しております。

そしてそのうち、貴方がお読みなりまして、どこか誤りがありましたなら、訂正してくだされば幸いです。

ところで、今、私が哲学的著書につきまして、貴方にお話ししたところ、「私が大学教授になりなさい」と、貴方が友情あふれる提案をされましたが、自身で試験をしたのですが、落第点でした。おひき受けできません。

教授務めになりますには、必要な専門知識が欠けておりますし、また必要とされます体力がもともと私にはありません。ですから教授職をおひき受けすることは出来ません。

残念なことですが私の生涯の仕事に取り組みはじめましたのは、とても遅くなりましたころです。私はハルツ地方のブランケンブルクにて、一八八〇年に生まれました――高齢ですから、教授職への責任には、あまり時間をとられたくないのです、今まで、私には計画や構想が残っておりますし、それだけでもとても多い執筆活動です。

私は、哲学的に執筆しました著書を、お読みになられ、そのうえ教授職までご提案なされ、感謝の申し上げようもないくらいです。

さようなら、お元気にて、今後のますますのご活躍をお祈り申し上げております。

ミュンヘン、アグネス街、五四番地
ご尊敬いたしますミッシュ教授殿！

シュペングラー　再拝

アルブレヒト・デューラー

一四七一年、ニュールンベルクにて誕生。一五二八年、同地にて死去。天才画家。『アルブレヒト・デューラー・生涯と芸術』（アーヴィン・パノフスキー著、中森、清水共訳）、『自伝と書簡』（前川訳）、『世界の名画シリーズ、デューラー画集』『アルブレヒト・デューラー』（富永訳）等々。

ヴィリバルト・ピルクハイマーへ

デューラーの傑作『ばら冠の祝祭』中に背景としてデューラー自身とニュールンベルクの人文主義者ピルクハイマーが描かれているが、この絵画を見ないことには、デューラーの有名な自画像を完全には理解できないであろう。また、当時、彼の芸術庇護者であったピルクハイマー宛てのデューラーによるこの手紙も同様である。一五〇五年末、デューラーはヴェネツイアに赴き、「ドイツ人商館」に属するドイツの商人たちから、ドイツ人のための葬儀聖堂、サン・バルトロメオに奉納される祭壇画『ばら冠の祝祭』を描くよう依頼され、およそ五月間かけて完成させた。芸術の庇護者である神聖ローマ皇帝ルドルフ二世の命令により、ヴェネツイアの神聖ローマ国大使はその『ばら冠の祝祭』を、破壊しないよう、頑丈に保管させ、それを部下の剛力によって駆け足で、アルプスを越え、ルドルフ二世のもとに届けられた、ルドルフ二世は、その絵を鑑賞して、喜色満面の笑みを浮かべた。現在、プラハの絵画博物館に所蔵されている。デューラーの数々の手紙は、その祭壇画についての解説にとどまらず——あらゆる彼の人生での大小の苦労、悩みを伝え、当時のデューラーの人間として、芸術家としての姿も描かれている。そして、故郷のニュールンベルクに帰る前に、大きなため息をした。「おおお、燦々と明るく、暖かい太陽の国をあとにして、ふるさとは何と寒く、震えあがってしまうことだろう！　ここヴェネツイアでは私は紳士、ふるさとでは居候！」

ヴェネツィア、一五〇六年二月

私がお仕えさせて戴いております高貴なお方、お元気なごようす、心からお祝い申し上げます、私も元気です。

私は最近、貴方に手紙を差し上げましたが。確かに、その手紙は貴方のお手元にあるはずですが？

その間、母上が私にお手紙を書いて下さいました、そして、私が手紙を何故、書かないのかと、お叱りをこうむりました。また、私が手紙を書かないのは、私たち家族のことなど私の眼中にないためだ、と決めつけるのです。

それで、私は手紙を書かなかったことを釈明し、とてもあとから後悔し、心痛をおぼえました。釈明することなど何ひとつありませんでした。と言いますのは、私は怠け者ですから手紙など書きませんし、家族のことなど思い出す暇などありませんでした。

私が家族のもとに着きましたなら、私は貴方にすぐ手紙を書くようにします。そして、アウグスブルクの大商人フッガー氏にお願いして、私がヴェネツイアにおいてどんな仕事をしたのか、貴方にお話しして頂くつもりです。

私は途方に暮れている男ですから、どうぞお許しください。この世で私が友達と言えますのは、貴方だけです。

私はだれも信じません。誰かが私を怒っても（作品等）、その理由を信じません。と言いますのは、私は貴方以外にはだれも信じません。父上は信じます。

私は思うのですが、貴方、ヴェネツイアに赴かれたら如何でしょうか。そこには腕の良い職人がたくさんおりますし、中には、私よりずっと背が高い職人、若者がおります、またとても親切な人々もおります。

学識があって、ラテン語が良くできて、パイプを吸いながら、立って絵画を見ている人もおりますし、たくさんの上品で、気さくな人々が私にも、誰にでも好意的で、友好的です。

嘘つきな人、品がない人、典型的な悪意を持った人、私は、そういう人々はヴェネツイアでは生きてはいけないと思うのです。

そして、人が知らなければ、その人は次のように考えるのではないのでしょうか。体を鍛える人々は、収益が高い、と。（ゴンドラの船乗り等）

私自身、彼らを笑わざるをえません。貴方が私と会ってお話ししている時、貴方のことを嘘つきで、嫌がらせを言う人だと、人は影口を言っていますが、しかしながら、貴方は嘘を言ったりはいたしません。

私は誰よりもよきお友達ですが、貴方に警告いたします。私と貴方と一緒に描かれている絵画『ばら冠の祝祭』を本物ではない、誰かが酔いに任せて描いたものだ、と人は言うのです。また私と貴方には、多くの敵がおりまして、多くの人々が私の教会での仕事『ばら冠の祝祭』をこきおろすのです。貴方がお好きで、貴方のため、だと言うのに。それに、古典古代の様式を模したものではないと言うのです。しかしながら、貴方はそれが良いとは思っておりません。ヴェネツイア派の偉大なる画家ジョヴァンニ・ベリーニは私と私の『ばら冠の祝祭』を、たくさんの貴族、上品な紳士たち共に拍手喝采し、とても褒めて下さいました。大画家ベリーニは、何か一つの私が描きました絵画を譲ってほしいと要望しておられました。そのことは、私自身にとりましては、感無量でした。またベリーニは、私に、何か描いてほしい、適切な代金を払うと言われるのです。

また、そこにおられますすべての方々は、ほどなくその完成する絵画がとても優れている、というのです、ですから私はすぐに上機嫌になりました。ベリーニは今では、年老いてはいますが、絵画の世界では一番優れた画家です。

私が熱心に描きました絵画は、私自身は気に入っておりまして、手を加えるところがありません。そして、私自身が良いとしない絵画でも、ほか人は信じません。

貴方、私が読んで知らされたことですが、当地により良い画家がたくさんおりますし、イタリア以外の外国ではヤコブ親方（ヤコポデイ・バルバリ、約一四五〇～一五一五年死去、一五〇〇年以来ニュールンベルクに滞在。デューラーとの出会いは時折りあった）。また、アントニ・コルブ（ニュールンベルクの商人、当時、ヴェネツイアに滞在）もその一人だと思います。この世でヤコブより優れた画家は存在しないと思います。ほかの画家たちは、嘲笑されるでしょう、誰かがほかの画家たちの絵画を見て、素晴らしい、と言っても、その人は絵画の前で立ち止まっているきりです。

　ところで、今日、私は、ドイツ商人の組合でありますリアルト橋の傍のドイツ商館から依頼されました『ばら冠の祝祭』の続きの下絵を描き始めました。私の手の力、技量がわずかなものですから、なかなか上手にできません。ですが、私は無理にでも制作にとりかかりました。そうしますと、私は気分が良くなり、すぐに、怒りがこみあげることがなくなり、私は穏やかに、意欲満々、制作を進めました。

　ところで、私の手、技量は私が教えても、教わろうとはしません。ですから、絵画をどう進めていいのかわかりません。

　親愛なるピルクハイマー様、お聞きしたいことがあります。ニュールンベルクで良く知られておりますプルシャフト様がお亡くなりましたどうか？　彼女は水死したのですか？　彼女の名前は絵で表現しますとこうですか、あるいはこうですか、あるいはこうですか（デューラーはこの女性のスケッチ画を描いた）、彼女は違う人だと思うのですが？

　新しいところ、ヴェネツイアにて、土曜日の夜、いまだ明るいです、一五〇六年。

　私が完成させた作品につきまして、シュテフェン・パウムガルトナー様（ニュールンベルクの貴族で、デューラーが彼の教会の祭壇画を描いた）と、ハンス・ホルシュトファー様、そしてフォルカマー氏にお伝えください。
私の唯一の友　ピルクハイマー様！

アルブレヒト・デューラー　拝

エルンスト・バルラッハ

一八七〇年ヴェーデル（ホルシュタイン地方）にて誕生。一九三八年グユストロウ（メクレンブルク地方）にて死去。
卓越した彫刻家、版画家、劇作家。業績に、劇作『死せる日』『ノアの洪水』『哀れな従兄弟』『本物のゼーデムント家の人達』『青いボル』、それぞれハンブルク劇場等で上演された。主な彫刻作品に『ハンブルク戦没者記念碑』『ロシアの物乞い女』『占星術師』『戦士』『恍惚の人』『難民』等々。大地に根ざした土着性と深い精神性。世界第二次大戦において「退廃芸術」と刻印された。二〇〇五年、日本でバルラッハ展が開催され、ほとんどの作品が展示された。多くの人々が鑑賞に訪れ、彫刻作品等の深い精神性に心を打たれた。作品の一つである『ベルゼルケル』のように憤怒している様相がこれまで濃密化されている彫刻は、後にも先にも見受けられない。ある評論家は「戦慄の創造」と、またある評論家は「神と人とを求めた芸術家」と述べている。

カール・シェフェラーへ

バルラッハは本来、彫刻家であったが、劇作家としても活躍した（劇場で演じられた劇作、『死せる日』『ノアの洪水』『哀れないとこ』『本物のゼーデムント家の人達』『青いボル』等が、一九二〇年代に演じられ、人々の話題になった）。バルラッハは精神のメカニズムを彫刻に表現しようとしたが、世界大戦中であって、迫害された。だが、バルラッハの彫刻作品はゴティク的な神秘性と称賛され、あるいは表現主義的な告白とされ有名になったが、「退廃芸術」と刻印されたときには、幽霊のソナタとも言われた。劇作『青いボル』で告白された厳しい認識がみられる。「悩みと挑戦は生成への器官である——生成は時間にとらわれることなく、自然とおこなわれる、また、その生成のあいだは、単なる馬鹿げたみせかけにすぎない」バルラッハは、世紀末からバルラッハの熱心な芸術上の戦いに理解を示していた芸術評論家カール・シェフラーに大戦後の慰みを語っている。

「貴方はこの手紙を読む必要はないと思います。せいぜい、手紙をお読みになりましても、そんなに長くお邪魔は致しません」

グュストロヴ、一九三四年五月七日

親愛なるシェフラー様！

この手紙は、私がいままで書きました手紙のなかで、特別なものです——この数ヶ月、貴方に手紙を書こうかと、何かが、促しておりました——この数ヶ月、手紙を書こうか、書き始めるかと、私は思っておりましたが、いつもできませんでした。と言いますのは、結局のところ、私が手紙に何を書いていいのか、分からなかったからです。

「ベルリン新聞」上に、私の劇作の上演につきまして、貴方は好意的なご評論をお書きになりまして、感謝の念に堪えません。貴方は劇作の上演について、もっと準備時間が少なくともよい、とお書きになりましたが、私にとりまして当時、準備時間は必要であったのです。今思いますと、準備時間などなくてもよかったかもしれません、たとえどうあろうとも、貴方の数々のご評論文を拝読しますと、ご評論の心のこもった調子、よき人格性を、私は心中から感じます。時間というものはたくさんの事柄を山のように積みます。何故ならば、善と悪との違いを判断する力がないからでして、千倍もの不必要なものがとてつもなく多くなり、人は水泳選手でしたなら、常に、もう一度浮上し、しかし、ついに水泳選手は盲目となり、耳が聞こえなくなり、水中に沈み、おぼれ死にます。

要するに、なぜこの手紙を？　それにつきましては、根拠が立っていません。私は失敗した劇作、彫刻作品を持ち歩きます、ですが翌朝には、再び元気溌剌となり、私はそれら劇作、彫刻作品を見、笑い、自身を笑います。

この機知、ウイット、あるいは悪意を、私の悪い友達であるカー氏には、何もしませんし、何も劇作、彫刻作品について話してはおりません。私、バルラッハは笑い上戸で、笑ってばかりいます。私はこの数年来、笑うことを待ちわびていたのですが。

それにはわけがあります。私の墓地の墓碑銘と少し関連があるようです――しかしながら、これらすべての冗談は、今、やめにしましょう。

ところで、それはそれとして、私の創造力は狼のように貪欲で、確実に増してきました。

そして、ザントクール氏の展覧会ですが、それは展覧会が開催されるまでのいきさつがあります。しかし、その展覧会につきましてご報告しますには、とてもたくさんありまして、一度、時間に余裕がありますれば口頭でお話しさせて戴きます。

ところで、私はベルリンの今の状況を知り尽くしてはおりません、私は、いろいろな展覧会を巡り歩きまして、疲労困憊しておりました。同じ作品群を国中、あちこち見せることは、必要がないことだと思います。しかし、ほかの人の展覧会が開催されないとしましたなら、人々は私と協力して私の彫刻・展覧会を開催しようと意欲的です。ところが不思議なことに、展覧会では、あまりよくない作品が売れ、よりよい作品は売れなくて、戻されます。

一九三四年五月四日

話はぎこちなく続きます。はかりしれないほどの時間がかかったと、私の彫刻作品の前では、貴方は考えられると思います。それらには広がりが、欠けております。

すべて依頼されました大きな彫刻作品とか劇作の依頼契約を取り消し、あるいは、グレゴリオ暦にしたがいまして、契約を伸ばしました。ですが、それに関する法律があるようです。必要なものが少ないほど、必要なものは多くなる、すなわち、劇作上演にあたって、劇作の内容が、あまりにも古臭くて、主人公達の名前も神聖なものとして崇められているのですが、官憲の弾圧に従わないものは、バカと呼ばれます。このようなバカは、私です。

私は時折、考えております。官憲の弾圧があるにもかかわらず、人は生きる限り、永遠に努力せねばなりません、と。

私はそのことを心にとめおき、力にしまして、四、五半分出来上がった数作の劇作について、さて、どうしたものかと日々、考えております。

その半分出来上がった数作の劇作は、今、戸棚の中に乱雑にしまっております。そして、その多くは優れたものとは言い難く、出来ますれば、どこか可能なところから、すなわち書き直したいと思います。

過去にほとんど使い果たした力ですが、その力を取り戻せねばなりません——。

今や、悪い冗談はやめにして、私のカテゴリー、範疇で、違った手法で多くの劇作、彫刻を創作していこうと思います。

そして、ある数夜がすぎれば、私はもはや朝を見ないで、そして時計をちらりと一瞥し、夜中の三時に家の外に出て、完成した劇作、彫刻を官憲の弾圧を逃れるため床下に埋蔵し、三時過ぎには休みます、しかし、私はいつまでたっても、こんなことをしているのでしょうか。

私はこの手紙を、いったいぜんたい郵便ポストに入れるのかどうか、私自身が知りませんので、途中で書くことをやめました、私が疑問をもたずに確かに手紙が書かれていたのに。貴方が手紙をお読みになるかどうか、私はもう疑問視しております。

私は手紙の書き手に青の信号を送りません（冗談）。しかしながら、すでに申し上げましたとおり、貴方が手紙をお読みになられる必要はありません。

私は多くのまともで、誠実な人々に、劇作、彫刻などで、私は伝言、共感、そして理解への合図を送りたいのです。一時間もありましたなら、興味深い彫刻作品、劇作品が出来るでしょう――この「一時間」では魔女がタバコをくゆらすことが出来るのですが、しかしここでは魔女はおりません――その逆です。――私に選ばせたもの、いずれにせよ、彫刻作品、劇作品が何か好ましいものか、官憲の弾圧を前にして、私は少し怖がります――しかし、人が見たいという役割を私が演ずるなら、それを前にして、私は怖がりません。

より正しく言いますと、私はかつて、官憲に怒鳴られたようにバカで、ぼんやり者であり、私が何者ではない、から始めました。と言いますのは、いったいぜんたい、私は存在しなかったためです、そういうことについては、私はもはや怖がりません。

おそらく、貴方は、私の心の中に入り込みまして、この手紙を書く動機を詮索しておられるのではと考えられます。

今日は、仕事を片付けるのに私の心は重苦しく、毎日、怒りを爆発させたがるものです、ほんとうに好意的であっても、お互いの理解がなければ、だめなのです。簡単に言いますと、人は私の仕事・彫刻作品、劇作品を買います、あるいは、私（私の彫刻作品・劇作品）は、官憲ではなく、「どこから見ても」好感が持てる、精神性豊かな、真面目で、好意的な人間と一緒に好天気の日を過ごします。

人は考えます。その人はそれ自体正しく、すべての理解者に気持ちよく接し、耳を傾け、少し遊ぶのです。

もっと悪いことは、人が、世界観が違う人、官憲から話しかけられた場合です、また、人は見込みのないことを前にして、本当に理解しようとしますが降参して、理解出来ない場合です。

私が最も好きなことは、どこか静かな片隅に身を隠し、余生を楽しく過ごすことです、ですが、いつも知らない人たちの前で、劇作を上演しなければなりません。

それではお話ししましょう。フレヒトハイムなる官憲の人物が一度、私を抱きしめようとしました。ですが、私はもちろん、彼の広げた腕をしっかりとつかまえ、彼の両腕を揺さぶり、防ぎました。

同じようなことが違った形でありますす、おせっかいにも彫刻作品、劇作の私に好意を寄せる者がおりまして、私に抱きつこうとするのです。ただ、思い切ってやっても防ぎようがないことです。

もう充分ですね——貴方がこの手紙をお読みになられる場合には、私達にとりまして、都合の良いところだけをお読み取りください。

お元気で、今後のますますのご活躍をお祈り申し上げております。

バルラッハ　拝

ヨハン・バルタザール・ノイマン

一六八七年、エガーにて誕生。一七五三年、ヴュルツブルクにて死去。

バロック建築の最も重要な建築家の一人。当時高名な建築家ヴェルシュやこれもウィーンの大建築家ルーカス・ヒルデブラントによる、よこやり、おせっかいな口出しに、閉口し、うんざりし、へとへとに疲れながらも、ヴュルツブルク司教館を見事に完成させた。作品に『ヴュルツブルク司教館』（とりわけ入口の広い見事な階段室。構造上、良くも持ち堪えられると感心する）、『バロック建築の傑作中の傑作十四聖人巡礼教会』『ゲスヴァインシュタインの聖三位一体巡礼教会』『ブルフザールの城の階段室』『ネレスハイムの修道院付属教会』『トリーアの聖パウリ教会』等々。

ヴュルツブルクの侯爵司教フリードリヒ・カール・フォン・シェーンボルンへ

ヴュルツブルクの城館の壮大な階段室の天井のフレスコ画には、十八世紀の偉大な建築家の肖像がティエポロによって描かれている、このことはノイマンに委託した建設主による壮麗な城館を完成させたことへの感謝の念を象徴している。ようやく近世になって、知られるようになった建築家ノイマンと施主、建設主との文通によって、教会侯爵司教としてのシェーンボルン家は、ヴュルツブルクの城館をある種のシェーンボルン家記念碑とみなしており、したがって、当時のもっとも優れた建築家を探し求めようとした。最初の施主であったヨハン・フィリップ・フランツ・フォン・シェーンボルンは、建築家マクシミリアン・ヴェルシュを選び、マインツの選帝侯、ロタール・フォン・シェーンボルンも同様で、おそらくノイマンは時折、助言を与える脇役であった。その後、帝国副宰相であったフィリップ・カール・フォン・シェーンボルンが、ヴュルツブルクの侯爵司教となり、彼はウィーンの偉大な建築家ヨハン・ルーカス・フォン・ヒルデブラントを選び、提案と計画・設計図の提出を求めた。

この手紙は、建築家ノイマンが、これらの高名な建築家達のよこやり、おせっかいな口出しに閉口し、うんざりし、へとへとに疲れ果てたかを物語る。だが、最終的には、城館はノイマンによって、芸術的なものとなった。内部空間の見事な連続性は、ノイマンの建築家としての才能をよく示している。

ヴュルツブルク、一七三〇年八月六日

閣下、侯の城館の建設工事につきましてご報告申し上げます。昨日、ヒルデブラント氏より、いくつかの居室にひび、亀裂が入っているとか、また自身のアイデアを記述しました書状を受け取りました。

私は、その書状をすぐに読みまして、建築現場に駆け付けました、すると、私の設計と違いまして、廊下と廊下の壁部分をアーチとしたり、また他の部分も私の意図とは違うようにせよ、とのことです。

居室のひびや亀裂についてのヒルデブラント氏の説明は、私にはよくわかりません。

廊下部分の七つのアーチと廊下の幅は、四五シューではなく、三三シュー（約九メートル）と私はしたいと存じます、としますと、中庭側のレンガを積んだ基礎部分は、これも煉瓦で積んだ地下室のヴォールト天井によって構造上、安全に保たれるものと存じます。

ですから、変更しなくともよいと存じます。城館内の宮廷付属教会の場所に問題はありませんし、付属教会の独立円柱十四番は主要階の下にくるのですし、また、独立円柱四九番は屋根の下部分に到達し、独立円柱三三、四四番は、歩哨部屋と騎士の間の下にきます。また、独立円柱三五番は、厩舎長官と宮廷元帥の間の下にきますし、それら各部屋の入り口は、閣下！候のご許可もなく、自身一人で決めてしまいました、これら設計図どおり、もとのままといたしました、またほかの基礎部分にはひび、亀裂が入りそうですので、手立てを考えております。

私は、フォン・ヒルデブラント氏はやや大げさに考えすぎであると、思います。

それにつきましては、私はすでに善後策を講じておりますし、この程度の亀裂でしたら構造的に何ら問題ないと確信しております。また、城館前の広場に向かって両翼部分の基礎部分には、すべて麻布で被覆させております。

私は、文書でのご説明も必要かと存じますが、それよりも直接拝謁をお願い致しまして、文書と口頭でお打合せさせて戴くことが最善であると思われます。ですから、十二日以内に、八月十七日か、あるいは十八日に城館の全体計画案、設計図、この一年間の工事記録、その他あらゆるお打ち合わせに必要なものを持参する所存であります。また工事の職人たちが種々の材料がなくて困っており、要求しておりますので、私は何とか調達し、十九日以内に多くの工事を進捗させたいと思っております。

私は、フォン・ヒルデブラント氏にも手紙をしたため、私の答えを伝える所存であります。

そのあいだ、城館の主要階段の間の計画案は、出来上がりました。閣下に拝謁の折、その計画案をお渡しする所存であります。

その階段の間が如何に、どのようにして粋で、洒落た感じになるのか、その形をどのようにしたらよいのか、よくよく考えまして計画案といたしました。

侯爵司教閣下に現せられまして、閣下にお気に召すことと存じます。

そして、その間、準備万端、整える所存であります。

またフォン・ヒルデブラント氏とは、今後、上手くやっていくつもりです。

ヴュルツブルク侯爵司教閣下！

ノイマン　再拝

カール・フリードリヒ・シンケル

一七八一年、ノイルッピンにて誕生。一八四一年、ベルリンにて死去。

十八世紀ドイツ新古典主義の大建築家、画家、舞台美術家でもある。アメリカの建築家フィリップ・ジョンソンは、最も影響を受けた建築家としてドイツ由来のミース・ファン・デル・ローへとシンケルをあげている。作品に『ベルリン王立劇場』『ノイヘ・ヴァッヘ、衛兵所』『ベルリン旧博物館、アルテス・ムゼウム』『フリードリヒ・ヴェルデルシェ教会』『ベルリン・グリーニケ城』『ポツダム・聖ニコライ教会』『ベルリン建築アカデミー』『ポツダムバーベルス城』『シンケルのイタリア旅行日記』、ヘルマン・プント著『建築家シンケルとベルリン——十九世紀の都市環境の造形』等々。

ブリュール伯爵、王立劇場の総監督へ

一八一七年、建築家ラングハンスの設計によって建設された王立演劇劇場（いわゆる、「トランク」、とあだ名がつけられた）が消失したのち、建築家シンケルは、その再建の委託を依頼された。後に、シンケルはバイエルン王国の皇太子に次のごとく、事細かに説明した。「どの芸術作品にも、まったく新しいエレメントが包含していなければなりません、例え、よく知られた美しい様式、古代ギリシア、ローマのドリス式、イオニア式、コリント式、トスカナ式、コンポジット式であろうとも、この新しいエレメントが無ければ、王様、建築家にとりましても、劇場の外観、内観を眺める世間の人々にとっても、ほんとうの興味をいだくことはありません」。この言は、シンケルの創造における中心的な思想であって、強い責任感でもって、ブリュール宛てに手紙をしたためた。シンケルの計画、設計が成功したことを、劇場の奉献式において、ゲーテ作の「イフィゲーニア」が演ぜられ、建築と詩が融合し、力強く、美しいものとなった。

ベルリン、一八一八年一月十五日

閣下、こちらの劇場の再建につきまして、火曜日に閣下のお考えを、私にお伝えくださり、閣下が私への信頼をよせ、私に計画、設計にさらに励め、との仰せ、感謝の念にたえません。また国王陛下のお望みに沿うよう、誠心、誠意心を込めて尽くす所存です。

閣下、劇場建築の計画、設計につきまして、次のような注目すべき点を指摘することが私の責務と考えまして、お伝えする所存でありますが、閣下、どうぞご考慮あそばすようお願い申し上げます。

まず第一点は：閣下、建築研究者としてお聞きください、プロイセン帝国の首都に立つ劇場建設の課題の重要性と建築の大きさ、範囲につきまして、事細かにご説明させていただきます。これほど莫大な費用がかかる建物をすべて完成させ、外観、内観とも完全に調和した趣味高尚な美しい芸術作品を作ろうという私達の考え方があまりにも早急でないとせよ、この劇場は公共建物でありますので、ドイツ国民のみならず外国人たちからも、判断・批判の目にさらされましょう。このことは日常的なことですが、私達が注意すべきところです。

このような重要な建物の計画、設計による表面的な、浅はかな建設は、たとえ当局から建設認可が早急にされようとも、今までの場合では、建築基準法にしたがった設計図にもかかわらず、浅はかな建築工事がすすめられて、不幸な結果となり、建物自体が、破壊した例がありました。

閣下、私が、設計しました劇場を完全に建設工事することとの重要性をお話し申し上げたことなのです。大変失礼いたしました。

つまり、計画、設計します劇場を完全に着工・建設工事するには、相応の時間とあらゆる手立て、苦労、奮闘努力が必要です。

この劇場建設工事を完全にするには、ですから、我々がすべきことを一歩、一歩前進させ、絶対に必要だと思ったなら、注意すべき点どおり、遅らせることなく、むしろ確実に迅速に働くのです。そうしましたなら、閣下、前進のための下準備作業をし、数ヶ月間、昼と夜を徹して、劇場建設完成に向けて働けば、その結果は、閣下、枢密顧問官殿、本質的には、すべてもう完成しております。

この劇場建設工事への前進への第一歩は次の如くです。

国王陛下は、次のごとく要請されました。決定されたいろいろな規定（王立建築物への特定建築基準法）を、文面にしてお渡しするように、そうした規定をすべて探し出し、十分考慮すること、その後、劇場建設の工事人の数は、そのままで、変更を加えることはしないこと、働く人の人数を変える必要があれば、すぐさま、承認が必要なこと。

また、これらの規定は、おそらく、次のとおりであろう。

第一に、建設されるべき建物としての劇場は、都市を華々しく飾る大花でありますが、その場合、贅沢ではなく、デラックスにでもなく建てること。だが現在立っている煉瓦造の建物部分はいろいろな変更を加えることもよいこと。また、大部分の煉瓦を、劇場を取り囲む塀として使ってもよいこと。

ここで注意すべきことは、建物の美は、以前につけられた装飾にあるのではなく、建て替えるべき土地において、劇場の計画、設計の段階で、如何に劇場の部分を配分し、如何に劇場の敷地において、配置するかどうかの関係を選択することです。そうしましてプロフィーレ（側面像）とファサード（正面）との関係をやっと決められるのです。ですから、劇場の敷地内での劇場の位置、周りの塀等々の計画と劇場自体の設計は、規則正しく、美的に秩序された全体計画なのです。しかしながら、不可欠なことは、建物の性格については、世間の人々が劇場の外観について、判断し、称賛したり、あるいは批判をするのです。そうしたことを充分に考慮しつつ、劇場を周りの塀、植栽計画、劇場の全体計画、設計、それに日程に合わせた入念・綿密な建設工事を進めるのです。

また、注目すべきことは、平らな屋根（現代では、ほとんどの中、高層ビルはそうなっています。のみでは、建物の美は得られない、ということです。人々は平らな屋根で、建築美は得られると思いがちです。そうした平らな屋根の古い建物の主たる間違いを探しますと、煉瓦工のレンガの配置の不適切性と防水工事に欠陥があったのです。いま立っている煉瓦造の建物には雨漏りを防ぐための根本的な変更、防水工事・対策が必要です。

第二に、必要と思われます約一八〇〇人の聴衆、観衆を中に入れる劇場が、果たして、存続できうるかどうかの問題です。ここでは、ギャラリー、劇場のボックス席の前のバルコニー等々も含まれますが、こうしたことは、建築家に任せるべきであろうと思われます。

また、無論のこと、聴衆、観衆が、良く聞こえるか、つまり音響効果が十二分であるかそして、どの観客席からも良く見えるか、このような条件に適合しつつ、劇場の内部空間が、美しい形の空間となっておりますか、どうか。また、火災時の、観客・聴衆の避難経路が、きちんと確保されているかどうか。

第三に、新しい劇場では、いわゆるスペクタクルな作品が演ぜられますが、オペラ劇場のための、めったにお目に掛かれない、危険な機械（古代ギリシア、ローマで流行した、テオス・アポ・メカネス、機械仕掛けの神が予言等をする、シンケルのころでは、演者か）が必要であるべきか。その場合、プロセニアム（客席との境界にあたる舞台の部分）を拡張し、単純かつ、美しい設備を、幅約六三フスにしますと、通常のオペラ作品であれば上演可能です。第四に、コンサート・ホール（演奏劇場）と祝典が開催される場合、飲食のための広間が要求されておりますが、この劇場内に設置することができるか、どうか。

第五に、国王陛下がお座りになられるボックス席に行く専用の入り口、階段、上演の休憩時間でのお茶の間等が要求されているか、どうか。

第六に、できるかぎり、火災に強い構造の劇場、（火災報知器の設置）、そして、火災時に観衆、聴衆にとって、避難経路、非常口、非常階段の確保が必要であります。と言いますのは、ロンドン、パリ、そして大変多くのイタリアの都市の劇場自体が損害を被っております。

国王陛下、これらの規定を、私が確かに受け取りました。国王陛下、ですので、私に安全対策をこうじた劇場建設のプロジェクトに対し、あらゆる詳細図面作成の仕事をする委託業務をお与え下されば、私は無上の喜びとなす所存であります。また、また、これまで私が計画、設計しましたあらゆる建築物を厳格に観察・精査し、調査し、後ほどご報告いたします。また、このたびの劇場建設工事の総監督であることの、委託もお与えください、よろしくおとりはからいください。

計画、設計料率の計算、また、支払いは、私にはいろいろな仕事がありますから、いずれにせよ、いまのところは、なにとぞご容赦ください。

なお、後々における支払い条件は、上記しましたとおりの私の計画、設計の完成時の支払い、そして、私が指名しました建設工事に携わる建設の親方、土工への支払い、それに建設材料費、総監督に見合った費用。

私は、あまりにもしばしば、誤解、あるいはもっと悪いことは、私の今の劇場計画設計のアイデアと他の計画、設計のアイデアと混同してしまうことを残念ながら経験しました。こうしたことには、私に責任があります。これからの素晴らしく、美しい劇場が完成するとの期待が打ち砕かれてしまうのです、そして、私には何年も、仕事にめぐまれなかったのです。

当局の方々、注目していただきたいことは、私にこの劇場建設の委託が当局によって承認されますれば、計画、設計の仕事を加速させ、私の助手としまして、（と言いますのは、他の建築の仕事をほっぽりだすことにはいきませんから）若い建設の親方を製図者として雇っていただくようお願い申し上げます。

劇場建設のための基金からは通常のもの、今日では一ターラー金貨と十二グロシェンの食事費を毎日、戴いております。

閣下、上記しましたお願いを満たすよう、どうぞよろしくお願い申し上げます。閣下、これらが正当だとご判断くだされば、劇場建設は上手くいくことと存じます。また、また最後に注目すべき事柄を申し上げますと、私の名誉が許しませんが、他の仕事を下さるよう、お願い申し上げます。

このような方法で、私達、建設工事に関わる者たちは一緒に、美しく、力強い劇場が完成すると思いますし、我々は、現世と後世にわたりまして楽しく、喜びに満たされることでしょう。

ブリュール伯爵閣下

シンケル　再拝

アンドレアス・シュリューター

一六六〇年、ダンチヒにて誕生。一七一四年、サンクト・ペテルブルクにて死去。

悲劇の十八世紀バロックの大建築家の一人。

王子ルートヴィヒ侯爵へ

ドレスデンのツヴィンガー王宮の天才的建築家マッティウス・ペッペルマン（一六六二年、ヘルフォードにて誕生。一七三六年、ドレスデンにて死去）には、とてもわずかで、冷淡、無関心の手紙の内容で、そうした手紙はわずかだが残っている。
さて、ベルリンの建築家、彫刻家として、今日に至るまで、シュリューターがダンチヒか、あるいはハンブルクで誕生したのかは、知られていない。シュリューターの作品については、手紙の内容からも、一言も触れてない。ベルリン市の建設局局長として、王宮の増築工事を設計、指揮していた。仕事について文書目録において、わずかだが残されている。設計した王宮の完成がまじかに迫った時、いわゆるミュンツ塔を含む一部が崩壊した。その事件はシュリューターの苦痛の訴えの手紙は、死ぬほど襲った、恐ろしかった芸術家の心を物語り、証明する。「建物は崩壊しましたが、より良い建物ができることでしょう」。実際には、崩壊したままで、名声高きプロイセン王の命令により、別荘の一翼の延長工事の設計、工事指揮をまかされた。
それから、宮殿の豪華な大広間、祝祭大広間、またミュンツ塔（今日では庭園のオルガン仕掛けとして使われている）、そしてミュンツ塔の上に鐘楼を立てた。建設地がもともと湿地帯であることなどを、充分調査し、支柱でしっかりと固定し、保護被覆などを施したが、鐘楼等は立ち耐えられなかった。鐘楼等には割れ目が生じ、地中に沈み始め、急いで馬、牛それに人力で崩壊を防ごうとした。シュリューターは心に痛みを覚えた、そして、スウェーデンのエオサンダー王に職を求めたが、断られた。その後、ロシアの大ピョートル皇帝に職を求めた。そしてサンクト・ペテルブルクの都市計画の職を得たが、シュリューターのドイツ気質が気に入らないとされ、職を解かれた。

高貴なる男爵閣下！

ベルリン、一七〇六年六月二九日

ご慈悲ある御方。

私は最近の郵便にて、閣下宛てに、確かに、ある設計図をお送りさせて戴きました。その図面を御覧になられまして、お解りのことと存じますが、将来、塔は王様閣下にお気に入りのよう建てるよう指揮したつもりです。ここでトラブルが発生することは、私は簡単に考えられませんが、こうした場合、私は暗澹たる気分に陥りました、私の血筋によって気分を高揚させますが、めずらしくも私の両手は震え、同じ線さえ引くことができないのです。そして、このことが起こってから、少し待って、塔の上部から、私の命で、年老いた煉瓦職人が煉瓦を差し込んでは煉瓦を取り去るのです、次の日も夜も働かせ、見ますと、出来上がっているではありませんか、大量な煉瓦を含めまして、これから設計しようと思わなかったにもかかわらずです。ですから実際には出来上がってはいませんでした。

そして、このような塔の建設に設計、指揮におきましてチアグリン（革のような地模様のある衣服）を身に着けまして、ほとんど耐えられないような不安と配慮、努力でこの仕事を続けたのです。当局に、百通もの手紙が差しだされていると思われます、それらの手紙の内容はすべて、建物につきまして崩壊寸前のようで私の責任だというのです。私の良心にかけましていうのですが、いまだきちんとした基礎部分が出来上がっていないにもかかわらず。人々は建築家シュリューターをはなから信頼していないのです。

閣下、ですが、ぜひとも私の芸術庇護者としましてあり続けて下さるようお願いいたします。閣下のご期待に沿えるよう、多くの建物、彫刻に奮闘努力するつもりです、あの塔を、いい加減なことをして、だいなしにしましたが、責任をとらせて戴く所存であります。

そして、王宮にて働きつづけることができますよう伏してお願い申し上げます。王陛下はご慈悲深くも、あのような事故にも拘わらず、私に辞職をさせないと言われ、王陛下は、私があの建物をもとどおりに、復元するならば、あの時の損害はそれほど増えないと、仰せられておられます。

私は大きな力をもっておりますので、閣下、あの数々の小部屋の復元、修理から始めたく存じます。

そして、王陛下より大きな拍手を頂戴する所存であります。

閣下におかれましては、私には、考えつくあらゆることに、責務があります。下僕といたしまして、御礼いたします。そして私はそのことを死ぬまで忘れません。

ルートヴィヒ王子侯爵閣下！

A・シュリューター　再拝

4

音楽家

ヨハン・セバスティアン・バッハ

一六八五年、アイゼナハにて誕生。一七五〇年、ライプツィヒにて死去。

ダンツイッヒ在住のゲオルグ・エルドマンへ

作曲家ヘンデルの場合と同じように、わずかしか残されていないバッハの手紙からでは、バッハの類のない人物像はよくわからない。

フリードリヒ大王宛ての献辞の手紙において、バッハは、大王に依頼された「音楽の捧げもの」を、フーガを主題として作曲した。その後、宮廷では深い静寂の中、バッハと大王はよろこびつつ自身のフルート演奏で伴奏し、優雅に、さわやかに音楽が響きわたっていた。

また、この手紙においては、バロック様式のアロンジュ（十七、十八世紀の長い巻き毛からなる男性用かつら）が流行していたこと、また面倒見がよい父親バッハのもと幸福な家庭生活にあって、子供達がいろいろ活発に活動していることが読み取れよう。また、つらい時もあろうが、バッハが聖トーマス教会学校のカントル（教師、合唱隊長兼オルガニスト）としての気高い崇高な姿がうかがわれよう。

ライプツィヒ、一七三〇年十月二八日

閣下殿

私が自由を得たことに対し、貴方がやや不快な思いをさせられたのではないかと、閣下、この老いた忠実な下僕をどうぞお許しください。

もはや四年の歳月がながれさっております、その時、エルドマン閣下は、私が貴方に対し過去にしましたことに、優しいお答えを下さいまして、私はとてもうれしく思いました。私の運命につきまして、貴方はとても愛情深く、少し説明して欲しいと言われましたから、私は恭しくもご説明申し上げます。

青春時代から、私の運命につきまして、貴方は最も良くご理解されておりました。それも声変わりするまで。その後、楽長・指揮者として、ケーテンにあります学校に招かれました。

私達と同じように、音楽好きで、博識な侯爵達がおりましたが、そのなかのあるひとりの慈悲深い侯爵が、私の人生を決定づけることとなるように思われました。

ところで、ベーレンブルクの皇太子妃が、上述の侯爵と結婚しました。

その時、以前申し上げました侯爵達が頭の中でひらめいたのか、結婚記念として、皆と二人が気分爽快になるような合唱曲を作曲できるかどうか、私に尋ねました。新婦、侯爵とも、とても音楽好きのように思われたからです。

また、侯爵たちは、驚くことに、当地の音楽監督と聖トーマス教会附属学校、カントルの職に就かないかと、熱心に、私に問いただしました。

一介の合唱団の指揮者が、カントルに指名されることにつきましては、始めは、私にとりまして重荷になりそうで躊躇しましたが、三ヶ月間ほど、それに向けて訓練しまして、私は承諾書を提出しました。私にとりまして、その職と地位を得ましたことは、まことに好都合でありました。私の息子たちは勉強に熱中しているようですし、また、私は名声を得まして、ライプツィヒにおもむき、その地でリハーサルをしました。その場合、声変わりをしました少年たちの合唱の指揮をすることを思いつきました。ここまでは私自身、神に誓いまして、相違ありません。

ところが、(一) このカントルの職務が決して話に聞いたほど、満足がゆくものではないことがわかりました。(二) この地位に付随する多くの臨時収入が召し上げとなり、そのうえ (三) 当地の甚だしい物価高に加えまして、(四) 当局の態度も不可解で、音楽に対する理解と敬意に乏しいことから、私はほとんどたえざる不快、嫉妬、迫害の中で、生きていかねばならないこととなりまして、このままでは、至高者のお助けによりまして、自分の幸運を、どこかほかの土地に求めるほか余儀なくされまいか、と案じております。

閣下、エルドマン殿、老いた忠実な下僕であります私は、その地におきまして、私にとりまして適切な地位をお知りになられるとか、あるいは捜して戴けないでしょうか。その場合には、御推薦をして戴けませんでしょうか。こうしたご相談をお引き受け下されば、私は幸いに存じます。

私の今の地位では、およそ七〇〇ターラーの収入があります。また、カントルの職務に叙任され、百ターラー以上の臨時収入が得られましたが、それでも借金をせざるをえません。テューリンゲン地方では、四〇〇ターラーの収入でなんとかやっていけますが、当地では、食料品をはじめとしまして物価高のため、もう数百ターラーが必要となります。

ここで、私の家庭の事情を、少しだけお話しさせていただきます。

私は二回結婚しました。最初の妻は病気と言いましても、精神に異常をきたしたようで、死去してしまいました。この結婚生活で、三人の息子と一人の娘を得ました。子供たちは今も元気で暮らしております。エルドマン閣下、貴方は私の子供たちをワイマールにおいて、お会いされましたご記憶があると思いますが？

また二回目の結婚で、一人の息子と二人の娘を得ました。いまだ存命中です。

長男は法律の勉強をしております。次男、三男はそれぞれ八学年生、二学年生となりまして、それぞれギムナジウム（大学進学を前提とした中・高一貫学校）に通っております。二回目の結婚で生まれました子供たちはいまだ小さく、男の子はようやく六歳になったばかりです。

全体的に言いますと、子供たちは皆、音楽的素養、センスをそなえているように思われます。はやくも家族一同、歌ったり、楽器を演奏したり、現在の妻はきれいなソプラノで歌います。家庭でのコンサートを催し得るほどになったと言えましょう。長女も演奏に加わりまして、そう下手ではないようです。

思わず家庭の事情につきまして、書いてしまいまして、失礼いたしました。

エルドマン閣下、これ以上煩わすことがないよう、お手紙を書くことをここで、やめにしたく存じます。

閣下を尊敬しつつ、人生長くお元気で生き続けてください。

エルドマン閣下！

ヨハン・セバスティアン・バッハ　再拝

（訳者注釈）バッハの作品のうちでいちばん多いのは教会カンタータである。その総数は四〇〇に近い。バッハはカンタータを毎週の日曜日と、祭日のために作曲した。当時の重要な宗教音楽で、オラトリオも作曲した。『クリスマス・オラトリオ』はその代表作である。オラトリオに一変種の受難曲『マタイ受難曲』、『ヨハネ受難曲』の二大傑作を残している。フーガが、その技術の精髄を体現している曲である。また『主よ、人の望みの喜びよ』は『世界愛唱名曲アルバム』に取り入れられ、広く知られている。

ヨーゼフ・ハイドン

一七三二年、ローラウにて誕生。一八〇九年、ウィーンにて死去。

糧食管理官ロートへ

モーツァルトの「ドン・ジョヴァンニ」の成功後、プラハの音楽愛好家である糧食主任管理官ロートが、ハイドンにオペラの作品を依頼した。それに対するハイドンの返事が以下の手紙である。

一七八七年十二月

貴方は、私にオペラ『ブッファ』を作曲するようご依頼されました。貴方がお好きなら、貴方ご自身のために、私は喜んで作曲をいたします。

しかしながら、貴方が、そのオペラをプラハの劇場において上演させるおつもりであれば、貴方のご期待に応えられません。と言いますのは、すべての私のオペラは、ハンガリーのエステルハージ侯の宮廷の人達の所有でありますし、また、そのプラハという場所を考慮にいれますと、あまり効果が期待できないのではないでしょうか？

もしよろしければ、私は喜んで、ここの劇場に適した新しい台本を書き、作曲をしたいと存じます。しかし、そうした場合には、偉大なるモーツァルトではなく、ほかの誰かを私の助手として、台本を書く手伝いが必要であると思いますが、探すのに難しいのではないかと思います。

また、いずれの音楽家、とりわけ、モーツァルトの仕事を真似しない偉大な音楽家、私が思いますには深く、音楽を理解し、繊細な感覚で人々の心に刻み、響く人、私はそういう人が存在し得ると思います。

この都市壁の中に宝物（名のある作曲家）が存在しますが、いろいろな国々は競って招こうとしているではありませんか。

プラハは、こうした大切な人物を大切にするべきです――そして、何らかの形で報いるべきです。報いることがなければ、この偉大な天才の生涯は、悲しむべき歴史として残され、あれほど努力したにもかかわらず、後世におきましてあまり褒め称えられることはないでしょう。ですから、希望に満ち、有望な多くの精神は放棄されたままなのです。

私が腹立たしいのは、この唯一のモーツァルトが皇帝陛下の宮廷音楽作曲家、あるいは、王様の宮廷音楽作曲家として、何故にお仕えできないのか、ということです。

話が脱線しましたことを、どうぞお許しください。

親愛なる糧食主任監督官ロート殿！

ハイドン　再拝

哲学者ニーチェが『人間的な、あまりに人間的なもの』の中で、ハイドンにつき「天才が善良なだけの人間と結びつきうる限りで、ハイドンは天才をもっていた。彼は徳性が叡知に対して一線を画し、その限界までゆく。彼は何の過去を持たない音楽のみを書いた」と言っている。ハイドンの作品表を見ると交響曲と弦楽四重奏曲がいちばん多く見出される。ハイドンによって代表される新しい様式では、ロンド形式であったり、あるいはリード形式であったりする。そして、ポリフォニー様式。このような小ロンド形式は、しばしば小品に現われる。『ソナタ形式』はさらに一段と複雑で、人間的な感じをとらえるに適したダイナミックな構造をもっている。作品に『アンブロブチュ』『ノヴェレット』『バルカロール』『ノクターン』『ローマンス』等々。

ゲオルグ・フリードリヒ・ヘンデル

一六八五年、ドイツ、ハレにて誕生。一七五九年、ロンドンにて死去。

ミヒャエル・ディートリヒ・ミヒャエルセンへ

ヘンデルの年老いた母親の埋葬の際、牧師はその母とその子息の思い出話しを語った。「私は、今ここに、大ブリタニエン国の王陛下のみならず、いろいろな帝国、国々の皇帝、王、宰相たちによって、慈悲深くも賞賛、尊重されておられる息子殿の名は、祖国に栄誉をもたらし、このドイツの科学の博識者のすべては、彼を称賛しております」。おそらく、大ブリタニエン国の王陛下が、この音楽の天才が、あまりにもはやく母語であるドイツ語を話すことができなくなってしまったことの、きっかけとなった。そして、ヘンデルの息子のフリーデマンによる招きでライプツィヒに向かったが、その後、ヘンデルは数日間、ハレの母親のもとで過ごした後、イタリアを経てイギリスに帰った。だが、イギリス王陛下は、一七二九年、バッハとヘンデルとが出会うことを、こころよく思わなかった。

いずれにせよ、ヘンデルは母国語をつかう機会を逸した。そしてヘンデルのこの手紙は、義理の兄への愛の記念碑というよりも、たった一通、保存されたドイツ語による手紙として貴重である。

ロンドン、一七三一年二月十二／二三日

ご尊敬する、名誉ある叔父様

お手紙を一月六日に確かに拝受いたしました。拝読しますと、たくさんの悩み事が、目に見えるようです、母上様にふさわしく、貴方のご努力によりまして、ご葬儀が無事、とどこおりなく執り行われました。

私の心は空しく、揺さぶられ、涙をこらえることができませんでした。

ですが、母上様は、最も高貴な方、キリスト様と聖母マリア様に気に入られたのです、キリスト的な平静さと、聖なる意志をもちまして、私をひれ伏せさせたのです。

貴方への追憶は、私にとりまして決して消え去ることがないと思います。

私達は、あの世では、お互いの心がしっかりと結ばれることでしょう。その根拠は、心優しい神様が慈悲深くもそのように私達に促すからです。

いろいろな借金につきましては、とても尊敬する兄上が、つねに忠実に、綿密丁寧に、私が心から愛しておりますす母上の面倒をみていただきまして、そのために借金をせざるをえなかったと思われます、面倒をみていただいた兄上に感謝の念をこめて、私がその借金をお返しすることを誓います。

私が最近、尊敬する兄上に手紙を書きましたが、十二月二八日付けのご返事をいただきました。その中に、宮廷顧問官フランクと尊敬する従兄弟ディアコヌス・タウストも、私の手紙を受け取った、とあります。

では、お待ちになられております宮廷顧問官殿へのご返事を、お金がそれ以上かからないように、メモを添えまして、カルメン妃のご遺体のデスマクと、賞賛する文の写しも添えてお送りください。

最近、お亡くなりになられましたカルメン妃は素晴らしい方で、私と大変縁深く、とても大切な思い出としまして、生涯、私の心に残ることでしょう。

なお、貴方は、貴方の義理の兄上様がお亡くなりになりましたと、私にお知らせくださいました。お亡くなりになったのは大きな損失だと思いになられてのことと思います。貴方、尊敬する兄上様と最愛のご令室には、心からのお悔やみを申し上げます。

私はとりわけ、キリスト的な平静さをもちまして信心を深めました。

私達すべての者に、最高の慰みをもたらす希望を与えられるよう、また、私の尊敬する兄上とその愛らしき家族を守りたもうことをお祈り申し上げます。兄上たちにも宜しくお伝えください。

名誉ある叔父様！

ゲオルグ・フリードリヒ・ヘンデル　再拝

イタリアで成功した後、イギリスで活躍し、帰化した。ハレ大学に学ぶ。イタリアの作曲家テレマンとの交友が生涯続いた。バッハに教会音楽が多いのに対し、ヘンデルにはオペラ、オラトリオ等、劇場用の音楽が多い。代表作にオラトリオ『メサイア』、オペラ『クセルクセス王』、とりわけその中のオンブラマイフ（懐かしい木陰よ）、管弦楽組曲『水上の音楽』『王宮の花火の音楽』、オラトリオ『エジプトのイスラエル人』等々。バッハが貧しい生活であったのに対し、ヘンデルは比較的充実した豊かな生活をおくった。

ルートヴィヒ・ヴァン・ベートーヴェン

一七七〇年、ボンにて誕生。一八二七年、ウィーンにて死去。

不滅の恋人へ

手文庫の秘密の引き出しに、彼の死後、この三通の鉛筆で書かれた日付けのない手紙が、見つかった。その謎は、百年以上にもわたり研究されたが、今日まで解明されていない。不滅の恋人への手紙が、一八〇一年に書かれたものだとするとジュリエッタ伯爵夫人宛てかもしれない。また、その手紙が一八〇七年に書かれたものだとすると若いテレーゼ・ブルンスウィク伯爵夫人宛てかもしれない。その手紙の日付けを、チェコの温泉保養地テプリッツにて、一八一二年七月六日とすれば、昔からの主張どおり、ベルリンのソプラノ歌手マグダレーナ・ウィルマン宛てかもしれない――だが、新たな研究によると、手紙を書いたのが一八一二年で、宛先の女性は、テレーゼ伯爵夫人の一番年下の妹ヨゼフィーネ・フォン・シュタケルベルクであるとされている。

ベートーヴェンのいろいろな意味に解釈できる手紙を、あえて読むこととする。

七月六日朝

第一の手紙：

私の天使、私のすべて、私の私。今日はたったいくつかの言葉を、それも鉛筆で——（貴女の鉛筆で）神の恩恵によりまして、私の住まいで暇つぶしに朝までかかり書きました——何故、心をむしばむような深い悲しみを感じるのでしょうか、どこで、誰が、貴女が必要であると、おしゃべりしていることでしょうか——。

私達の愛は、音楽等を犠牲にしてでも、成り立つことが可能なのでしょうか。貴女が完全に私のものであること、そして、私が完全に貴女のものであることを、貴女には変えることはできますまい——。

ああ、神様は美しい自然を御覧になられ、貴女の心をも安らかに、優しくされておられます——。

愛というものは、すべてを求め、望みます。このことはまったく正しいことです。つまり、私は貴方と共に暮らし、貴女も私と共に暮らすのです。私達が完全な合意のもと、私は私のために、そして貴女のために共に暮らせねばならないことを、貴女は忘れがちなのです。貴女がそのことを忘れがちであることを、私と同じように、貴女も苦痛に感じられているに相違ありますまい——私の旅は、ひどいものでした、馬が不足していたものですから、注文した馬車ではなく、郵便馬車に乗り、違うルートをたどりました。

停車場では、ある男が、夜中に、森のなかを馬車に乗ることは危険だと忠告してくれるのです。しかしながら、夜中、森のなかで馬車に乗り、走らせることは快適だと思いましたが、そうではないことがわかりました。とてもひどい道で、穴凹が数ヶ所ありまして、馬車の車の輪がきしみはじめるのです。道がぬかるみ、帝国道路でさえそのような道なのですよ。あきれてものもいえません。もしも私が乗っていた駅馬車に御者がおりませんでしたら、途中でうずくまっていたのかもしれません――ハンガリーのエステルハージ侯は、違ったふつうの道を八頭立ての馬車で、車の輪がきしみつつ、走り去りました。私は、四頭立ての馬車で。――しかしながら、いつものように幸せで、飛び上がらんばかりに、私は再び喜びにあふれてきました。――すぐさま、心と服装を整えて、私達は、すぐに再会をはたすのです。この数日、私の身におこりました事柄につきましては、私は貴女にお伝えすることができません――私達の心がお互いに、密接になりましたなら、私はすこしのあいだ、貴女にたくさんのお話しをしようとします、胸にいっぱいこみあげてくるものがあります。ああ―言葉とは何の意味がないことを、私が気が付く時があるのですね。

――貴女、明るく、お元気なお顔をお見せください、私の貴女は、唯一の宝物です、私のすべてです、私は貴女のすべてです。ところで、私達が共に暮らせねばならない、共に暮らすべきだと、神々は天使をお使わせ、そう言いました。

貴女の忠実なルートヴィヒ

第二の手紙

七月六日、月曜日夕方

貴女は、ご自身を悩み苦しめ、また私という大切な人間の心を悩ませ、苦しめております。たった今、早朝、お手紙を郵便ポストに投函せねばならないことに、私は気が付きました。月曜日か木曜日、その頃、手紙は郵便でここからK（チェコの温泉保養地カールスバート？）につくことと思われます——貴女は苦しんでおられます——ああ、私はいずこにおられるのでしょうか、貴女は、私と共に暮らしているのではないでしょうか、私と貴女共に暮らすことができることを、二人で話しあい、お約束をしましたね。なんという素晴らしい生活でしょうか！！！

そうです！！！　貴女がいなくては——世間のあちらこちらにおります人達の善行にしたがいまして、私も善行を積みます——善行を積みますが、貴女を思い出し、もっともっと善行を積みたいと思うのです——人々のお互いどうしの謙遜は、私を苦しめます。

世界的な視点から私自身を観察しますと、私は、いったい何者なのでしょう？

——それは人が神聖であるからです——貴女が、おそらく日曜日の夕方、私の手紙をお受け取りになられることでしょうが、そのことを考えますと、私は泣きたくなります——如何に貴女も、私を愛していることか——私は貴女を、もっともっと強く愛しているのですよ——貴女は、私から逃げだそうとは絶対にしません、そうですね？

お休みなさい——私は今、お風呂に入っておりますが、その後、寝室に寝に行きます——ああ、神様――私の胸の中では、貴女はこんなに近くにおられますのに！　何故、そんなに遠くにおられますことか！　私達の愛は、本当の天国の住まいにあるのではないのでしょうか？――また、天国の要塞のごとく堅固でもあるのです。

おはよう、七月七日

第三の手紙

ベッドで休んでいました時からずっと、貴女という不滅の恋人のこと、ここかしこに喜びにあふれ、それから再び悲しみにくれ、運命とは何か、と考えております。神様は、私達のお願いを聞き届けてくれましょうか？――つまり、私は、本当に貴方と暮らすことができるのか、あるいは、そうではないのかと。私は貴女の両腕に飛び込むことができますまで、そう、私は遠くで、とても長い時間、思い悩んでおります。貴女への私の心は、精神病の帝国に存在し、やがて、美しい精神の帝国に送ることができます――そう、そうしなければなりません――貴女はご自身への忠実さを認識されておられますから、貴女はしっかりとご自分のお気持ちを平静に、安らかにお保ちください。他の女性が私の心をつかむことは、いっさいありません、一度たりとも――二度たりとも――ああ、神様、愛しているにもかかわらず、何故に引き離さねばならないのでしょうか、そして私のV（ウィーン？）での暮らしは、今と同じように深い悲しみに満ちた暮らしぶりです――貴女の私への愛は、私を最も幸せにさせてくれますし、同時に、私を最も不幸にさせます、この数年と今では、暮らしにおきまして確実に単調さが必要なのです——暮らしにおけます単調さは、私達の関係におきましては必要ではありませんね？——天使様！　郵便馬車が、毎日出発することを、たった今、知りました——貴女が、私の手紙をすぐにお受け取りできますよう、私がお手紙をしたためることを、そろそろ終わりにしましょう——平穏無事でいらっしゃってください。平穏無事であることこそ、私達が共に暮らすという目的を達成することができるのです——平穏無事でいてください、私を愛してくださいよ——今日も——昨日も——貴女への憧れは、涙をもよおします——貴女へのあこがれ——貴女への憧れ——私の人生——私のすべて——お元気でお過ごしください！　おお、私を愛し続けて下さい——貴女の誠実、忠実な心を、私は誤って判断することは絶対にありません。

愛する貴女

L

永遠に貴女のもの
永遠に私のもの
永遠に私達のもの（恋）

カール・アメンダへ

「私は手紙をしたためるより、千もの楽譜を書くほうがずっと好きだ」、とベートーヴェンは嘆いた。「頭の中には、しばしば答えがある。だが、書こうとすると、翼ある羽ペンがなくなってしまう、何故ならば、書く感じがないからだ」。それ故、ベートーヴェンは、ほとんど、まったく親しい友達にしか手紙を書かなかった。ロブコヴィッツ侯爵の詩の朗読者としてウィーンに訪来し、またヴァイオリンの奏者であったバーデン出身の学識あるカール・アメンダ（一七七一年―一八三六年）は、後に、ベートーヴェンの友人となり、助言者となり、時折り出会ったり、文通したが、この手紙はそのひとつである。カール・アメンダが故郷に帰るとき、ベートーヴェンは、作曲、『弦楽四重奏曲ヘ長調 作品十八―一』の最初の稿をカール・アメンダへ贈呈した。

親愛なるアメンダ、僕の心の友よ！

心から感動し、苦しみと楽しみとがないまぜになった気分で、君の最近のお手紙を拝読いたしました。

如何なるものをもって、僕への君の忠実さ、信奉者と比較しえることができましょうか？　おお、君が僕にいつも、とても良くしてくれ、親切であったことは、美しく、楽しいことです、そう、とりわけ君の助言によって、僕が真価を発揮するようなったことを、僕は知っております。君は、ウィーンの友のみではなく、僕の祖国の大地から生まれ出た英雄の一人なのです。

如何に僕が君のそばで暮らすことを、夢見たことでしょう。何故ならば、君のベートーヴェンは、耳を患い、不幸な状態で暮らしているのです。自然と創造者との戦いです。

もう何度も、その戦いから逃げまして、僕の作曲は偶然にゆだねられ、その結果は、最も美しい花（名曲）が絶滅され、へし折られてしまうのです。

僕の最も大切な身体の部分、聴覚、聴力が減退しました。もうすでに当時、君と僕が出合い、そして、僕はそのことを黙っておりました。聴力が再び、回復することができるかどうか、僕はだんだん、不安になってきました。僕は下半身の状態に起因するものと思い、そのうち、治るものと考えていました。

僕の聴覚、聴力につきましては、今では、回復した、と達観することとします。また、聴覚、聴力がより良くなるか、僕はそれを期待していますが、しかし、それは難しいことでしょう。このような病気は、不治の病のようです。

すべて、僕にとって愛しく、大切な人生を、如何に悲しみにくれて歩まねばならないことか！そして、心が貧しく、自己中心的な人々のもとに仕えることには我慢できません。

いろいろな人達の中で、最も誠実な人は、リヒノヴスキー侯爵であると、僕は思います。

彼は昨年から、僕に六〇〇フローリンの年金を支払ってくだされております。

僕の数々の作曲の楽譜が売れ行きが良いので、食料、飲み物等々を買うことができ、生活にこまりません。例えば、僕がたくさん楽譜を書けば、ふだんより五倍の値段で売れます、それもおまけ付きで買って下さるのです。——僕は、今まで多くの時間をかけて、君への手紙をしたためてきました。君が楽器店で、ピアノを注文されたことを、僕はひとづてに聞きました。ですから、こっそりと、内緒に、君にそう高くない、安い値段の楽器店をお教えいたします。

今、僕の気分が晴れやかになるように、ある人が僕のところに訪ねてきました、会って雑談するとお互い楽しくなります、友情を確かめ合うのです。彼は、僕の青春時代からの友人の一人です。

僕は、その友人に君のことをしばしば話題にしました、そして、彼に言いました。僕が祖国ドイツ、ボンを去って以来、君は、僕の心が選り抜いた親友であります。彼は僕の青春時代の友人の一人で君とは、馬が合わないようです。彼は君とは友人になれないようです。僕は、彼と君を単なる楽器とみなしていますが、楽器が僕を見れば、気に入った時には、作曲・演奏します。ですが、お二人とも、僕の内的、外敵活動の高貴な証人です。また僕の真の援護者です。僕がやり遂げられたことを、お二人が、判断し、評価するのです。

僕が、完全な聴力、聴覚をもっていたなら、どんなにか幸せなことでしょうか！もしそうであれば、君のところに急いでいきたいと思います、ですが、それよりもここに残って、(僕の最高潮の年月は過ぎましたが)、僕の才能を力いっぱい発揮させたいと思うのですが。ですが、悲しいかな、あきらめに逃避しなければなりますまい！

無論のこと、僕は、それらすべてをのり越えねばなりませんが、如何にしてそれが可能となるのでしょうか？

アメンダ、半年後までには、僕の聴覚、聴力が治らないとすると、僕は、もう一度お手紙をさし上げますから、そのときには君は、何はともあれ、僕のところへ来てください。

そうしたら、僕は旅行に出かけます。僕の指揮と作曲への集中は、すくなくとも、僕の聴覚、聴力を悪化させるようです。また、人々と会い、おはなししていると、さらに悪化させるようです、そうしましたなら、君も旅行に一緒にきてください。お願い申し上げます。

僕には、幸運の女神が後ろ盾にある、と確信しております。何をもって、僕はそのことを憶測することができる、というのでしょうか？

僕は、君が去って以来、すべて、オペラについても、教会の事柄（教会音楽の作曲、指揮等々）についてもこの手紙に書きました。

君には積極的に、君の友の不安な気持ち、聴覚、聴力の病を自ら進んで背負っていただきました。

僕は、ピアノの演奏を完全に習得いたしました。

また、旅行に出かけますれば、おそらく、君もまた幸せな気分になると思います。そうしましたなら、君は永遠に、僕のそばにいてください。僕は、君のお手紙すべてをたしかに、拝読しました。僕が、君への返事のお手紙が少なくとも、君は、つねに僕の前に、厳然と存在します。そして、君のことを思い出しますと、僕の心中は優しく響きます。僕の聴覚、聴力の病の件は、君、誰であっても、どうぞ秘密にしておいてください。お願い申し上げます。そして、たびたび、お手紙を下さい。

君のお手紙は、たとえ短いものでも、僕の大きな慰みになります、君のお手紙で、僕を元気にしてください。

そして、親愛なる友よ！　君のお手紙がすぐ届けられるよう、心待ちしております。君に贈呈しようとした四重奏はまだすすんでおりません。

今ほんとうに、四重奏を作曲し、稿に書きますから、お受け取りになりましたなら、どんなものか見てください。お元気で、親愛なる友よ！

僕が、何か心地良いものを敬意をもって表したいものがありますが、もちろんのこと、君が先ず、僕にお手紙をお書きになってからの、お楽しみです。

親愛なる友！　お元気にて今後の増々なるご活躍をお祈り申し上げます。

L・ベートーヴェン

（訳者注釈）天才作曲家、ピアニスト、共和主義者、メトロノームの価値を認め、事実、使用した初めての音楽家。師として仰ぐハイドンに教えを受けるためボンからウィーンに移住。日常生活では、パンと生卵を入れて煮込んだスープ、魚料理、肉料理、ゆでたマカロニにチーズ等が大好物。酒好きで、主としてハンガリー産ワイン、コーヒー好き。二〇歳後半より難聴の兆し。個人的な不幸や偶然の不運にめげず、それをこえて更に高い場所に自己の位置を設定し「芸術の祭壇」を築く、その個人的なものは社会生活に大きな振幅のうちに溶け込んでいき、そこにすべての人を捕らえないではおかない深さと広さをはぐくむことで芸術的普遍性を獲得した。生計は主として貴族の子弟に教えること、そして、新しい作品を作曲して、譜面に写して、出版社に譜面を売ること、どの作品にも書店が五、六軒つめかけ、要求しただけいくらでも支払わせることができた。

同時代人の誰もがよくつかみえなかった高い内容を、この音楽家は鋭い知性と感覚をとうして自分のうちにとりこみ、手にある技術のすべてを傾け、あらゆる自由を大胆に駆使して、それにふさわしい真に斬新な手法で音の形に組み立てたのであった。しかもベートーヴェンはその難しい課題を、ともに成長してきて今や強大な伝統を樹立している古典主義の上に立って解決し、その解決によって古典音楽をいやがうえにも高くひきあげ、また深く切実なものにしたが、同時にそれをもはやそれ以上もちこたえることの不可能な極限にまでもってゆくことにより、華々しく終止符を打ったのであった。それは見事な終末であるといわなければならない。

作品に『交響曲第三番「エロイカ（英雄）」』『第五番「運命」』『第六番「田園」』。音楽家ワーグナーはベートーヴェンを称え、『ドイツ音楽の精神――ベートーヴェン』を著した。音楽界の金字塔：第九番ニ短調（合唱付き、詩はシラー作、それにベートーヴェンが若干手を加えた）。ピアノ曲に『第八番「悲愴」』『第一四番「月光」』等々。オペラ『フィデリオ』『エグモント』、バレエ音楽に『プロメテウスの創造物語』、オラトリオ『オリーブ山上のキリスト』『皇帝ヨーゼフ十一世のための葬送カンタータ』、宗教曲に『ニ長調、ミサ・ソレニムス』、翻訳書に『ベートーヴェンの手紙』（外山訳）、『ベートーヴェン書簡集』（小松訳）、『ベートーヴェンの言葉』（原田訳）、『ベートーヴェンの日記』（青木、久松共訳）。夏目漱石は、一九一三年、演楽堂コンサートにおいて、ベートーヴェンの『エグモント』序曲、『バイオリン協奏曲』等を聞いた。ちなみに『ベートーヴェンの交響曲第九番』が、一九二四年東京音楽学校第四八回定期演奏会として、日本で初演された。

ヴォルフガング・アマデウス・モーツァルト

一七五六年、ザルツブルクにて誕生。一七九一年、ウィーンにて死去。

姉上様へ

神聖ローマ皇帝フランツと皇帝妃マリア・テレージアの御前で、六歳の天才少年が自身の曲を演奏した、その後、父の指導と指揮のもと、この年から次ぎの年へと、パリからロンドンまで演奏旅行を続けた。そしてイタリアにも行った、そこでは、モーツァルトは、自身のオペラ作品を披露し、大成功を収めた。その準備中、一四歳の少年には数々の新しい作曲の依頼があった、暇を見つけて、母と姉たちに、自身の体験を報告し、気晴らしとした。

ナポリ、一七七〇年六月五日

僕のお姉様！
今日は、ヴェスヴィオ火山がゼウスの天上もくもくと烈しく煙が立ち昇っています。

また、もの凄い神の怒り稲妻で雷轟きわたり、恐ろしくて声も出ません。僕のそばには、ドッル様がいました。その方はドイツの作曲家でして、また心の優しいアンジェッツオ様、お二人に僕が今までの生涯で行ってきたことなど、事細かにお話ししました。

ここでは、多くの人が、僕は機転が利く人だと、言っています。

それから宿屋から出て、歩いて昼食をとりに飲食店にいきました。そして夕食は？　と聞かれ、何故か？　と答えました、今日は体調・気分とも、とても順調で、太ってもよい時には、焼いた鶏肉を半分くらい食べ、魚を少し食べ、宿屋に歩いて帰りました。今、イタリア語で書きましたが、お姉さま、お分かりになりましたか？（今度はフランス語で）僕は九時か、たいてい十時に目を覚まし、そして、僕と父上、僕たちは宿屋を出、飲食店で朝と昼を兼ねて食べ、そして食後は、それぞれ手紙やメモや作曲をします、そして市中に散歩に出かけます、そのあと、夕食を取ります、では何を食べるのかというと？　太ってもよい日には、焼いた鶏肉を半分食べあるいは、焼いたカナッペを食べます、また痩せたい日には、魚を少しだけ食べます。そして眠りにつくのです。お姉さま、フランス語なのに、おわかりになりましたか？　よろしければ、ブルガリア語でお話ししましょう。僕たちは、神様のおかげで、元気です。ヴォーダも元気です。母上様、お姉さまもお元気であるとよいのですが？

ナポリとローマは二つの宿泊拠点です。美しい文章でしょう！　そうでしょう？　怠慢にならないで、僕に手紙を書いてください。（イタリア語で）そうしなければ、君は、僕から一発くらわされるかもしれません。そうしたら、何と面白いこととなるでしょう！　僕は君の頭に一発ぶちかますのです。

僕は今から、数枚のポートレートを楽しみにしています。どういうふうに見えるか、興味津津です。人が喜べば、僕も同様で、ヴォーダも喜ぶでしょう。君を「舞い鳥」と呼ばせてください。君は何処にいたのですか？　当地でのオペラはジオメッツリのものが有名です。そのオペラは美しいのですが、劇場で演ずるには、物怖じしすぎて、昔のお父様のようです。

女友達のオペラ歌手は他に比較することができないほど、素晴らしく歌っています。以前、ミラノの劇場で、オペラで歌ったことのある男のアプリレも素晴らしく歌います。また数々の踊りは、へたくそで、大げさすぎです。劇場は何といっても素晴らしく、美しいの一言です。

王様は、大雑把に、ナポリ風の服装をされていました、そして、オペラの観覧中、ずっと、王妃より背が高いことを見せるため、足台の上に立っておりました。王妃はお美しく、また礼儀正しいお方で、王妃はモロ（イタリア語）におきまして、六回も。それは散歩を意味します。ご散歩の折、ご親切なことに私達に歓迎のお辞儀をされます。

追伸：ママに宜しくお伝えください！

僕の優しいお姉上様！　お元気で！

モーツァルト　拝

モーツァルトの父親へ

常にいろいろと指導し、身の周りの世話とか、旅行の計画、旅先での王、貴族たちへの演奏の斡旋、委託された曲の仲介等をした父親は、ある委託者につぎのように語る。

「ヴォルフガングは、ある小柄な女の歌手にほれ込んだらしい」、父親は、懇願し、批反・叱責する「おまえの理性と生活態度に問題がある、おまえがふつうの作曲家になりさがり、世界中の人々に忘れ去られてしまうのか、あるいは、教会の有名な作曲家、指揮者として、後世において、人々がおまえのことを本で読むことになるか、麦わら布団の上で食べ物がなくて、泣き叫ぶ子供達を抱き上げ、女の顔を見るか、あるいは、おおいに楽しみ、栄誉と後の世の名声をもって、キリストに帰依した生活をおくり、おまえの家族一同が平安無事に暮らし、世界中から名声を博し、死ぬであろう」。そして、父親への怒りのうちに、コンスタンツェ・ウェーバーと結婚した。

その間、モーツァルトは、ドイツで最初に新鮮な感情をこめて作曲した「後宮からの誘惑」が一七八二年六月一六日に上演され、拍手喝采の成功をおさめたが、それがほんとうに誉められるべき作品なのかは、将来の人々に任せられている。

ウィーン、一七八二年八月十七日

私のとても大切な父上様!

私の妻と一緒に、ポルティウンクラの全贖宥（八月二日）に教会に行きまして、祈りを捧げ、劇場関係者諸君に私達の敬虔の念を伝えました。

もし、私達が、事実、敬虔の念を伝えようにしなかったとしますと、上演が成功し、拍手喝采をうけますには、都市中あちこちと上演のための宣伝ビラを人が配り歩いたり、ビラを店頭等にはりつけたり、つまり、そのビラを配ったり、張り付けたりしなければならなかったでしょう！

私達は暇な時には、いつも一緒に聖なるミサに出かけたり、教会内で司教に告解しますし、司教を含めまして、教会内でいろいろな人たちとの会話を楽しんでおります、私は敬虔の念をもちまして司教に告解したり、教会内で会話を楽しむことを、私はいままでにないほど強く望んだことは無いと思います。そうしますと、一言で言いますと、私達は一緒にやり遂げたのです（上演が成功）、そして神様、すべて、滞りなく行われたのです、聴衆、観衆が拍手喝采で、私達を演台から立ち去ることを許しませんでした。

私達ふたりは、恭しくも、父上の父上らしい神の祝福に感謝申し上げております。

その内、私の手紙を貴方に差し上げます、どうぞよろしくお願いいたします。

音楽家グルック、名前だけ記憶に残っておりますが、とても大切な父上様は、グルックにつきまして、お手紙で書いてください。ところで、私は、貴方にお伝えしたいことがあります。

私が宮廷付き音楽家になりたいためにウィーンに滞在しているのですが、ウィーンの紳士たち、とりわけ神聖ローマ皇帝は拒否され、駄目でして、私は世界中で一人ぼっちなのです。

世界中の君主国よりも、神聖ローマ皇帝にお仕えしたいのですが、それは無理なようです。

しかたがありませんので、どの宮廷でありましても、お許しがありますれば、お仕えする所存であります。

ドイツ、私が最も愛する祖国（お父上もご存じのように）に私は誇りを抱いております、ですが、ドイツのどの宮廷も私を音楽家として任命、採用して戴けません。

ですので、神の名におきまして、フランスあるいはイギリスに赴きまして、立ち回りの上手なドイツ人に代わり、私が音楽家としてお仕えし、より豊かになるつもりです。ドイツ国にわざわい、禍あれ。

貴方、お父上もご存じのように、ほとんどすべての芸術分野におきまして、ドイツ人たちは常に克己勤勉に努めているようです——しかしながら、何処で彼らは幸せを見い出したのでしょうか、何処で彼らは名声を得たのでしょうか？　それはドイツ内の宮廷であるわけがありません！

あの音楽家グルック——ドイツ諸宮廷が彼を偉大なる人物としたのでしょうか？

残念ながら違います！　伯爵夫人トゥーン、伯爵ツイヒー、男爵のヴァン・スウィーテン、侯爵カウニッツ自身、グルックを任命、採用されましたために、ドイツ皇帝から怒りをかいました、以来、カウニッツは才能ある人たちを重んずることなく、領土から追放しました。

侯爵カウニッツはマクシミリアン大公に私について語りましたが、また、才能ある人たちは世界で百年に一度出るかの人達で、こういう人達をドイツから追放する理由はない、と言われるのです——とりわけ人々がとても幸せ、平和である時には、才能ある人たちは城館前の街に居を構えております。侯爵カウニッツが如何に、私にご親切で、礼儀正しいか。お父上様、想像がつかないことと存じます、私も同様、カウニッツ侯爵に、親切で、礼儀正しくしました。また最後に、カウニッツ侯爵は次のように言いました。「私と貴方は友人です。私の親愛なるモーツァルト、貴方は苦労されて、よくぞ私をお訪ねくださいました」。また、伯爵夫人トゥーン、ヴァン・スウィーテンと他の貴族たちは、苦労して、私をこの地に引き留めようとするのですが、貴方、お父上様はこのことも、想像がつかないことでしょう。私は長いこと待つわけにはいきませんし、親切に期待して待つわけにはいきませんので、私はそれが皇帝でありましても、その慈悲は必要であると、思われません。私の考えでは、次の祝祭日に、パリに向けて出立するつもりです。もちろん、運を黒雲を集めるゼウスの天に任せることはできません。ですので、すでに私は、ル・グロ氏宛てにお手紙を書きました。そして、ご返事を待っているところです。ここでは――とりわけおおきなもの（曲目、演奏）――につきましてご相談させていただきたい旨、お手紙に書いておきました。人はしばしば、話題にのっている曲目、演奏を、捨てることがありますが、より効果がありますす曲目、演奏がありますことを、お父上様は、よくご存じのことと思います。もし私が、スピリチュアルな曲目でのコンサートと、アマチュア、素人のコンサートを企画、契約することができましても、私には楽譜・譜面の持ち合わせがありません――ですから、ある女性がおりましたなら、誠意をもって、簡単に私が急いで作曲し、楽譜を工面してくれることでしょう。そうしましたなら、私が作曲しまして、主としてオペラ作品を上演したいのです。私は暇がありますと、毎日、フランス語の勉強に励んでおります。そして、英語では三回目の授業をうけました。

三ヶ月後には、イギリスの数々の本をスラスラと読め、理解できることと思います。――では、お父上様、お元気にてお過ごしください。

私の妻と私は、千回のキスを貴方の手にします。感謝しております。

永遠に貴方の従順なる息子

W・A・モーツァルト　拝

追伸：ルイギ・ガッティ氏は何と言っておりますか？　ペルヴァイン氏に、よろしく、とお伝えください。私の愛する姉上の、病状に、変りがありませんか？　私の妻と一緒に姉上様に、千回のキスをお送りいたします、そして、姉上様が、再びとても元気になるよう、お祈りしております。さようなら。

アントン・フォン・クラインへ

一七六七年と一七六八年とのあいだ、ベルリンの国立劇場が設立された、その時にはレッシング著の「ハンブルグ演劇論」がまだ存在していた。同時に、ドイツ国立オペラ劇場の設立のため、準備中であった。一七七七年に、イグナツ・ホルツバウアーが、オペラ「シュワルツブルクのギュンター」をマンハイムにて上演した。そのオペラが音楽的に、長い間、若いモーツァルトに影響を及ぼした。また、オペラのテクストを書く詩人のアントン・フォン・クラインはアテネとローマで灰になったもの、すなわち古典劇を尊敬し、崇拝し、モーツァルトに、ウィーンの状況では上演しても興味をそそるに難しかったが、今ではだいじょうぶ、クラインは、モーツァルトに「ハープスブルク家のルドルフ皇帝」の作曲を申し入れた。その作曲はなされないままで、そして数々の経験のあるレッシング宛てに、モーツァルトは自己流に、ほろ苦い皮肉を込めて手紙を書いた。レッシングによる、誤解のおそれのないそれへの返事の手紙を、恭しくも受け取ったモーツァルトは、それを参考にして、わざわざイタリアから女流歌手をウィーンに呼び寄せ、「フィガロの結婚」を作曲、指揮し、ウィーンにて一七八六年五月一日初演し、成功を収めた。

ウィーン、一七八五年三月二一日

尊敬する枢密顧問官殿！

大変失礼いたしました、私はすぐに、貴方のお手紙と、同封のバケット通信をきちんと、受け取りましたのに、それを貴方にお伝えしませんでした。申し訳ございません。また、その間、貴方からの二通のお手紙をお受け取りしたはずですが？ 私は最初のお手紙をお受け取りいたしました時、眠っておりましたが、飛び起きまして拝読し、貴方にご返事をいたしました。――あなたの二通のお手紙を、昨日の郵便配達日に二つとも戴きました。私は、貴方にご返事を差し上げるべきところ、差し上げませんでした、大変失礼いたしました。オペラに関することですが、私は当時、いままでそれにつきまして、貴方に手紙で書くことができませんでした、枢密顧問官殿！ 私は、両手にたくさんやるべきことがありますので、一分たりとも身を費やす（作曲？）ことができません――驚くべき認識、理解と経験がおありの男として貴方自身が、すべてに注意深く、熟考でき、書物、作詞を――むしろ、さっとお読みになられるに違いない人を、私よりずっとよくお知りになられていることと存じます。今まで、一度たりとも、時間がありませんでした――今では、休むことなく作曲のための台本の作詩を読んでおります。それですべて今、言えますことは――努力に努力を重ね作曲したものを、今は、差し上げたくないのですが、私はこのオペラのために作詩・作曲された楽曲をもう少し時間を取りまして、再度熟考し、場合によりましては作曲を練り直したいとも思っております。枢密顧問官殿！　もう少しお時間を下さい、お願い申し上げます。気分が良く、その気になりましたなら、作曲を完成します。その前にお聞きしたいのですが、どの都市で初演が開催されるのかを知りたいのですが？――と言いますのは、（どの都市で初演が開催されるかによって）オペラのための詩と曲が無駄になってしまう場合があるからです。――この点につきまして、私にご説明くださるようお願いいたします。枢密顧問官殿！　将来のドイツのオペラ劇場につきましての情報は、私は、まだ貴方にお伝えすることができません、と言いますのは、確かに、ウィーンのケルントナー劇場が建設中であることを除きまして、どこかの都市でオペラ劇場の建設が工事中のようです。――ウィーンのケルントナーオペラ劇場が、十月初旬に開催されます。そこでお約束いたします。そのウィーンの劇場において、私達のオペラを上演することにはあまり幸せではありません、よくありません。人を事実、捜してますが、それはおそらく、一時崩壊したドイツ国立オペラ劇場でしょう、全面的に崩壊しましたが、今日では、建て直され、立派に存在しております。私の義理の姉ラングゲ様のみが、ドイツのジングシュピール（対話に歌が挿入された通常、明るい内容の音楽劇）を上演するよう支持しております。――アダムペルガー騎士は女流歌手トイバーを支持し、ドイツは彼女の存在に誇りをいだいており、その劇場にとどまるべきだ、と言っております――彼女自身、国民と戦うべきだ！　と言っております！　そして、歌手トイバーと同じくらい上手な女流歌手が存在するようです。また、それより上手な女流歌手が存在するようですが、私は疑問です。こちらの劇場の管理局は、できうるかぎり経済的に、安価に、劇場での上演を見物する外国人からの（換金するための困難な）お金が流入することを防ぐため、愛国的になっているのです。そのこと自体はここ、この都市ではより良いのです、如何なる劇団が、管理局を必要とするでしょうか？　必要としません。入場料金に関しましては、劇団自身が、自分で上演するのです（上演のために、希望する入場者の数に応じて支払われる入場料金が収入となります）。――このアイデアは、ドイツのオペラが上演される際にも、今日的でして、劇団員の家庭を助け、必要となれば、歌います。最も不幸なことは、劇場の管理局とオーケストラが存在し、だいたいがそうなのですが、管理局の無知と何事にも怠慢なため、上演が開催されない場合です。舞台上演へのたった一つの愛国心さえあればですが――しかしながら、おそらく、建設中の美しい国立劇場は、盛期を迎えることとなるでしょう、そして、もしも、私達ドイツ人が一度なりとも、真剣になってドイツのことを考えはじめ、ドイツに行動をうながし――ドイツを説得し、そしてドイツに歌うことをすれば、ドイツ国にとりまして、永遠に、みっともない汚点となることでしょう！！！（皮肉、ユーモア）。

私は夢中になりまして、いろいろなことを言い過ぎました、ご親切な枢密顧問官殿！

それほど悪く思わないでください！　ドイツ人とお話ししますと、ぜったいに確信がもてます。残念ながら稀にしかありませんが、私は舌を滑らかに自由に動かし、しゃべり続け、人々は自身の健康状態の危険性をかえりみず、陶酔状態となりまして、心の内を、思っていることをながながとしゃべり続けるのです。

尊敬する枢密顧問官殿！

W・A・モーツァルト　再拝

オーストリアの作曲家、指揮者、古典的形式を整備し、新しい器楽形式を確立。ハイドンとともに古典派音楽の完成者といわれる。ザルツブルクに生まれ、ザルツブルクのローマ帝国、大司教の宮廷音楽家の父親から音楽の薫陶をうけ、幼児から楽才を発揮、ハプスブルク家で演奏を披露した。三七歳という短い生涯において六〇〇以上の曲を作曲。作風は、ほとんど長調で、装飾音の多い、軽快で、優美な曲。聴衆が好んだ音楽の流行を反映して、明るく、華やかな曲を作曲。オペラ作品に『フィガロの結婚』『魔笛』『ドン・ジョヴァンニ』、他に有名な名曲『レクエイム』『トルコ行進曲』等々。宮廷音楽家サリエリとの葛藤があった。

リヒャルト・ワーグナー

一八一三年、ライプツィヒにて誕生。一八八三年、ヴェネツィアにて死去。

バイエルン国王　ルートヴィヒ二世へ

ワーグナーは、自身の生涯における童話の世界でのような展開について、すぐさまエリザ・ヴィレに伝えた。一八六四年五月四日、ミュンヘンの宮殿にて、ワーグナーは初めて国王と面会した、そして、ワーグナーはこの年から、国王の芸術的庇護を受けた。また、若いころ、ドレスデンにてデモに参加し、バリケードを築き、敗れて政治的追放をされるも、自身の作品の高い評価を受けるべく猛烈に努力し、感情を湧き立たせた。

一八六五年五月五日

国王陛下！

私の親愛なる、好ましい友！

私が陛下の手ずからいただきました初めてのお手紙は、五月五日におしたためになりました。

それは、陛下に初めて拝謁した折りと存じます。

私は、いろいろな出来事が多い生涯におきましても、最も重要なことが起きたこの日を祝いたいと思っております！

この年とともに、平穏無事の港に立ち寄って休息するかどうかは、私は言えません。この港が墓の反対側にあるかどうかは、私はどうしても問わねばなりません。

世界に対しての私の政治的状況は、作詩、作曲の非凡さを常に妨げるものでした。そのことは今年も同じでした。そして、興奮しない、緊張しない、心が落ち着かない、そして、不安な心がないということは、一日たりともありませんでした。このことは、確かなことです。

私のこれまでの人生は、この一年とくらべますと、死んだも同然です。

私の過去の人生の年と、この年の日とを交換したいと存じます。

この素晴らしい年、明るく、輝く太陽のような陛下の愛は、私の人生の王冠のようなものです。それは、最近の偉大な人生の年の喜びは、ドイツの詩人レンツの詩『春の月』でした。レンツは種を播き、この年の夏の月に、新しい詩を作れることでしょう。

私は、陛下より美しい人は、知りません、そして、陛下より美しい人は、見たことも聞いたこともありません！　私が陛下に拝謁させていただきましたことが、私には今でも理解できません。私は、陛下をほかの誰よりも大好きです！

ところで、私の好ましい陛下！　陛下、すぐにでもこちらに、いらっしゃってください、そうなされば、陛下は私たちの作品（オペラを劇場で）を見ること、聞くことが出来ます！　私が作りましたローエングリン（中世叙事詩の主人公の一人、パルティファルの息子）では、かつて陛下の心を恍惚とさせたようです。そしてトリスタンは私の胸のうちに秘めておきます。

今まで聞いたこともないような愛の苦痛と無上の喜び、――私のパルティファルは、すべて現実に生きているようです。

神々のような純粋な同情、思いやり、哀れみ、そして嵐、怒涛のような感覚をとおして目覚めるのです。

とても意味ありげで、そしてとても美しい夢のように、笑いながら。

私達は次の週の木曜日に、本番公演を想定し、総稽古をします。

きたる日曜日には、出演者皆、思いやりの心をもって一生懸命、総稽古を繰りかえします。

そして、一五日は世界に向けて、作品を新鮮に、力強く演ずるのです。

では、本番公演を想定しました、総稽古をご覧になり、お聴き下されますよう木曜日に、こちらに馬車でいらっしゃってください！

とても感謝しています、喜びで胸が張り裂けそうです。

そして言葉では言いあらわせないほどの愛を感じております。

親愛なる友、国王陛下！

リヒャルト・ワーグナー　再拝

作曲家、指揮者、思想家、音楽理論家、文筆家。『楽劇王』、ほとんど自作の歌劇で、台本を単独で翼ある執筆、十五歳のころベートーヴェンの曲に感動、音学家を志す。哲学者ニーチェと親交、ニーチェはワーグナーを『偉大なる変人』と評した。作曲家カール・マリア・ウェーバーの影響が大、イギリスで客死したウェーバーのために『葬送行進曲』を作曲、ウェーバーを回顧する『合唱曲』を作詞、作曲。交響曲等々、ピアノ曲等々、歌劇に『婚礼』『さまよえるオランダ人』『最後の護民官リエンツィ』『タンホイザー』『ニュールンベルクのマイスタージンガー』、バイエルン国王ルードヴィッヒ二世に献呈した『パルシファル』『ローエングリン』『ジーフリードの死』『ニーベルングの指輪』『トリスタンとイゾルデ』。バイエルン国王、ルードヴィヒ二世の援助を受けて『バイロイト祝祭劇場』を完成。著書に『芸術と革命』（北村訳）、『わが生涯』（山田訳）。生まれながらの強い情熱が社会変革とそれによる芸術の救済を念願した。総合としての『楽劇』、ワーグナーは『ベートーヴェンの弟子』をもって任じた。さらに作品に『ジークフリート』『ワルキューレ』『ラインの黄金』。著書に『ドイツ音楽の精神――ベートーヴェン――』（盧谷訳）。

リヒャルト・シュトラウス

一八六四年、ミュンヘンにて誕生。一九四九年、ガルミシュにて死去。

フーゴ・フォン・ホフマンスタールへ

一八二一年六月十八日、ベルリンのコンサート・ホールにて上演された歌劇『魔弾の射手』において、大成功を収めたのち、まもなく、自分の台本作者に、カール・マリア・フォン・ウェーバーは、感謝の意を伝えている。数日後になって、フリードリヒ・キントが答えるには、著しく不機嫌になって、作詞家の詩をもとに創造者がメロディを作曲するものであって、感謝の意には当たらない、それは楽曲にあてはまるのだ。すぐさま、ウェーバーが答えて「ちがうのです！　五分以上コンサート・ホールの客席に座っていましたが（連れの外国人が私の隣に座っていましたが、そして、親愛なる連れの父親の頭を洗っていましたが、コンサートをお聞きしますと、作詞家と作曲家とがお互いに融合しあっておりますす、それで笑ってしまいますの（性的関係を疑うジョーク）。最初の演題は、本格的なものでした。誰が詩人に刺激を与えるの？　誰がどのような状況なの？　誰が詩人のファンタジーを燃えあげさせるの？　誰が詩人にいろいろな感覚を与えることが出来るの？　誰が詩人に性格の特徴を与えるの？　詩人、いつも詩人なのね！）

リヒャルト・シュトラウスにはこうしたことに譲歩することはなかった、ただ必要なことは、始めから仕事についての手紙を交わすことであり、ことが事だけに、出来上がったオペラ作品を上演するにあたって、観衆に「一言ご挨拶」の文章をよく塾考し、練りあげることが大好きだった。ホーフマンスタールにとって、音楽家ウェーバー――のロマンティックな告白が、受け入れられたとしても――ウェーバーによるぎこちないバイエルン風の再演には、ホーフマンスタールの詩行は少なくとも不適切であった。

たしかに、シュトラウスはこの手紙で、上演された「ばらの騎士」の場面を思い出しつつ、それは「油と溶かしバター」で作曲した、あるいは、「ヒット作」によって成功を収めることを望んだり、自身にとって、貞節なヨゼフは正しくない、と敢然と告白したり、「私を怒らせたりしたら、そうする、私には音楽は難解だ、おそらく、遺伝の盲腸炎にあって、立派なヨゼフには私の楽しいメロディがお気に入り」と冗談を並べた。しかし、シュトラウスは詩人の価値を見誤ることなく、詩人に耳を傾け、詩人の詩についての教育を受け、そして、二人共同で、よりよい作品を創造しようとした。

ガルミシュ、一九一一年六月十九日

親愛なるフォン・ホーフマンスタール様！

貴方の詩作品へのご希望どおりの報酬を差し上げることができず、とても残念です。

しかしながら、私は正直に告白しますが、私は先日の貴方のお手紙を読みましたが、その最初の印象、とても失望した、ということです。

おそらくは、私があまりにも大きな期待を抱いてしまったからだと思います。

私は今、貴方の原稿をタイプライターで書き写し、読みやすくしました。

そして、さっそく一読しましたところ、当然のことながら、最後まで読みましたが、ただ、最終部により大きなクレセントを使うこころづもりですが、よりよい印象を抱きました、美しく書かれました、オペラの筋・ストーリーの意味をとても上手に説明していただけましたので、私のような浅はかな音楽家にとりましては、考えも及ぶことではないのですが、そうした内容の貴方のお手紙を拝読し、この作品は確実に成功すると思いました。

しかしながら、少し考えなおしてもよいところはないでしょうか？　オペラの筋・ストーリーにつきまして、いくつかもっと明快に説明すべきところがあるのではないでしょうか？

私自身がまだ見ていない場合（指揮しているから）、どうぞ貴方は観衆のことを、そして上演後の各社の批評・評論文を考えてください。

貴方が、上演後、見て聞いたことを私にご説明されれば、幸いです。

オペラの上演中、貴方の詩行の言葉がはっきりと聞こえますか、また、オペラの上演中、観衆が舞台をハッキリとよく見えますか？（これは劇場の設計者・建築家、音響工学の専門家の問題である）

私は、また、今度も空とぼけたりせず、そしてまた、冷静になりまして、貴方宛てに、素晴らしいお手紙を差し上げます、これらすべてが私はとても嬉しいのです。

私は、約三日以内に、オペラの作品を、読みやすいようにタイプライターでうちまして、手紙を貴方宛てにお送りいたします。

申し訳ありませんが、お暇の時ゆっくりと、私の手紙の内容とオペラ作曲作品をご検討ください。また、私の手紙の内容から、何かあなたのご提案がおありになればと、思います。観衆にとりまして、何か象徴的なものがありましたならより分かりやすく、オペラ上演はより楽しめるものと存じます。

作者はオペラ作品において、いろいろな物事を挿入するのですが、観衆はそれらを往々にして気づかないことがあるものです。

また、貴方のお手紙を拝読しますと、オペラ作品の中でそんなにも重要な物事をお読みとりになっていないようですので、再考をお願い致します。

貴方は、ご自身の詩作につきましていろいろご説明されましたが、その点につきましては、私はこれで充分であると思います。しかしながら、劇場でのオペラ作品の上演にあたりましては、見聞きするにあたって明快・明瞭が必要であると思います――馬鹿馬鹿しい観衆すべての人々のことをよくよく考えてください、オペラは作曲から始まるのです。ツェルビネッタの場面はとても素敵です、また、バッカスの到着の場面も、さらにバッカスの歌もとても素晴らしい、と思います。私は貴方からのご指摘、ごもっともであると告白いたします。

しかしながら、オペラの上演すべてが、これでよいとお思いでしょうか？

今まで申し上げた象徴性は自然と筋・ストーリーから生まれるのではないでしょうか？　後半分になりましてそれを示唆してはもう遅い、と私は思うのですが？

話は変わりますが、私はたった一人の人間です。過ちを犯すことも可能でしょう。事実、あまり気分が良くありません。この四週間以来、ここのオーストリアの夏の保養地ムター湖畔の宿に一人で住んでおります。四週間前から、私には葉巻を禁じられております――ですから悪魔が喜んでいるかもしれません。

ではお元気で。おそらく、私の無理解は、貴方への刺激となったことと思います、どうぞ、そのようにお考え下さい。

私達は、よりよいオペラ作品を創造すべく、お互いに頑張りましょう！
そして、上演後、ミュンヘンの地で、ビールを飲みながら、雑談しましょうね。
では、楽しい夏をお過ごし下さい。
ご尊敬するホーフマンスタール様！

リヒャルト・シュトラウス　再拝

ドイツ後期ロマン派を代表する作曲家のひとり。偉大な詩人ホーフマンスタールと共同で、セリフとストーリー、それに音楽を伴った舞台演出によって新しいオペラの創生を考えていた。そうしたオペラは『エレクトラ』『ばらの騎士』『ナクソスのアリアドネ』『ヨセフの伝説』『影のない女』『エジプトのへレーナ』『アラベッラ』等々。第二次世界大戦のナチスの政権下、シュトラウス作曲、オペラ作品『無口な女』の初演ポスターから、ユダヤ人台本作家、シュテファン・ツヴァイクの名前を消して欲しいと当局から要請があったが、シュトラウスは断固・拒否した。第三帝国の帝国音楽院総裁。ナチスへの協力？　他の作品に『家庭交響曲』、オペラ『カプリチョ』『ドン・ファン』。ホーフマンスタールと共同で『魔弾の射手』等々。

フランツ・シューベルト

一七九七年、ウィーンにて誕生。一八二八年、同地にて死去。

レオポルド・クフェルヴィーザーへ

クッフェルヴィーザーによる世間によく知られた水彩画、それはシューベルトの崇拝者たちが田舎でパーティーを催す場面を描いたもので、永遠に保存された。それはビーダーマイアーの時代、シューベルトの天才を後世に伝えるものである。脇にそれ、おずおずと連れの人達につき従う、画家はそのようなシューベルトの姿を画に描きとめている。我々に残されたわずかなシューベルトの手紙――ベートーヴェンの残された一一五通の手紙に対し、シューベルトの手紙はたったの六〇通――そして日記帳にも書かれているように、一八二四年三月三一日、告白を、(二七日に信頼がおける人に同じ告白をしているが)した。「誰であれ、他人の苦しみを、誰であれ、他人の喜びを理解できない! 人はいつも一緒に歩いていると思うが、ほんとうは、人はいつも並んで歩くだけ。このことを認識した者にとって、何と苦しいことか!」シューベルトは、若干三一歳で死去した。

一八二四年三月三一日

親愛なるクフェルヴィーザー!

もう長いこと君にお手紙を書こうと思っていたのですが、何処から、何処で、さしあげるのか、僕には、さっぱりわかりませんでした。

スミルシュ氏に機会を頼まれまして、私は、ようやく、一度だけ、誰かに私の心の内をぜんぶ吐き出したい、と思います。

君は親切で、実直で、馬鹿正直です。ほかの人達が、僕の悪口を言うだろうが、君はどうぞ聞いてください。一言でいえば、僕は、世界中で最も不幸で、最も哀れで、惨めな人間であると感じております、君、考えてもみてください！　僕の健康状態が良くはありません、そして、健康状態が悪いので絶望のあまり作曲が、上手くいくどころか悪くなるいっぽうです。

君、考えてもみたまえ。輝かしい希望が、無になってしまった僕のことを、僕には、愛の喜び、友情もなく、たかだか苦しみがあるだけです、美的なものへの感激（少なくとも興奮）がインチキであると脅すのです、そして、君に問いたいのです。この僕は、哀れでない、不幸ではない人間ですかと？——「僕の安らぎは何処へいってしまったのでしょう、僕の心は暗く、僕は作曲（恋人？）をできないでしょう、見つからないでしょう」、そうして、僕は今、毎日、歌うことができるのです。と言いますのは、毎夜、僕は眠りますし、目が暗黒の覆いから目覚めないよう祈るばかりです、そして、毎朝、昨日の苦悩を告げます。そのように、喜びがあったり、喜びがなかったり、僕は日を、過ごしております。めまいが僕におこり、遠い過去の甘い日々の輝きがあってもです。——僕達の社会、そして読書社会は、君はすでに、ご存じのことと思いますが、コーラスで歌う時、ビールを飲んだり、ソーセージをぱくついたりして、食べたりして、死に至ることがあります、そして、死を解決するためには、二日間かかります、僕はすでに、君の旅行の出発から、恋人に会ってはいませんが。ライデスドルフ氏とは昔からよく知っておりますが、氏は事実、深く物事を考え、いい人、親切な方ですが、大変なメランコリックで、鬱病でして、こうした観点からして、僕は、彼からあまり多くの利益をえることを、ほとんどおそれております。また、僕と彼の作曲はうまくいってはおりません。ですから、僕たちは、お金を持ってはおりません。

君の兄上のオペラ（兄上は劇場を去った由、とても良い行動とは思えません）は、役にたたない、と言われていますが、僕の曲にもお呼びがありませんでした。

カステリ氏のオペラ、『謀反人』は、ベルリンにおいて、当地の作曲家によって作曲され、拍手でもって称賛されました。

このようなやり方で、僕は再び、二つのオペラのために無料で作曲したいと思いますが。リート（歌、歌曲）では、いくつかの新しいものを作曲しましたし、それに対し、多くの器楽で試みました、なぜならば、僕はヴァイオリン、ヴィオラとチェロのための八重奏曲と、弦楽四重奏曲を作曲しました、そして、そしてもう一つの四重奏を作曲したいと思っております。

そして、僕は、この調子で、努力に努力を重ね、偉大なシンフォニー（未完成交響曲）を作曲したいと思います。

ウィーンでの一番新しいうわさ（噂）は、ベートーヴェンがコンサートで演奏したことです。それは、ベートーヴェンが新しいミサ曲三幕の交響曲を作曲したもので、新しい序曲も作曲しました。――神のご意志であられますならば、僕は、来年にも、似たようなコンサートで演奏したいと思います。

僕は、手紙を書くことを終わりにしたいと存じます。そうすれば、たくさんの紙が必要でなくなります、そして、君に千回キスを送ります。

もしも、君が僕について、君の今の、感動した気分になれば、また君の暮らしぶりを書きたければ、喜ぶほかは何ひとつありません。

クペルヴィーザー様！

私の住所は、芸術品商ザウアー・ライデスドルフ宛てです。

五月初旬に、エステルハージー侯とハンガリーにいきます。

ではお元気で！　必ずお元気で！


『シューベルトはきわめて小さな思想や感情をあらわす旋律、さらに生活における出来事や状況をあらわす旋律をもっている。人間の思想や行為の翳《かげ》は非常に複雑である。したがって彼の音楽には変化が多い』とシューマンが語っている。シューベルトはその短い生涯のうちに、六〇〇曲以上にのぼるリートを書いた。『多作が天才の主要な特徴であるならば、フランツ・シューベルトはまさに最大の天才に属すると言えるだろう』とシューマンは言った。次から次へとシューベルトはドイツ文学を作曲した。エピソード、シェイクスピアの『聞け聞け雲雀』をシューベルトは夏のある日、友人と散歩の帰途、酒屋の食卓の上でメニューの裏に、作曲し、譜面として書きつけた。その夕方、家へ帰ってからは、同じくシェイクスピアによる有名な『シルヴィア』『アントニオとクレオパトラ』の二つを一気に作曲した。作品に『美しい水車小屋の娘』『冬の旅』『白鳥の歌』どれも傑作。また『菩提樹』『春の夢』『郵便馬車』『道しるべ』『宿屋』『辻音楽師』等々。

ヨハネス・ブラームス

一八三三年、ハンブルクにて誕生。一八九七年、ウィーンにて死去。

ロベルト・シューマンへ

「画期的なこと」ロベルト・シューマンはブラームスに出会い、観察し、書きとめた。シューマンは、一八五三年、世間に、いまだ、ぜんぜん知られていない音楽家を紹介した。「若い血（若者）を、そのゆりかご（揺り籠）をグラティア（古代ローマ神話：美と優雅の三女神）と英雄が監視していた。彼はヨハネス・ブラームスという名前で、ハンブルク出身、そこで黙々とピアノの練習、作曲の練習に励んでいる。

彼は、外観もそうだが、あらゆる前兆を身におおっている、それを我々に伝えている。それは神より選ばれたプロの音楽家だ。ピアノの前に座り、演奏しはじめると、素晴らしい芸術の領域が広がる。我々はいつも、魔的な仲間に引き込まれる。それに対して、天才的な演奏、オーケストラを背後に、ピアノの音は、嘆き、悲しみ、そして歓呼する気分になるのです」。このような紹介、援助にたいし、ロベルト・シューマンの突然の死後、ブラームスはまずはじめにシューマンの作品に触れ、そしてその妻クララ・シューマンとの生涯にわたる友情を語る。

ハノーファー、一八五三年十一月十六日

ご尊敬する巨匠様!

貴方は、私を大変幸せにされました、感謝の念にたえません。

如何に、貴方の愛と心の優しさが、私の音楽精神を生育し、発達させたかは、間もなく、私のピアノ演奏や作曲によりまして、証明しえることと存じます。公的に、貴方がされました私への称賛は、私の音楽での貢献に対し、聴衆はさらに期待が高まったことと存じます。しかしながら、私は今のところ、そうした期待にどう応じられるかわかりません。

何よりも、私の数々の作曲、ピアノ演奏にあたりまして、それらの曲目の選択において極力注意し、慎重であらねばなりません。

私は、私が作曲し、貴方が作曲した三重奏をお披露目するつもりはありません、そして、作品一と作品二のハ短調、ヘ短調のソナタ、それに作品三のリート（歌曲）、また作品四のホ短調スケルツォを選びます。

貴方がたは、むろんのことおわかりでしょうが、私は全力をふりしぼって演奏する所存であります。ですから貴方がたにご迷惑をおかけしないと確信しております。

　私は、今述べました四つの作品をブライトコプ氏にお送りし、返事を待っておりまして、結果を、すぐにでも貴方にご報告させて戴きます。いろいろ用事がありまして、貴方にお手紙を書こうと思っておりましたが、ながらく躊躇しておりました。

　ヨアヒム氏宛ての最近のお手紙から、私達が知ったことは、同じことでした、私のコンサート演奏会の結果がいまだわかりません。

　それで貴方にお手紙をさしあげます。貴方のご助言にしたがいまして、私は数日後、(おそらく明日) ライプツィヒにでかけます。

　さらにあなたにお伝えいたしますが、私はヘ短調ソナタを作曲しましたが、終楽章は大きく変更しました。

　ヴァイオリンソナタもより良くしました。

　貴方が私にお送りされましたお写真、とても愛らしく、感謝の念にたえません。

　また、貴方が私の父上様宛てにお書きになりましたお手紙にも感謝申し上げます。

　貴方はそうなさったことで、幾人かの良き、親切な人を、とても幸せにしました。

　ご尊敬する巨匠シューマン様!

ブラームス　再拝

作曲家、ピアニスト、指揮者。『バッハ（Bach）、ブラームス（Brahms）とベートーヴェン（Beethoven）』三人共に三大B音楽家と言われた。作曲の出版で楽に食えるようになったのはブラームスのころから、印刷された作品の譜面を買い入れる愛好家の層が確立され、出版業も資本主義的な企業として十分利益をあげるようになった。シューマンはブラームスの『ピアノ演奏と音楽に感銘し、音楽における新しい道を開く人』と言った。またウィーン音楽大学の教授として、学生に音楽や指揮を指導した。アメリカの発明家エジソン（の代理人）の依頼により『ハンガリー舞曲』を作曲・演奏して、世界初めての蓄音機による録音に成功した。『交響曲第一番ハ短調』を指揮者のビューローは、『ベートーヴェンの十番目の交響曲のようだ』と語ったという。著書『和声学』のシェーンベルクへの影響が大きい。ヨハン・シュトラウス（子）と親友だった。他の作品に『交響曲第一番から第四番』。ドイツ十九世紀後半、音楽好きの知識人達は、ワーグナー派とブラームス派に分かれ、激しく対立した。また芸術の分野にも影響を及ぼした。『ブラームスの子守歌』は日本の大衆にも好まれている。

ヨハン・シュトラウス

一八二五年、ウィーンにて誕生。一八九九年、同地にて死去。

なかのいい父の都市ウィーンに与えたセンセーションへの序曲のようなものだった。

一八四四年九月十五日、十九歳のヨハン・シュトラウスはウィーンの郊外ヒーツィング、ドムマイヤーのカジノにおいて、自身の率いる楽団と自身による作曲によって、父親を前にして登場した。その後、その父親はウィーン市内、有名なカフェ・ハウスのシュペルにおいて上演していた。そして、ワルツ「歌う詩人」で聴衆から、批判者からも、怒涛のように祝福された。四〇年後そのあいだ世界的に有名になった作曲家として、『フレーダーマウス』や『ツゴイナー男爵』『皇帝円舞曲』等の作曲で、ヴェルディ、ブラームスそしてハンス・フォン・ビューローに劣ることはなかった。

自分の父親へ

一八四四年

心から愛する父上様！

愛する息子と大切な父上、お互いに力と精神力が弱くなっていきそうではありますが、それには心の葛藤がありますし、私の幼い頃の父上の正義感と感謝への責務を伴った愛を私は自覚しております。また、父上の真なる好意と高貴とを支えにし、私は、強い精神力でもって重要な作曲をしたいと思っております。私の母上は、私の将来への一歩となるものを与えてくださいました、また私の少ない才能、その成長は、いつも自然体のはずでありますし、生身の母に感謝申し上げます。母上は今、不運の関係にありますが、それを改善するにはただ母上にかかっております、母上は守ってくれるものもなく、助けてくれるものもなく、どこから見てもおひとりで立ちすくんでおります。少なくとも、私の収入で、そして弱い力で作曲して、私は母上に報いるつもりです。

父上様！　大切な貴方、世界は十分な考慮を生じておりませんが、この私の無作法な決定（音楽家になる）は、うまくいかないでしょうか？　そして、私は、母上の傍にいたい、と思います。

貴方、大切な父上、尊敬と愛を込めて息子より。

ご尊敬する父上様！

ヨハン・シュトラウス　拝

作曲家、指揮者、ワルツ王。生涯のほとんどを、ウィンナ・ワルツやポルカなどの作曲に奉げた。代表曲に『美しき青きドナウ』『ウィーンの森の物語』『皇帝円舞曲』『こうもり』『ジプシー男爵』等々。

モーゼス・メンデルスゾーン

一七二〇年、デッサウにて誕生。一七八六年、ベルリンにて死去。

カール・ゴットヘルフ・レッシングへ

「貴方はメンデルスゾーンの伝記作家とならねばならない」と、メンデルスゾーンの死後、リヒテンベルクは高名な詩人・劇作家レッシングの弟カールに言った、つづけて「メンデルスゾーンの生涯は、人類の重要な業績として、貴方の手にゆだねられております。寛容、真の神の認識、真のプロテスタンティズム、プロイセンにおいて王、王妃の存在がなくとも、とてもたくさん良いことができます、たとえ喜捨、施しものでも耐えうるものなら。この施しものが、世界をより良くする大きな宝物（作曲等）となる希望、それは確かに、世間の注目をひくこととなるでしょう――と。あらゆる機会を見つけても、おそらく数年間、再び現れることはないでしょう」。著者の作品『プフェードン』（一七六七年）、『イエルサレム』（一七八三年）、『朝の時間』（一七八五年）等々で、その人物の感動的な姿は、彼は高い模範となることであろう。実は、名高い詩人、劇作家レッシングの一番下の弟に宛てたお悔やみの手紙だが、レッシングは、小説『賢人ナータン』中に、その弟に触れ、記念碑となった。

一七八一年二月末

一言もありません。私の最もよき友よ！　私達の損失、大きな敗北、それは私達の心を揺るがすものです。私達が失ったその人物の思い出は、私にとりまして、今、聖なるものであります、それによりまして、嘆き悲しみから解き放されるものと存じます。

私は、月が明るく輝く光の中で、その人物の安寧と快いおおらかさを念じております。そうではありません！　彼がお亡くなりになられたことを、私は今でも信じてはおりません！

私の青春花ざかりの時、ある人物と知り合いになりまして、彼は私の心と魂を教育、形成してくれました、また私が以前にやっておりましたどの作曲、指揮等も彼に負うところが多いのです、これにたいしまして私は心から感謝申し上げますとともに、感動いたしました。私が書きますいずれの数行の場合に、私は、友人と裁判官を紹介しました、間違いがないように、という配慮からです。そのように、私はしばしば、重要なことを一歩一歩進めます。こうしたことを観察、検証することに、メランコリック、憂鬱なものが入り混じったようでしたら、おそらく、私は彼の指導に、耳をかさなかったことかもしれません。

彼とお会いした時、いろいろと教えて下さるにもかかわらず、私は馬鹿で、その気にならなかったかもしれません。私は彼とお会いし、いろいろお話しすることがあったとしましても、多くの時間をむだに過ごしたからに違いありません､それらのことを後悔しております。ああ！あの人との会話は、汲めども汲みつくせない泉でした、そこからは、人は絶えず、良きものと美しいもの、作曲等の新しいアイデア、構想が浮かび上がるのです、例えば、普通の水を自身が吐き出しましても、誰もが使用・観賞できるのです（音楽的ジョーク）。

例えば、詩人、レッシングが咳をしたとしますと、私にとりましては、やや危険を感じ、彼の咳によっての功績は世に認められません。と言いますのは、彼は自然に咳をしたからです。

また、彼が私の咳を飲み込んだとしましたなら、私は咳を誰々に感染させたものか判断できません。

当然のこと、彼が咳をすることによる、多くの豊かなもの、思索、小説、詩作等々は、貧しい人々への施しもの、喜捨することなのです。そして彼はそうすることで、そういう貧しい人達に勤勉であるよう諭し、与えた施しもの、喜捨を元手に、なにがしかのお金を稼ぎなさい、というのです。

高名なレッシングは、このようにすべてを考えておられるのです。私の親愛なる友よ！　貴方のお父上は、ちょうどよい時に先立たれたのではないかと思われます。宇宙の計画からしまして、ちょうどよい時。と言いますのは、ご死去されましたのは、折り悪くではないのです、のみならず、二点間の距離の直径を計ることができません私達の狭い雲集めるゼウスの天球上で、空想にふけっているから、よい時に身まかったのです。

フォンテネッレは、天文学者のコペルニクスについて、次のように言いました、「コペルニクスは自身、新しい惑星の体系（地球はそれでも動く）を告白し、そして死去された」。

貴方の兄上の伝記の中に、立派に堂々とつぎのように書けることでしょう。レッシングは『賢人ナータン』を著作し、みまかれました。

精神の心がみなぎった著作作品集、中でも、彼が『賢人ナータン』をテーマ、主題としましたこの著書を目にしまして、私は思索深く、素晴らしくて、ほんとうに理解できないくらいでした。

レッシングは、これほどの名声に達したのは、この地方において考えられません。この地方では、私達の感覚的な目は、まったく失われてしまったのです。ですが、名誉にも、レッシングはそれをやり遂げたのです！

ところで、私達は預言者の若者たちのように、この墓地に立っていますし、驚いております。レッシングはみまかわれた数週間前に、私は彼にお手紙を差し上げます機会がありました。レッシングと同時代の多くの人々（中でも、ゲーテはレッシングの数々の作品の偉大さにはじめて気がつき、レッシングの死去の報を聞き、墓地にかけつけた）。ですが、この作品の功績を、理解できない、誤認しているのです。レッシングのみまかわれた後、五〇年がたちまして、より良い世界が来るかもしれません。

レッシングは事実、数百年を先んじたのです。

親愛なる友よ！

カール・ゴットヘルフ・レッシング様。

モーゼス・メンデスゾーン　再拝

天才的哲学者、啓蒙思想家、ロマン派作曲家、貧しい聖書筆写師の子として生まれる。二一歳の時、ラテン語、英語、フランス語を習得、ジョン・ロックやライプニッツそしてスピノザの著書を読破。一七五四年レッシング作『賢人ナータン』を読み、深く感動した、以後互いに親交を深める。一七六三年ベルリン・アカデミーが企画した懸賞論文『数学の証明と形而上学について』に応募し、メンデルスゾーンは同じく応募した高名な哲学者カントを破って一等賞を獲得。その後カントとも親交を深める。著書に『暁――神の現存についての講義』自身ユダヤ人だが、ユダヤ教徒人間としての尊厳と権利、市民権、身分的解放を訴え続けた。著書に『通俗哲学』『プフェードン』『イエサレム』『朝の時間』。作曲に『歌詞付き、エリア』『厳格なる変奏曲』クラシックピアノ曲『月光』。音楽家として作曲の数は少ないが手紙から読み取れる『温和』な人柄、哲学書を書いた『厳格さ、思索の深さ』からすると、作曲したものはいずれもそうしたことが反映して、傑作に相違ないと思われる。

ロマン派の作曲家、フェリクス・メンデルスゾーンの祖父にあたる。

ロベルト・シューマン

一八一〇年、ツヴィカウにて誕生。一八五六年、ボン郊外エンデニヒにて死去。

自身の母親へ

早熟の少年は、変人作家ジャン・パウルの生徒であり、フランツ・シューベルトの導きの星として目にやきつけられていた。「詩と音楽との類似性」を研究し、さらなる成長した後、将来何をするべきかの決断を問われていた。父親が早く逝去し、人生を共にしてきた母親は家族を世話し続けた。シューマンは決断した、敏感に、注意深く――有名なライプツィヒのピアニストそして音楽の教育家フリードリヒ・ヴィークから励まされ、母親は、音楽の教育家、ヴィークの見解を聞いた――「ご子息につきましては、天才です」。

ハイデルベルク、一八三〇年七月三〇日

おはようございます、ママ!

この瞬間、私のこのうえない幸せをママに、如何に言い表したらよいのかわかりません!――酒精を沸かし、カフェマシーンの傍らで、そして、空は、キスしたくなるほど純粋無垢で、黄金に輝いております――そして、黄金にかがやく朝の精神は、わたしの心に浸透し、新鮮にしました。――それにまた、理性、勤勉の宝の小部屋で見つかりました私へのママのお手紙がありす。――煙草はひじょうに優しく美味いです――ひとことでいえば、世界の時間はとても美しく、人間とはいつも早起きすることです。

輝く未来の日の光と青空は、私の心の内に射しこんでおります。ですがキケロ(古代ローマの政治家、雄弁家)の著書が手もとにあります。それは、『盛衰――三人組の天下』について書かれたものです。

他の私の親友で、ポメルン出身のH君と二人の兄弟が八日前に、イタリアに向けて旅だちました、それで私は、たった一人ぼっちです、すなわち、とてもやすらかでもあり、とても不幸でもあります。

どの少年でも、男の友達がいたほうが、恋人がいないよりも、いいのです。

また、私は自身のことを考えるにつけ、心が焔のように燃えてくることを感じます。私の今までの人生は、将来において、詩人となるか、小説家となるか、あるいは音楽家となるか、弁護士になるかどうかとの二〇年間にわたる戦いでした。

実際には、高き理想は、芸術にありました。――理想とは、実際に行動することです、希望とは、強い行動の仲間と共に戦わなければなりません――しかしながら、詩と散文、音楽と法学において、貴族でもなく、有力な後ろ盾もなく、財産もなく、法学を勉強する意欲もなく、貧乏なのです！

ライプツィヒにおいて、簡単に人生の計画をたてました、夢見つつ、惰性的に。結局は正しくないものをたてました。ここで、弁護士として、いっしょう懸命に働きましたが、心の中では、心の奥底では、芸術があったのです。

私は今、人生の岐路に立っております、そして、私は驚きつつ問いかけます。何処へ？――すると私は私の守護神の声に従います。すると守護神は「私を芸術に命をかけよ」と示します、私は、それが正しい道であると思います。

しかしながら、私を悪くとらないでください、私は、ママをただ愛しつつ、小声で――ママは、私に歩むべき道をヴィーク氏は、助言してきました、そのことに対し、ママの母親らしい理由を持っておりましたし、私もそう思います、そして、ママは私に「不安定な将来、パンを食べるにもままならない」と言いました。

しかしながら、いったい如何になるのか？　ある人間にとりまして、自身が準備した、不幸な、死と一体となった、浅はかな将来という考えより、より恐ろしい苦痛の考えが存在するのでしょうか？

子供の教育において、人生の歩むべき方向を選択することは、簡単でもありませんし、忍耐と信頼、それに早く教育することがだいじです。

私は、空想、幻想をもった青年であります、芸術に身を入れ、貴族に列されることも可能です。私は決心しました。良き教師につきまして、六年間忍耐と努力をかさねピアノの練習をし、いずれピアニストとも競い合いたいと思います。と言いますのは、ピアノ演奏自体は、純粋なメカニズム、アクションで、技能であるからです。私は、まだ想像、幻想ももっております、作曲・創造することの構想があります。——そこで問いがあります。一つか二つ。一つに、人生におきまして、何か大きなこと、それに正しいことが存在するのかどうか、という問いです——私がお答えいたします。ママ、ただ一度だけ、正しいことと、きちんとしたことを優先させて戴きたく存じます。そして安らかに、決然とした態度で目的達成させてください。この戦いでは、私は、いつになく熱くなっております。私のママは、たびたび、私の力と意志を、向こう見ずな、信頼すべきものではないとされ、たびたびご不安になられます。私が大きな道を考えた時に。——ヴィーク氏に関しましては、彼は昔からすでに、私を芸術方面の道を歩むべきだと示しておりました。ママのヴィーク氏宛てのお手紙は、私にとりましてとても愛らしく、そして、ヴィーク氏もお喜びのようです。彼は、数時間前に、ローマに向けて旅立ちました、ですから、私は、彼にお話しする機会はないでしょう。もし法学の勉強に励むとしましたなら、最終的には、冬をここで過ごすつもりです、そして、テイバウト氏の講義『古代ローマ法パンデクテン』を聴講します、どの法学部学生も、必須科目として聴講せねばなりません。

もし音楽の勉強に励むとしましたなら、文句を言わないで、ここから出て、再びライプツィヒに行きます。

私がとてもご信頼しておりますライプツィヒのヴィーク氏は私を知っておりまして、私の力、音楽のピアノ演奏、作曲を好意的にご判断してくれますし、ピアノ演奏、作曲がいっそう上達するよう、教えてくれます。その後は、一年間ウィーンに滞在し、ヴィーク氏の推薦状をもって、音楽家モシェレ氏のところに行き、教えを、請います。

私の愛する、親切なママ、ママがおそらく、私の音楽の道に進むことに、ご満足されていることと、お祈り申し上げます。

ママ、ご自分でライプツィヒのヴィーク氏宛てに、お手紙をしたためられ、そして、彼に、私の人生の計画につきまして、率直にお尋ねくださ い。

速くお答えと決断をお聞かせください、そうすれば、私のハイデルベルク大学での講義をはやめることができます、ここから去ることはそれほど難しいことなのです、それは、多くの友達と、素晴らしい夢、そして自然の楽園とから心が離れ難いためです。

ママ、この手紙をヴィーク氏に書留郵便でお送りして戴けませんか?

いずれにせよ、問いは聖ミカエルの祝日、九月二九日までには、決断されることでしょう。

そうしましたなら、新鮮に、力強く、そして、涙に暮れることなく、人生の目的達成に歩んでいけます。

この手紙は、私が以前に書きました手紙より、最も重要なものでして、ママも見てのとおり、ご満足いただけると思います、私の頼みは、あまりよい気分ではないでしょうが、すぐにでもお答えをください。時間とは、失われるものなのです。お元気でお暮しください、ママ、私の宝物！　苦しまないでください。

ここでは人間が助けを呼べば、唯一、雲集めるゼウスの天上空だけが、助けることができるのです。

ママを心から愛している息子より。

愛するママ、母上様

ロベルト・シューマン　拝

子供の時から読書好きの勉強家。最も徹底して完全な表現を追及するドイツロマン派。小説家ジャン・パウルの本に夢中であった。七歳の時、父親に連れられて、ドレスデン音楽劇場でウェーバー指揮によるベートーヴェンの交響曲に感動した。ギムナジウム（大学入学を前提とした中・高一貫学校）の学生のころ、『ドイツ文学サークル』に入り、シラー、ゲーテ、ヘルダーリン、それにホフマン等の文学作品に親しむ。ハイネは、「人情味のあるギリシアのアナクレオンのように、僕を優しく迎え入れてくれて、友情を込めて僕の手をしっかりとにぎってくれました、ただハイネの口元には、辛辣で皮肉な微笑がありました」。ピアニスト、クララと結婚。作品に『謝肉祭』『オラトリオ：楽園とヘリ』『交響曲練習曲』、ゲーテの『ヘルマンとドローテア』の作曲、シラーの『メッシーナの花嫁』の作曲、シェイクスピアの『ジュリアス・シーザー』の作曲、ウーラントの『王子』の作曲、『歌人の呪い』の作曲。四曲の交響曲。『ピアノ五重奏曲』は六日間で仕上げた。『ピアノ四重奏曲』は五日間で仕上げた。『間奏曲集』、歌曲『トロイメライ』は日本でも、とても好まれている。フランスのアンドレ・ジッドは「シューマンは詩人であり、ショパンは芸術家である」と言った。日記から「耳の痛みに襲われて、ライン川に飛び込んだが、自殺未遂におわった」。シューマンは「バッハは半神であり、あらゆる音楽の根源」と言った。

アントン・ブルックナー

一八二四年、アウスフェルデンにて誕生。一八九六年、ウィーンにて死去。

ヨゼフィーネ・ラングへ

ブルックナーは、ピアノとオルガンの演奏のために全力を尽くした――毎日、暇を見つけては、十三時間ものあいだ、練習に励んだ――、和声学と対位法を学び、ウィーンの宮廷楽長であり指揮者でもあったヘルベックは、北オーストリア、リンツの聖堂のオルガン奏者について、簡潔にして要領を得た言葉で「彼、ブルックナーは演奏して、私達を試すべきだ」と言った。ブルックナーの外見のみすぼらしさは、何も変わることはなかった。ブルックナーは、作曲に献身的な努力をし、数年後、ビーダーマイアー的な環境にあって、半分狂人のような音楽の家庭教師であった。ブルックナー二四歳となった時、真剣に結婚を考えるようになり、遠く離れて住む恋人には、手紙を書くことなく、他方、婚約者とその両親にはすぐさま結婚の約束をとりつけ、二五年間続いた恋人との絆に、ただ否、ノーと片付けた。元恋人は、結婚の破棄に、むろん、ほとんど狂人となり、精神病院に運びこまれた。

リンツ、一八六六年八月十六日

尊敬し、かわいらしいお嬢様！

私が貴女と奇異な機会にお会いし、ご両親様と相談しましたか？　尊敬するお嬢様！

貴女にお邪魔にならないよう、シーンと静寂のなかで、翼ある羽ペンをとって手紙をしたためております。貴女、ヨゼフィーネお嬢様、私に、良心をもって、優しい心を開いて、貴女の最終的に、決断された答えを文書でもって、私が安心できるよう、お伝えいただければと、私は心からお願いします。また、質問があります。私は貴女を望むことができますか、そして私が、愛するご両親と貴女の音楽の奴隷になることができますか？

あるいは、私と性格的に合わないため、結婚の話は、無理だと思わないのですか？

お嬢様、この質問はとても重要です、いずれにせよ、お決めになられたことを手紙に書いてください。

お願いがあります、ヨゼフィーネお嬢様、このことは愛するご両親のみにお話ししてください、ほかの人には言わないでください、内密にしたいのです、そして貴女の愛するご両親のご承諾のうえ、目前にあります質問の二点から一つをお選びください。

私の大切な友、貴女のお兄様は、もうすでに、私とすべて演奏の準備をしました、またお兄様との約束を、貴女も理解されたようです。

もう一度私にお願いがあります。お嬢様、心を開いて、ご決心されて手紙をかいてください。私が貴女の候補になっているのか、あるいは永遠に拒否されるのか、この場合、慰めとか、そのようなために別の言葉で言うお伝えは無用です。私はすでに、そのような状態にあるからです。それに、私への、貴女の感情は、簡単には変わりません、と言いますのは、お嬢様は、とても理性的です。

お嬢様は、私を気づかうことなく純粋に真実をお話しくだされば、それでよいのです。

いずれにせよ、私は冷静を保っております。

ではご機嫌よろしゅう、できるだけ早く決定的なご返事をお待ちしております。

アントン・ブルックナー拝

ハンス・フォン・ヴォルツオーゲンへ

ブルックナーが生まれた時、驚かされた。それは、ある人が、ブルックナーをリンツのかくれ家からウィーンに誘惑しようとしたからだ。——ブルックナーの庇護者は、むろん、すぐに、正しい方向に指をさした「世界からではなく、貴方は世界に行かねばなりません」。ブルックナーは行った。しかしながら、ウィーンでも、彼の期待ははずれたままだった、強く心に訴えるブルックナーのソリのためのテデウム（キリスト教、ラテン語による教会用の神の賛美の合唱曲）。「と言いますのは、ウィーンに帰する苦しみを、愛する神に奉げるものです」。ようやく、一八八四年十二月三〇日に、第七交響曲が、ニキシュの指揮の下、ライプツィヒにおいて初演され、ブルックナーの世界的名声が誕生した。その後、一八八五年三月十日のミュンヘンにおける演奏でも、ものすごい拍手がなりやまず、ブルックナーの深い信仰心は、キリスト教秘蹟を証明するものと感じられることができた。「すべてのこの世の人達、すべての後の世の人達は、貴方、ブルックナーあるいは神に感謝しなければなりません！　貴方は、私達の心の中に、最も優れた良心を、真に人間的、神的心、素晴らしい魂を再びお贈りしてくれたのです」

このようにうれしく、よろこびながらも、ひかえめに書いたのは、当時、指導的な音楽史家であった、これにこたえるのがブルックナーのこの手紙である。

ウィーン、一八八五年三月十八日

親愛なる男爵殿！

貴下、ミュンヘンにおいて、私の人生でもっとも幸せな週間に、貴方の素晴らしいご評論を戴き、そのことにつきまして、いくつかの言葉を、手紙のかたちでさしあげたいと存じます。

上演は、三月十日に開催されました、私は、最後の二つのリハーサルに立ち合っておりました。オーケストラは、はじめは音が良く合わないようでしたが、しかし、だんだんと良くなり、私は感激するようになりました。そして、演奏は、何にもまして、大変優れ、模範的なものでした。

聴衆のうけとりかたは、人々が言うには、筆舌に尽くし難い歓声と感激、感動であったようです。指揮者とオーケストラも、何度も、ものすごく拍手されたようです。

このオデオン（音楽堂）でのこのような場面は、これまで、人々の記憶にありません。

私のために演奏の成功を祝っての芸術家の集会が開催され、レヴィ氏は、乾杯の辞で、ベートーヴェンの逝去後では、最も重要な交響曲です！　そして、続けて、この壮麗な作品、（彼が言うには）の演奏は、ブルックナーの芸術活動、コンサートの王冠といえよう！　二つの素晴らしい月桂冠を！

二週間前、人々が言うには、ブラームスの第三交響曲が日曜日に再び上演され、聴衆の不評をかった、とされる。ところで、ベートーヴェンの新たなエロイカが上演され、むろんのこと、ハンスリック氏に味方して、と私に言ったレヴィ氏は、「なんとえらい違いであろうか」。と言った。

私の交響曲の譜面はミュンヘンにあります。レヴィ氏は、ウィーンにおいて、私にそれを保存させようと、考えております。

レヴィ氏には、出版社に、曲の譜面を印刷、出版するよう交渉していただいております。レヴィ氏と劇場支配人は、国王にその旨報告し、この年十一月には、再演される予定です。

三月十一日には、私と友人たちと、ウィーンを出発し、ミュンヘンに向かい、その音楽堂にて、ワーグナーの『ヴァルキューレ』の演奏を聴きました（その上演の際ワーグナーは不在でしたが）、それはそれは素晴らしいもので、一八七六年以来、この天才的な曲を終わりまで聞いたことがありませんでした。

そして、聴衆が（音楽堂を）去ったのち、レヴィ氏は、記念のために私のお願いを聞き入れてくださいまして、今は亡き、愛すべき、永遠に生きるべき巨匠ワーグナーの第七交響曲の第二楽章からの悲しい歌をチューバとホルンとによって特別に演奏され、感動で涙が止まりませんでした。

私は、演奏された音楽堂、暗い宮廷劇場の情況を詳しく描写することはできません。

願わくは安らかに憩われんことを！（逝去したワーグナーに）。

私の作曲。指揮による上演についての、評論はすべて、素晴らしいものでした、多くの人々は華やかだといいます！

最近の最も素敵なニュースは、（ポルゲ氏から後から聞きました）南ドイツ新聞のニュースです。神に感謝しております、今ミュンヘンにて、そのニュースを私が持っております。それによりますと、私の人生の長さは充分なようです！　たった一つの批判は、貴下にお送りいたします。それは最も新しいニュースです。

男爵夫人を尊敬しつつ手にキス（挨拶）をします！

貴下の新聞に寄稿されました評論文によりまして、オランダ、ハーグにおきましても上演することができました、とても数えきれないほど感謝申し上げます！　永遠に感謝申し上げます！

とても大きな敬意をおはらい申し上げております。

男爵閣下！

アントン・ブルックナー　再拝

追伸：

オランダでは、人々は私のすべての交響曲が上演され、聞くことになるでしょう！

オペラの作曲家、オペラの改革者。その作風は旋律を長々とくりひろげて綾どってゆく特有な手法を合わせ行い、抒情味ゆたかな音の織地をもつ美しい『交響曲第七番』はベートーヴェンの逝去後、最も良いものだ、という。人物は、女好きで、多くの女性に求婚したが、断られ、生涯、独身だった。大酒のみで、ビールを飲みながらチキンカツを食べた。ブラームスは、ブルックナーを『交響曲の大蛇』と皮肉った。作品『交響曲第三番』をリヒャルト・ワーグナーに献呈し、二人で会食した。ブルックナーの葬儀は、家の近くのカール教会で執り行われ、ブラームスは遠巻きに見ていたが、柱の陰で泣いていた。交響曲作品に『交響曲第一番―第九番』、敬虔なカトリック教徒で、宗教曲に『ミサ曲第一番』『ミサ、ソレムニス』『レクエイム』『テ・デウム』これは古今の宗教音楽作品の中で、傑作のひとつ。

クリストプフ・ウィリバルド・グルック

一七一四年、エラスバッハ（オバープファルツ）にて誕生。一七八七年、ウィーンにて死去。

フリードリヒ・ゴットリープ・クロプシュトクへ

ドウプレッシスなる画家によるウィーン時代のグルックの肖像画を目の前で見ることができる。またE・T・A・ホフマンと「騎士グルック」が並んだ両者の肖像画も見ることができる。そうしてはじめて、勢いにのったグルックの手紙における告白を理解できるということその手紙中、ホフマンについてのグルックの印象は「夢の帝国から来たように、しかし、私はホフマンが聖なる人なのか、あるいは凡人なのか決めかねております」。グルックが好きな詩人、クロプシュトクの詩行『ヘルマンにおける戦い』をグルックは採用し、作曲し、ドイツの大音楽祭を設立しようとした――もちろん、グルックはものおじする性格であるが、心に決めた大きな計画、音楽祭の開催を実行した。

また、ドイツ、バーデンの辺境領伯爵の宮廷詩人あのメシアーデ（救世主の事績を主題とした叙事詩）を詠った詩人ホフマンは、グルックと個人的に出会って、心から喜んだ。またグルックはみずから演奏し、ホフマンはみずから作詞したオーデ、頌歌を詠った――そして、グルックは『ヘルマンにおける戦い』の、作曲のしがいがあった、という。

ウィーン、一七七三年八月十四日

高貴なる閣下！

公使館参事官殿！

デニス神父がお伝えくださいました、それによりますと、貴方が作られました抒情詩『ヘルマンにおける戦い』を、私が作曲するようにとの貴方のお願いがありました。

それは、それほど流行しているわけではなく、上品に詠われて、趣味が良いと、私はそう信じておりましたので、私は、以前から、貴方のその抒情詩を作曲させて戴こうと考えておりました。と言いますのは、貴方には、優秀な作曲家がお知り合いでおられますでしょうに？　また、私が作曲しました音楽演奏は音楽劇場で、感動を呼んだように思われます。私は充分考えまして、ベルリンにて私の『アルチェステ』を演奏しました、そして、感動を呼ぶことを、確信しました。私はお約束いたします。もし貴方がウィーンに来られるお考えがないとしましたなら、来年にでも、ハンブルクに旅をしまして、貴方と個人的にお知り合いになりたいと存じます。

そうしましたなら、貴方の抒情詩『ヘルマンにおける戦い』だけではなく、貴方の崇高なオーデ、公歌を作曲し、ともに歌いましょう、貴方の真意をくみとらせて戴きたいと思いますし、何と私は、偉大な貴方にお近づきになれることでしょう。あるいは、私は貴方の偉大さに、私自身が作曲した歌で暗い影を落とすことになるのでしょうか？

また、貴方には、シンプルないくつかの作曲した歌をお送りさせて戴きます。それらは、死刑執行もの（意味がない）です。そのうちの下の三つはドイツ的性格のものでして、他の三つはモダンな趣味のものです。それには、試みといたしましまして、バロディ風な趣味をつけくわえまして二つのメロディとしました。しかしながら、いつでも、お捨てになって結構です。

ところで、今度の公演におきまして、上手なピアニストを選び出すことが必要かと存じます。そうしますと、貴方は、それほど聴くに耐え難い思いをなさらずとも良いのではないかと思います。

高貴なる閣下！

騎士グルック再拝

偉大なオペラの作曲家。十八歳の時、プラハ大学で音楽と哲学を学ぶ。グルックの出現は先行の歌劇に終止符を打つものであった。歌劇はグルックの手で再び本来の道である人生的な意味のある芸術へと大きく転換せしめた。それは歌劇の狭い枠の中での技術的な成熟によるのではなく、当時の先進的な文化一般を形づくっていた近代的な感じ方や考え方に基づくものであり、その根底には市民社会の成長が潜んでいるのである。その時期は純音楽領域でやがてハイドンやモーツァルトが出て、古典音楽を不動のものにした前夜にあたっている。歌劇においてもその動向は同じであって、その両者は相互に影響し会い、素材を交流せしめ、新様式の確立に寄与したのであった。グルックはマンハイム学派やハイドンが純音楽の領域で行ったことを、歌劇の上で成就した大家であるといえるのである。

グルックは、生まれはドイツ人であるが、はじめはドイツの一般の風習に従って、まったくイタリア風に書いていた。ヘンデルとラモーの影響を受けるようになった後には、歌手の専横をいさめて、作曲家の意志に従わせる方向へと転換した。そして去勢者の声など使わないで、自然の、ありのままの声を使い、コロラチュラを単純化し、また旋律の表情を重んじたのであった。それから管弦楽を歌声の伴奏の地位からひきあげて独立の表現をも担当するものにし、たんに音の装飾的な使い方よりも、人間的な感情を表現する方向へ向かわせた。それはいずれも従来の歌劇が宮廷貴族の狭隘な趣味に順応する芸術と化してしまったことに対する新興市民階級の側からの批判として、きわめて意義のあるものである。当時パリにおいて全盛をきわめていたピッピチーニに対し、グルックはこの新しい方法で闘いを挑み、ついに勝利を獲たのであった。オペラに『オルフェウスとエウリディーチェ』（当時、ドイツ留学中の森鴎外が鑑賞。ドイツ語の台本を買い、台本にオペラの内容を克明にメモした）、『アルチェステ』『アルミース』『イフィゲーニエ』等は、グルックの代表作品である。他のオペラ作品に『ヘラクレスとヘベの結婚』。神聖ローマ皇帝妃マリア・テレージアの誕生日を記念して、『セミラーミテ』『アルタメーネ』『神々の闘い』『古代ローマ皇帝テイトウスの慈悲』また、コペンハーゲン、プラハ、そしてパリ、ナポリへとオペラ上演旅行。バレエ音楽に『ドン・ファァン』『包囲されたシテール』、宗教曲に『深き淵より』『二つのモテット』等々。

フーゴー・ヴォルフ

一八六〇年、ヴィンデイシュグレーツにて誕生。一九〇三年、ウィーンにて死去。

エドムンド・ラングへ

この喜びの作曲の報告は、ロマン主義の巨匠によるもので、ヴォルフの歌曲、作曲の創造過程を示唆する、そして、再度、基礎低音から作られた一連の歌の創造過程を明らかにする。

そうした多くの歌曲を創造したが、同じ年に、詩人、作家メーリケによる五三もの歌が現れた。しかしながら、ヴォルフは、詩人アイヒエンドルフと、ゲーテの詩を作曲した。ハイゼのスペイン舞曲の本が出版され、また、イタリアの歌曲、舞曲の本も出版された。

ペルヒトルドスドルフ、一八八八年二月二二日

親愛なるエドモンド！

ロディの病気は事実、日々回復に向かうでしょう。私の歌の中のロディは、よく知られているように七八歳でした。当時私は、ほとんど毎日のように楽しく、良い歌を作曲していました、そのうちの二つに、貴方は小鼻を、膨らませるのです、不満そうな様子をみせるのです。

私の手紙が発送されませんでしたので、私は、メーリケの歌を手に取って、第二の歌を、それも五／四拍子で、私が思いますに、これの作曲ではまれで、珍しいのですので、四／五拍子が正しいのです。貴方も素人として、この詩、歌のリズムから考えますと、すぐに五／四拍子が考えつくでしょう。必要なことは、あれこれどの拍子が正しく、適切なのか、考えることです。

狩人の歌

優雅に鳥が雪のなかで歩いている。
もし狩人が山の頂上に登ったならば
より優雅に小さな恋人の愛らしい手が書きます
僕がいる遠い国へ手紙を書いてください！

空中高くさぎ（鷺）が舞い上がると、

それに向かって矢も銃弾も飛ばない
千回も高くそしてとても速く
誠実な愛の考え方は存在する

さて、貴方が私の作曲について祝意を表すのか、あるいは呪うのか、貴方がかってに決めてください。

私にポリヒュムニア（ギリシア神話：ムーゼの一人、讃歌をつかさどる女神）がじゅうぶん敵意を抱いており、三つ目の歌は危機に面しており、私は個人的に、明日、朝早くお会いして驚くべきことをお知らせします。今は、音楽的なことは、私には何も起こってはいません。長い服を着て嗚咽しつつ、尊敬すべき処女――我々のディアナ（ローマ神話：森の女神、狩猟の女神）に、毎日夕方お祈り申し上げております。

ではまた。

ペルヒトルドスドルフ、一八八八年三月二〇日

（第二の）手紙

親愛なるエドモンド！

今日、私は帰ってきまして、私の傑作を演奏会で演奏しました。

『ある少女の初恋のリート、歌曲』（メーリケ作）は、今までにない、最も良いものです。こ

の歌曲に比べれば、すべて昔の子供の遊びにすぎません。

音楽とは、とても胸をうつものです、その際、大理石を引き裂くような神経のシステムの強烈さがあります。

詩・歌曲は狂気の沙汰で、音楽より劣ってはおりません、同じくらいです。ではお元気で、呪いあれ

親愛なるエドモンド！

フーゴー・ヴォルフ　拝

オーストリアの作曲家、音楽評論家。ワーグナーへの賛美、ブラームスを否定。『歌曲集メーリケの詩』から作曲『炎の騎士』『散歩』『めぐりあい』『春に』『妖精の歌』『コウノ鳥の使い』。ゲーテの詩から『プロメテウス』『ミニヨンの歌』等々。一八九六年ドイツ、マンハイム劇場にて、五幕のオペラ『お代官様』初演。晩年、青春時代の梅毒の影響が現れ、精神病院に入院、その後、狂気の五年を過ごし、四二歳の若さで死去した。

カール・マリア・フォン・ウェーバー

一七八六年、オイティンにて誕生。一八二六年、ロンドンにて死去。

ヨハン・フリードリヒ・キントへ

ウェーバーが、一八四四年、ドイツの地ドレスデンにおいて埋葬された時、リヒャルト・ワーグナーはウェーバーに向かって、追悼の辞を述べた、「最もドイツ的な音楽家である」と。またワーグナーは次のようにつけ加えた。「ウェーバーは、外国ではとても称賛されているが、ドイツ人はウェーバーをただ愛することだけ――」「君は、人生の晴れた、美しい日に、君の暖かい血の涙、君の心の一滴」――それにこたえて、歌劇の師祖といわれているウェーバーの『魔弾の射手』が、華やかに演奏された。ウェーバーが作曲したものは、他に歌劇『プレツィオサ』一八二一年、『オイリアンテ』一八二三年、『オベロン』一八二六年、それらは、民衆の心の旅路を音楽の調べで表現している。

一八二一年六月十八日の初演では、聴衆は感動で拍手喝采した、詩人ハイネのベルリンからの二通目の手紙では友好的だが、皮肉も感じられた――しかしながら、この作曲家ウェーバーの手紙によると、ウェーバーの現場、指揮する劇場での個人的な体験を、ウェーバーのテクスト（台本）の詩人、かつて弁護士であったキント氏（一七六八年、ライプツィヒにて誕生。一八四三年、ドレスデンにて死去）宛てに書いた、キント氏は、最高の台本を書いた娯楽作者である。

ベルリン、一八二一年六月二一日

親愛なる友よ、父上様！
ヴィクトリアが心配でなりません。

歌劇『魔弾の射手』は黒にあたりました、不調に終わりました。

願わくば、私より、友人のヘッルヴィグ氏のほうが鑑賞者として、より良く、公演の状況を貴方にご報告できるのではないかと存じます。と言いますのは、私にはそうする時間がなかったからです。

でも、私はすぐにでも、詳細に状況につきましてお話しできるのでは、と思います。

昨日の二番目の公演は、最初のものと同じぐらいでしたが、ものすごい熱狂ぶりでした。次の午前中の公演では、入場券が売り切れとなりました。どんな人間でも恍惚のあまり、どのように観劇したか忘れ去ったようです。演奏されたオリュムピア劇場では、演奏後、体験できる最も完全な勝利、大成功でした。

貴方には信じられないことでしょうが、すべての観衆、聴衆、指揮者、演奏家が、曲、台本、舞台上での演劇者のしぐさ、声、衣装等々に魅せられ、劇場すべてが一体となるのです、どの幕でも、ひじょうに優れた演奏に合わせて卓越して歌われたことでしょう。もしも貴方が劇場内にいるとしましたなら、私自身も恍惚として、私は、いったい何を貴方にさしあげたらよろしいのでしょうか?

多くの場面は、私が思ったより、より効果的でした、例えば、退場する場面では、処女の花嫁が見事でした。序曲とこの民謡の歌いだしは、もう一度、再び登場するのです。

しかしながら、私は劇場で、所作の進行は、中断するのではなく、続けるべきなのです。公的ないくかの宣伝用のビラは、今や、売れに売れて、何者かによって突然紛失してしまうのです。勇将アガメムノンの夢のようです。

今日、最初の公演のビラをここに同封致します、貴方もきっとお喜びのことでしょう。

私は、来たる二五日、月曜日に私の演奏会の開催を考えております、そして。七月一日、ドレスデンにて、再び、演奏会の予定です。

悪天候のため、貴方は、チェコの温泉保養地テープリッツへと旅をするつもりであったそうですが、おやめになられましたので、私は、直接、貴方にドレスデンにてお会いし、そして、貴方にいろいろな事柄について、お話しできると思います。と言いますのは、おそらく、お手紙では無理のようですから。

私は、伝説の魔女キルケから魔法をかけられ、恍惚とし、胸がいっぱいで、お手紙で、何を書いたらどうか、さっぱりわかりません。

私の大切なる友、キント様、このような素晴らしい詩作・劇作を私に創作していただき、お礼のしようがありません。

何と、いろいろな事柄を私にお話しいただけたことか、そのことによりまして、何と私の心を喜ばせ、貴方の素晴らしい、心がこもった詩・劇作を拝読し、それをもとにして、劇作曲の構想を考えております。

貴方に心をうたれ、貴方のことを考えますと、心の底から貴方を抱きしめたく思います、また、私は、貴方に美しい月桂冠のひとつを持って行きますが、それをお受け取り下されば、私は、貴方のムーサ（ギリシア神話：芸術と学問をつかさどる九人姉妹の女神、とりわけ詩の女神）に感謝申し上げます。貴方はすでに、多数の月桂冠を獲得されたに違いありません。劇作・詩人のグビッツ氏、フーゴー・ヴォルフ氏の劇作を私は心から楽しみにして、作曲し、歌劇の構想を練りたいと思います。劇作家・詩人のホフマン氏には、私は大変興味深く思います。人は、私に、ホフマンに警戒せよと言います。しかしながら、私は、できるかぎり、彼とその劇作を素晴らしいと信ずる者です。

今日のところは、増々お元気で、さようなら。私は、まだ、シュミードル氏と、ロート氏へ、手紙をしたためようと思います。

一六七九年に制定されたイギリスの人身保護制度、万歳！

神よ、貴方がお元気でお暮しになるように、してあげてください、そして、貴方を愛することを、永遠に忘れないでください。

親愛なる友よ、キント様

ウェーバー　再拝

私のご老人、父上様は、お元気ですか、すこやかにお暮しですかと、貴方の愛すべき家庭の夫人とお子さんたちによろしくお伝えください。私は、皆様、お元気でお過ごしのことと思っております。

ロマン派初期の作曲家、指揮者、ピアニスト。幼いころから、片足が不自由、小児麻痺とも言われている。ハイドンの弟に音楽教育を受け、ウェーバーの音楽的才能が芽生えた。歌劇の師祖、作品に歌劇『愛とワインの力』『魔弾の射手』『プレツィオサ』『オイリアンテ』『オベロン』。それらは「民衆の心の旅路を音楽のしらべによって表現したもの」。リヒャルト・ワーグナーはウェーバーの死後、追悼の辞で「最もドイツ的な音楽家である」と述べた。

5

宗教家・国王・政治家・軍人・企業家

マルチン・ルター

一四八三年、アイスレーベンにて誕生。同地にて一五四六年、死去。

十六世紀の宗教改革者、貧しい農民の子として生まれる。教皇たちが、ローマの総本山サンピエトロ大聖堂の建設事業の費用を捻出するため、全国各地で免罪符が売られているのをみたルターは、カトリック司教たちに疑問を抱き、カトリック司教たちに抗議（プロテスト、ルターの教えを信ずる人びと・プロテスタント）した。ルターは、九五ヶ条の提言を書き教会の扉に貼り付けた。その後、ルターは命じられて、ヴォルムスにおいて開催された公会議に出向き、審問された。カトリック信仰をルターは断固として拒否し、破門された。その際、天才画家のデューラーは、神聖ローマ皇帝カール五世から莫大な借金を取り立てるため、船に乗って妻と下女と共にネーデルランドに旅をしていたが、デューラーは、「ルターが殺された」という噂を耳にして、とてもがっかりし、暗澹とした気持ちになった。だが後にその噂はうそであったことが判明した。

またルターは、大学教授として生涯、聖書注解を続けた。また、聖書を民衆が分かりやすいように正しいドイツ語とした。また、ルターは、「利子については、少しなら良い」と言った、またこれと関連してある経済学者によって『プロテスタンティズムの倫理と資本主義の精神』（大塚訳）が著された。また、農民が労働するも搾取され、貧しいために、利子があっても、お金を借りる様子が、貧しいマルクスがエンゲルスの経済的援助を受けつつ大著『資本論』を書く、契機となった。ルターについて、ゲーテは「きわめて重要な天才」。ニーチェは「自分の靴に踏まれるところしか考えない百姓」。シラーは「理性の自由のために闘った人」。フリードリヒ大王は「怒り狂った坊主で、野蛮な物書き」と述べた。また、ルターは、大食漢、大酒のみ、嘘つき、偽善者、梅毒病み、偏執狂、といったうわさがあった。

ウィッテンベルクに於ける画家ルーカス・クラナッハへ

「愛と正義心をもった勤勉とによって、真実をその日にもたらす」、ルターは、ウィッテンベルクの城の教会の扉にあの九五ヶ条のテーゼを貼り付けさせた。なお同じ日に、自身の正当性を証明する書類が、マインツのカトリックの大司教アルブレヒト宛てに送られた。ラテン語で書かれ、ルターは自身がおかれたいろいろなことの情勢を理解していた。しかし、ルターは、既に、気楽なドイツ語でルターの領邦君主に話しかけていた。そして自身の信念をつらぬいた。次に胸中を打ちあけた、多くの人達が「愛」という言葉と、また、多くの人達が「それほど心からそして十分に」という言葉をラテン語で繰り返しても、理解できず、話せないことを、ルターは領邦君主に話していた、と言う。それまで存在した母国語のすべての方言を勘案して、比類無きドイツ語による手紙の書き手であることがわかる。丁度、当時、キリストの受難画と反キリスト画を完成した友人の偉大な画家宛てに、ルターは、頭を垂れること無く、不屈の精神で二日にわたった、ヴォルムスに於ける帝国議会での審問のさまざまな経験を、達筆で報告している。

マイン河畔フランクフルト、一五二一年四月二八日

ヴィッテンベルクにて在住の画家、侯爵付の親方ルーカス・クラナッハへ

私の愛する代父そして友人！

イェーズス

私の務めは今、終わりました！　愛すべき代父ルーカス、神と私が汝どもを祝福し、神と私にその身をゆだねなさい。

帝国議会におきまして、私は追想に耽り、隠しごとはしませんでした、暴君ども、とりわけザクセンの大公ゲオルゲンの両手が、私の首を絞め、いっそ死んでしまいたかった。だが、長い間の、親切な人達の助言を無碍にしたくなかったのです。

ヴォルムスに於いての私の将来は、予期できなくなりつつあります、私の通行の自由は保証されましたが、君も含めて皆も存じていますように、私が説教することは禁止されました。

私は思いますに、神聖ローマ皇帝は、一人の博士か、あるいは五〇人の人達を招集し、私、この僧を問答でもって、打ち負かそうと思っているのではなかろうか。

いずれにせよ、ここでは何もされないだろうと思います、以上。

ところで、幾冊かの書物が、君の手元にありますか？　もしそうだとしたら、私に貸してくれないですか？　もし、無いのなら、君、しっかりしたまえ。

おお！　なんと私達、ドイツ人は、盲目なのであろうか！　なんと私達は、子供のように扱

われるのであろうか、そして、くだらないローマの教皇たちは、私達に猿真似をさせ、なんと馬鹿者どもだと思っているのだろうか！

私の代父、君の愛する奥様に、私の挨拶を宜しくお伝えください。そうすれば、奥様は安心することでしょう。

ユダヤ人達は、そのうちヨ、ヨ、ヨと、歌うに相違ありません。少しだけの利息が認められたから歌って喜んだのです。だが多くは以前と同じように高利貸しであったようだ。

復活祭の日が今年もまた来ます、そうしたなら、私達はハレルヤを歌おうではありませんか！そして、こんな少しの時、沈黙をまもり、神に向かって祈らなければなりません。すこし、神は私を見ることなく、そしてすこし、神は私を見て、キリストは話しかけます。

私は今、そうなるように望みます。

ですが、神の意志は、明るい雲を集めるゼウスがおわします天空と大地の中で最も良いことを望みます。

私からの挨拶を、親方クリスチアンに、そしてその奥様に。

また、助言に対しまして、そして私のかたくなな信念にたいし、熱狂し、センセーションをまき起こす人達に、私は大変感謝いたします。

今年も、アムス村のフェルド教会の牧師を捜しているようです。

喜んで牧師となる人が見つかることでしょう。

それでは、失礼いたします、さようなら！　これでもって、すべて、神様は私達を見守り、キリストに対し、すべての理解とかたくなに信ずることを、神様はご命令されました、ローマの狼共や竜どもやその側近たちにも、神様はそう命令しています、アーメン。

マイン河畔フランクフルトにて、日曜日

カンタータ　第一五二一番。

マルチン・ルター

マリア・テレージア神聖ローマ皇帝妃

一七一七年、ウィーンにて誕生。一七八〇年、同地にて崩御。

夫のフランツ帝に代わって、政治を執り行った、夫のフランツは、イタリア、トスカーナで主として農産物を奨励し、後にハープスブルク家の繋栄をもたらした。子女をたくさん産んで、政略結婚に利用し、フランスのルイ十六世と政略結婚をさせられたおてんば娘のマリー・アントワネットには、恥をかかないよう、行儀をただすよう諭す手紙をたびたび書いた。またテレージア皇帝妃は住み心地が良いように、ウィーン郊外のシェーンブルン宮を自身の指図のもと、改築させた。『マリー・アントワネット』（シュテファン・ツヴァイク著、高橋、秋山共訳）、『マリア・テレージアとその時代』（江村著）、オーストリアやアメリカでたびたび映画・ミュージカルに取り入れられた。

レオポルド・ヨゼフ・ダウン伯爵へ

オーストリアの優柔不断な寓話であると、あまりにも考えすぎるこの将軍を世間の人々は揶揄していたが、この将軍には他の功績と共に、ホーホキルヒとマクセンにおける戦いの勝利で名声を上げ、コーリンでの戦い（一七五七年六月十八日）での勝利は世界中に名声をはくした、プロイセン王をも征服できたかも知れない。マリア・テレージアはその日に、特別重要なことを述べた、そして、人間を鋭く洞察する賢いこの皇帝妃は、伯爵が帰還後、心温かい夫人として心からの言葉をなげかけた。

君主国の誕生日　　一七五八年六月十八日

親愛なるダウン伯爵！

今日の偉大なる日に、私から、貴方に心からの感謝を、お祝の言葉を申し上げます。わが君主国が平和に保たれましたことは、ひとえに、貴方の功績によるものです。

そして、私の今日ある存在、また私の勇者がそろった、親愛なる軍も、また私の唯一の愛すべき義兄弟たちも、同様に、貴方の功績によるものです。

このことは、生涯、私の心と思い出から消え去ることはありえません。

また、年ごとに私は、新たな気持ちに、感傷的になるようですが、そのことを忘れずに、政務に励むつもりです。

今日も政務に励んでいますが、私の名前は、オーストリア軍にとりまして永遠に残る思い出となります。

またオーストリア軍の戦争において、オーストリア軍にはあまり高い俸給を払えませんし、残念ながら多くの負傷兵がおりますが、オーストリア軍は私の最初の騎士となりました。

神よ、私のために、オーストリア軍がいまだ長年にわたって国に奉仕することをお祈り申し上げます。

貴下とオーストリア軍、それに私の高官たちは、私の最高の真なる良きなる友なのです。

ダウン伯爵！

マリア・テレージア　拝

ルートヴィヒ二世、バイエルン国王

一八四五年、ニュンプヘンブルク城にて誕生。一八八六年、ベルク城にて崩御。

刺激に敏感な空想癖、明と暗の両極端を身をもってあらわしたルートヴィヒ二世、人気が高いバイエルン国王。神話に魅せられ、建築と音楽に浪費を繰り返した。若い頃は美貌に恵まれ、多くの画家らによって描かれた。後に、ルートヴィヒはますます現実から逃避し、自分の世界にのめりこみ、昼夜が逆転した生活を送るようになった、王は一人で食事をとり、夜中に橇《そり》に乗って遊んでいた、という、一八八六年六月十三日、シュタルンベルク湖で医師と共に水死した。水死という事態は、いまだもってその謎は解明されていないままである。『ルートヴィヒ』は（監督ルキノ・ヴィスコンティ、演者ヘルムート・バーガー）、大変な人気映画となった、等々。

リヒァルド・ワーグナーへ

若き皇太子は、すでに十二歳の時、ワーグナーが催す音楽会の上演目録、プログラムを息せききって、あふれんばかりの期待感で読んだ。そして、十六歳の時、ワーグナーの『ローエングリン』を鑑賞し、感激のあまり涙にむせんだ。皇太子は国王に就任するやいなや、国王の最初の国務として、書記官に命じ、自らを「芸術の庇護者」とした。その後、『ニーベルンゲンの指輪』の上演に際しての、ワーグナーの観衆への序言の後、皇太子の挨拶として「ドイツ人の芸術趣味と、ドイツの芸術の天才達は、国民に多大なる精神的影響を及ぼし、それらの人達は不朽の名声を勝ち取るであろう」。この挨拶における感情の横溢は、実際、政治的功績にもあてはまるであろう。

親愛なるワーグナー！　　一八六五年五月十日
私の心の無上の喜びは休まることはありません。私は貴下に手紙をしたためねばなりません。この上なく幸せな日が近づきつつあります。貴下のオペラ『トリスタン』がよみがえるのです！」

安らかな瞬間ではありませんか？　作者であり作曲家ワーグナー！　この世のものとは思えない無上の喜び、私の唯一の人、曇りのない喜びが私の心に伝わるでしょう。私は、いずれの瞬間でも、死にゆく覚悟です。完全には満足しておりません。ゼウスが集める暗い雲が天空を曇らせると、私が信ずる時に。（狂気の徴候）。

残念ながら、貴下の望みの劇場のボックス席には満足しておりません。いずれにせよ、貴下、大切な友、そして貴下の幾人かの友達に、確実に席を予約しておきます――貴下、弱気になってはだめです。私は、貴下に真実であることを誓います。これまで、貴下は、どこでも演奏会を催す劇場の建設をどうするのか、また劇場の活動、組織と言った腹立たしい問題と戦ってきました。さて今や、すべて、私という芸術庇護者によって劇場が完成しました！

――私は勇気を失いたくありません！――楽劇トリスタンの演奏会は、待望の完成への道のりへの重要な第一歩です！――「実現、成就！」――この言葉は、いつか、私達の耳をこの上なく幸福にすることでしょう！

習慣の柵を、私達は突破しなければなりません。現今の卑劣で、利己主義的な世界の法律は、改正させねばなりません。理想はいつか、かならず実現するものです！

――勝利を期待して、私達は前進しようではありませんか。親愛なるものよ、私は貴下を見放すことは絶対にありません！――おお、『トリスタン』、『トリスタン』は私にますます近づきつつあります！――私の子供のころと、青春時代の夢は実現しつつあります！　この世の卑劣さとは、貴下はなんら関係がないのです。地上の心労、悲しみにわずらわされることがないように、私は貴下を地獄へではまったくなく、ゼウスの聖鳥鷲、天高く飛びめぐる上空高く抱き上げることでしょう。

貴下と貴下の芸術への愛は、私の心の中で日増しに募りつつあります、そして、この愛の炎は、救済と苦悩からの解放をもたらすこととなるでしょう。

手紙を書いてくださいい、心待ちしています！　崩御する前までに。

ルートヴィヒ二世　拝

フリードリヒ二世、プロイセン大王

一七一二年、ベルリンにて誕生。一七八六年、サンスーシー宮殿にて崩御。

千年に一度に出るか出ないほどの賢人国王のひとり、自由闊達さ・フリードリヒ大王（フリードリヒ二世、プロイセン王）。知性豊かに模範的な行政管理、普遍的プロイセン法の創始者。総合学校条例。学校教育の導入。広大な沼沢地の干拓と農耕の推進。運河の建設による商業交通の発展に尽くした。芸術と哲学を、実生活のすべての行為より、高く評価。フランスのヴォルテールを宮廷に招き、哲学談義に興じた、みずからフルートを奏で、ヴォルテールをもてなした。音楽家バッハに『音楽の捧げもの』の作曲を依頼した。その後、静かなる宮廷において、名曲『音楽の捧げもの』がフルートの伴奏にのって、バッハのピアノにのって女神たちの歌とともに、さわやかに響き渡った。外交の術策にかけては当代随一の名人。天才、病的ともいえる献身、自己の魔的な運命に対する崇高な責任感、唯一の名誉は、文筆家。出征行のさなか、自分の詩を熱心に推敲。寛容の精神・ある男が教会で盗みを働いた、その男は聖母マリアが自ら自分に銀器をくださったと弁明した、その弁明は、カトリックの権威筋から、まんざら信用できなくもない――フリードリヒ大王は無罪と判決した、そして、但し書き「今後、聖母マリアから如何なる贈り物があっても、あいならず、この禁を破れば、重罪に処す」（訳者・なかなかユーモアというか茶目っ気があるフリードリヒ大王ですね、天才アインシュタインと同じです。手紙参照）。もう一つ「馬を相手に姦淫した兵士の罪・豚なみのその者は、歩兵隊に左遷すべし」、フリードリヒ大王は、中年に達してもあらゆる種類の子供のようないたずらを好んだ、これがおおいに魅力的であった。また、フリードリヒ大王は、自分の軍隊を当時ヨーロッパで最強の軍隊とし、行政をもっとも効率の良いものとした。フランスのヴォルテールとよく文通し、字もよく似ていた。また、友人宛ての手紙。「火が燃えるような情熱、名声を得たいという望み、そして自分の名前が新聞に、そしていつか歴史に残ることを自覚できる快感が私を誘惑した」。晩年には「悲劇的な人生、異世界の住人となったような途方もない孤独感、その日暮らしのうち、生ける屍でありたい」と思うようになった。

ミヒャエル・ガブリエル・フレダースドルフへ

ケッセルドルフの戦いで勝利した日に、フリードリヒ大王はデッサウ出身の年老いた男に、手紙をしたため、この男にはっぱをかけた。「昔から戦争は、いつも人がやらねばならないことを欲する（昔から、永遠に戦争は続く）」が、思いやりがあり、慈しみの心をもって書いた。その二日後、自身の二人の忠実な友達であるカイザーリンクとヨルダンの戦死をフォン・カマス夫人に心痛な思いで伝えた。

その間、ラインスベルクの宮廷において仕え始めたが、フリードリヒ二世が政権に就くと、枢密顧問官となったミヒャエル・フレダースドルフに伝言した。そしてフランスの作家、歴史家、啓蒙思想家で百科全書の編纂で有名なヴォルテールを正しいと認め、自身の宮殿に招いた。「フレデリク王の偉大なる人格」とヴォルテールはフランス語で語った。

このとても飾りけのない、ありのままの王のドイツ語の手紙は、いかに率直に母語で書いたかを知り、それ故、政治家として、また哲学者としての言動は、魅力を有し、手紙の中で、「王とは臣民に忠実に仕える者」といい、いかにお互いにかたい信頼関係をもっていたかがわかる。

ドレスデンから一マイルの地、一七四五年十二月十六日

ここで何が起きているか、我々がいかに多くの人々を戦死で失ったか、しかしながら、ザクセンの軍をほとんど壊滅させたことなどを、君は知ることになることと思う。明日、朝にはわ

れわれはドレスデンに向かう。

私の今日の報告は、ピョートル・カレル軍とザクセン軍がボヘミアに撤退したこと。

私は二〇日には、ベルリンに戻る。そして戦場で大変苦労したので、しばらく休暇を取る。

ドレスデンでは、君は兵たちにできるだけのことをしてくれたまえ。私は、戦利品としてたくさんの財産とマイセンの陶器を持って帰るつもりだ、それには私の行李《こうり》をもっていく。ドレスデンとマイセンとの間のザクセン地方は、かんぜんに壊滅状態にある。その他の地方はそうでもない。ここでは肉類や穀物はもはや無い。にもかかわらず、軍は再び行軍して戻らねばなるまい！

私の悩みごとは、戦死兵と負傷兵のことばかりだ。だが、ベルリンにいるより、ドレスデンにいるほうが、気分が少しはましだ。

再び平和が訪れるのは近い将来もない。今後、どうなるのかは、神のみぞ知る。

君に神の祝福あれ！

追伸：オーストリア軍とザクセン軍はボヘミアに向かい、われわれは、明日、ドレスデンにいる！

ヨハン・グスターフ・ラインベックへ１

「ある質問に対し、啓蒙とは何か？」哲学者カントは、「フリードリヒ大王のドイツ啓蒙精神の世紀である」と、答えた。この主張の正しさは、最初に、フリードリヒ大王が新教の長老とベルリンのペトルス教会の牧師に宛てた手紙によって証明されうる。ヴォルフッス（一六七九年、ブレスラウにて誕生。一七五四年、ハッレにて死去）は、大衆に信奉されている宗教の言葉に反発したと、フリードリヒ一世にあやまって知らされた、一七二三年フリードリヒ一世によって招聘されたハッレの教授は、若い皇太子に、まず手始めに、宗教の問題について携わることを、約束させた。やがて王に即位したフリードリヒ大王は（ヘーゲルは大王を賞賛した）、ドイツ人ヘーゲルの教えに従って、自分の領土を取り戻した。フリードリヒ大王は、ヴォルフスの主要著書『神の理性的考えと、人間の魂とすべての物の世界そのものについて』をザクセン国の大使ズームの仲介によって一七一九年、出版されたことを、読んで知っていた、大王はその著書をフランス語に翻訳させた。

シャルロッテンブルク、一七四〇年六月六日

高貴なる親愛なる忠実なる者よ！

私に仕えるよう政府の助言顧問官ヴォルッフスに伝えた、彼はなかなか決心がつかなかったようだ、なお貴下には、数度手紙をその旨したためた。そして、私は貴下に、理に適う必須条件を与えることとする。

貴下は、ヴォルフッスが私に仕えるよう努力を惜しまなかった、私は思うに、彼は真実を求める人間だ。すべて人間社会で光栄だ、とされる者よりも、私は真実を愛する、そして貴下がこの国において、真実が勝利をおさめたことを、私は思う、貴下がここにヴォルフッスを連れてきた故に。

フリードリヒ

ヨハン・グスターフ・ラインベックへ2

クリシティアン・ヴォルフッスはつぎのような立場にあった、「ドイツを去る、故に、ヴォルフッスはドイツから追放されるようだ」、と。それ故、追放先とされるオランダのユトレヒトへとラインベックはその噂を聞き取りに向かった。ヴォルフッスはラインベックに質問をされた。ヴォルフッスは質問に答え、「よろこんで、祖国にとどまる可能性」を示唆した、そして、「充分満足しました、そしてハッレの枢密顧問官と、副宰相に再び、呼び戻して頂きたい」と。ところで、フリードリヒ大王が、輝かしくも、有名な哲学者たちから、選んだヴォルテールを宮廷に招き、学び、ヴォルテールの影響はあった。そしてヴォルフッスの名声は、歴史と大王の生涯にエピソードとして残された。ヴォルフッスのこの大国からの追放の根本的な意味は、あまり重要ではなかったことでもなかった。

シャルロッテンブルク、一七四〇年六月十九、二〇日

高貴なる、親愛なる忠実なる者よ！

私は、貴下の上奏文を読み、政府顧問官のヴォルフッスが、私の宮廷にてお仕えしたい旨、私は喜んでいます。私は彼を、ベルリンの科学アカデミーの会員になるよう推薦しておきました、そして、彼は、科学アカデミーにて、すぐにでも入会講義をすると思います。聴衆は、彼のことですから、少なくないと思います。

私は、彼による国外の王、大使達の接待等に対し、二〇〇ターラーの俸給を与えることとし

ました、そうしたら、彼の家庭は暮らしも良くなり、より快適になり、また、マールプルクの所領を与えるつもりです。貴下は彼に、そのことにつき伝えてください。そして、私は二人に親愛の情を示す王です。

自筆の追伸・例のヴォルフッスがここに来るとしたとしても、何も難しいことはありません。と言いますのは、我々の科学アカデミーがパレードをするのではなく、道順を指導するからです！　絶品のユーモア！

フリードリヒ

ヤコブ・フッガー

一四五九年、アウグスブルクにて誕生。一五二五年、同地にて死去。

アウグスブルクの豪商、金融業、鉱山開発業、福祉慈善家。今日でもアウグスブルク市中に大邸宅が保存されており、観光客が世界中から見学に来る。福祉慈善活動の一環としてフッゲライ、低層集合住宅（訳者の主張は、これと比べると、日本の低層住宅は一部例外があるが、みすぼらしい戸建て組み立て住宅で、ほとんどはバラックなようなもので、小泉政権下の日本政府が「自由政策」とした住宅政策、国土・都市計画によっても日本国中スラムのような状況で、絶望的だ）。フッゲライは住み心地が良く今日でも、文化財として保存され一般の人々が低家賃で住んでいる。世界中から観光客がたくさん見学に来る、このフッゲライに、かつてモーツァルトの祖父が住んでいた。

神聖ローマ皇帝カール五世へ

アウグスブルクの豪商によるこの手紙は、新たな神聖ローマ皇帝選挙をめぐる壮絶な戦いを物語っている、一五一九年六月二八日、時のフランス王フランソワ一世に対し、スペインのカール一世が勝ち抜き、神聖ローマ皇帝カール五世が誕生したが、その背後には、カール一世側の要求で、総額、実に八五万グルデン（日本円で、約四〇〇〇億円）もの選挙への買収資金をフッガー家が融資し、さらにイタリア、ジェノヴァやフィレンツェの銀行、アウグスブルクの豪商ウェルザー家が約十四万グルデン（日本円で、約七〇〇億円）を融資し、またさらにフッガー家からは約五四万三〇〇〇グルデン（日本円で、約二七〇〇億円）もの大金が、鉱山開発等を担保に融資された。この手紙に書かれていることは、一五二三年スペインのヴァラドリドに滞在するカール五世宛てに、二〇万ドゥカーテン金貨の債務の返済を要求し、併せて、一五二五年、騎士団の年金に基づく弁済を要求した。

アウグスブルク、一五二三年

この上なく慈しみ深い、至仁の、最も崇高な神聖ローマ皇帝陛下！

陛下はまぎれもなく、よくご存じのこととは思いますが、私と私の甥たちは、アウグスブルグのフッゲライにならいまして、オーストリアにおきましても、福祉の目的で低層集合住宅を建設し、陛下の臣民たちをお世話させて戴いております。

昔、マクシミリアン皇帝陛下は、こちら私どもにお立ち寄りになられ、いろいろな出来事につきましてお話しさせて戴いたこともありました、そのようなことを思い出します。陛下、神聖ローマ皇帝の選挙におきまして、おそらく、他の人ではなく私をご指名つかまつり、七人の選帝侯たちの買収工作に応じ、陛下の当選の御ために、多額の資金をご調達させて戴きました。

そして、私のみならず甥たちも、友人たちにも多額の損害をこうむりました。しかし、称賛に値する、慈悲深い陛下は、名誉にも、その後の御国の臣民たちの社会福祉のためにも、ご努力されました。

陛下が、私の資金調達がなくとも、賢帝・神聖ローマ皇帝の王冠を得たことは（へりくだって）、誰でも知っていることですし、白日の下にさらされております。

ところで、陛下、ここに手書きの注文書がございます。

当時、もし陛下が、私が役に立たないものと、無視しましたなら、オーストリア家から離れまして、私がフランス王家に役立たせましたなら、提供した大金が戻ってくるかもしれません。

しかしながら陛下、結果、オーストリア家は不利になったこと、と思われます。学識高い、ご賢明な陛下でしたら当然のことと、ご理解できることと存じます。

陛下がドイツ、ヴォルムスにおけます帝国議会へのご出席、ご滞在のおり、私もそこにおじゃまし、ご返済の総額を計算し、私のテイロルの伯爵領にお金をお送りください。そうしてくださっても、私は満足してはおりません。

陛下の金庫係のヴォルガス氏と一緒に計算したのですが、私には借金があります。また二つの契約がありまして、年に二回、八月の十五日と二一日に利息を含めまして総額十五万二〇〇〇ドゥカーテン金貨を返済しなければなりません。

私自身、金庫を開けまして利息を含めたお金を支払わなければなりません。

その総額は三人の金庫係も計算してくれました、そして、とりわけ私が今まで、返済されてはいないお金を、これも金庫係のヴォルガス氏はひどいやり方で、私が返済した、と文書に確約しているのです。

ヴォルガス氏いわく、私の所領から所得があるから、こちらから返済する必要がない、と言うのです。

と言うことでして、陛下、忠実に、下僕としまして陛下に尽くしてまいりましたが、ここで私にお願いがあります。

陛下、どうぞお聞きください、陛下とヴォルガス氏とがお考えなされるか、それとも違った方法で、私がお立替申し上げました総額金をそれに利息分をたしまして、なにとぞ早くご返済のほど、伏してよろしくお願い申し上げます。

また、陛下、何かお金を儲けたいことがありますれば、この私、下僕といたしまして、何かてだてを見つける所存であります。

陛下、私、下僕にご命令ください。

神聖ローマ皇帝陛下！

ヤコブ・フッガー　再拝

オットー・フォン・ビスマルク

一八一五年、シェーンハウゼンにて誕生。一八九八年、フリードリヒスルーにて逝去。偉大な政治家、ドイツ統一の中心人物、ドイツ帝国初代宰相。プロイセン地主貴族、ゲッティンゲン大学、ベルリン大学に学ぶ、バイエルン王ルートヴィヒ二世宛ての手紙からもわかるように、ビスマルクとルートヴィヒ二世はお互いに親しみの念を抱き、ビスマルクは、美貌のルートヴィヒ二世の肖像画を、自身の執務室の壁に飾ったという、またビスマルクも人気が高く、昨今、テレビにとりあげられ、私生活の様子において、一度の食事に十五個もの卵をたいらげ、暴飲暴食で、そのわりには長生きした。趣味は、狩猟、乗馬、読書、釣りだったという。また、家庭をすごく大事にした。そして碩学、聡明な歴史家レオポルド・ランケと親交が深かったという。

ルートヴィヒ二世、バイエルン国王へ

いろいろな外交的決定をくだしたビスマルクによる外交手腕にたけた手紙の逸品のひとつが彼の執務室にあった――ところで、ドイツ皇帝の問題が、誰になるか、批判ごうごうたるなか、食器が片付けられた食卓で、タイプ用の紙にインクで幾度となく書き直された翼ある手紙が急いで郵便ポストに投函された――この手紙はすくなくともオリジナルであり、偶然に後世に残された。その手紙を受け取った美貌のルートヴィヒ国王はすぐさま、内閣総理大臣アイゼンハルトに手紙を読むよう命じた。大変緊張しつつ手紙の内容に目を通し、ルートヴィヒ国王は、受け取った手紙と同じ内容を手紙にしたため封筒にいれ、投函するよう命じた。しかしながら、総理大臣アイゼンハルトは、この国王の手紙にしたためられたこのような運命に、遺憾の念を伝えた。だが、国王は手紙をアイゼンハルトに手渡した。「アイゼンハルトよ、余はそなたにこの手紙を贈呈しよう。そなたは自身考えるところを、手紙にしたためよ。余はそれについて、もうこれいじょう聞きたくはない」。後世の人々は、これいじょう聞きたくはない、というのは、国王は、ビスマルクの望みに応じたこと。そして、ビスマルクの望みと、彼によって計画された人事を、バイエルン国王は、そのまま、プロイセン国王ヴィルヘルムに手紙をしたためた。そして、それによってドイツ帝国が成立した。

ヴェルサイユ、一八七〇年十一月二七日

偉大なる国王陛下！

陛下のご命令によりましてホルシュタイン伯爵が、私に手紙の封をつつしみ深くも開けろ、

との仰せ、国王陛下、私は感謝と畏敬の念にたえません。

国王陛下に対しましての私の感謝の感情は、そして宰相として議会と旧陛下によって決定されました公職の立場よりも、私自身として、より深く、より広い理由・根拠があるからです。つまり、大国どうしの戦争が始まり、来たるべき終結にあたり、真に終結させ、ドイツを統一し、強国とされましたのは、国王陛下、閣下のおかげであります。

しかしながら、私のではなく、ドイツ国民とその歴史の課題は、国王陛下、またバイエルン家のドイツ政策、陛下の兵隊の英雄的な勇気に感謝せねばなりません。

私は、この世に生きておりますかぎり、国王陛下に畏敬の念に満たされ、感謝の念にたえません。そしていつでも何事があれば、国王陛下！　私に何なりとご申しつけください。お願い申し上げます。

ドイツ皇帝の問題に関しましては、私の推測によりますと、誰がなるのかの提起は、他の政党からでも、閣下、国王陛下からでもなく、いわんや、国民議会からでもありません。皇帝の問題は、その成り立ちにおきまして、強力な同盟を支持する侯爵たちによる自由で、よく考慮されたイニシアチヴでも駄目です。その立場は歪曲《わいきょく》されることと思われます。私が思いますに、ホルンシュタイン伯爵が支持されるわが国王陛下、皇帝としましてふさわしいと思いまして、必要とあらば憲法を改正し、他の政党に向けて説明し、ご自身のお望みにお任せすることが、適当であると思われます。

このことにつきましては考えがあります。ドイツの皇帝とは、事実、ドイツ人であるという血統を満たしているのか、その証明がされているのか、ということです。ドイツの皇帝は、その国民であり、その農民でもありますし、プロイセンの王はその隣人でもあります。ただ、ドイツの称号は、それとくんだ右派の、ドイツの血統でドイツの侯爵たちから、自由に委ねられ、なされます。

プロイセン家もふくめまして、ドイツの偉大なる侯爵家たちは、既存の人、皇帝とかわって、侯爵家たちのうちの一家が選ばれ、ドイツの皇帝に就任し、そのヨーロッパにおける高い立場は侵害されることはありますまい、このことは歴史が教えるところです。

深い畏敬の念をもちまして。

ルートヴィヒ二世国王陛下!

フォン・ビスマルク　再拝

ヴィルヘルム一世、ドイツ皇帝、プロイセン国王へ

ドイツ皇帝に対しては、「広範囲に鋭く考え抜く政治的考え方と、並々ならぬ記憶力」ということをさとし、ビスマルクは、帝国議会という記念碑をうち立てた。ビスマルクが仕える主人、皇帝とのほんとうの関係を、この手紙ほど赤裸々に語るものは他にない。ドイツ帝国の成立の半年後、その後の政治が正しかったと確信して、心をこめて執筆した翼ある手紙である。ドイツ帝国はビスマルクが創造したと言っても過言ではないが、そしてその後、帝国は病み、滅びることとなった。また、ビスマルクは、皇帝からは侮辱された感覚はなかった、両親の家でも同じであった。つぎのような事情がある。(フランス語で)「心も体も侯爵の姿で、そ

して、特徴は、理性というより心が大切であり、これがゲルマン的な性格であって、死と生きることの下僕に完全にひれ伏す」。皇帝より、領土のザクセン地方の森を贈呈され、いやいやながらの感謝の態度は、このようなビスマルクの性格に反映している。

ベルリン、一八七一年六月十一日

皇帝陛下は、私に慈しみ深いご意図を、口頭にてお聞かせ下さいました。それをお聞かせ戴き、感謝の念にたえません。あらためまして、陛下の足下にひれ伏すことをお許し願います。とりわけ、王様が尊い贈り物を私にご授与されまして、喜びの至りでございます。

陛下ご自身が、私のご奉仕に対し高くご評価されたことと思われ、心より敬意を表します。陛下が心安らかなことは、私にとりまして、必要かつべからざるものと思います、そして私自身も心安らかでございますし、陛下がそうであることをお喜び申し上げます。

領邦君主（先祖代々私に相続させ、また、私の子供たちの相続の一部になっておりますが）に個人的にお仲間いりする感覚は素晴らしいことであると思います、と言いますのは、神のお恵みでありますし、また疑問と解決の時代でもあるからです。

そして、私は、与えられた理性の熟慮が充分でないとしても、疑問と解決に向かって、どんな時でも解決し、決定する所存であります。

陛下が、私にご授与されます所領は、私の夢のような理想でありまして、その美しい森は、簡単に馬車でいけますし、また、私の誇りでも、喜びでもありますし、陛下にあらせましては、感謝の念にたえません。

ザクセン地方の森では、数世代にわたりまして高貴なブランデンブルクの心が私を呼び、私は森の中で別荘でも建て、余生を送るつもりです。陛下、これも皇帝陛下と、帝国にご奉仕させて戴きましたおかげです。

私自身は陛下にご奉仕しつつ、ともに政治、政策の熟慮にまい進するつもりです、もし肉体的な衰えで、政務がおろそかになりまして退職をよぎなくなりました場合には、どうぞご寛容あらせませ。陛下、数ヶ月後には、私は退職し、再び健康な国家の公僕を任命いたします。

徳高き皇帝陛下

フォン・ビスマルク再拝

クレメンス侯爵・フォン・メッテルニヒ

一七七三年、コブレンツにて誕生。一八五九年、ウィーンにて逝去。

政治家、ウィーンの郊外のシェーンブルン宮において開催された『ウィーン会議』において、オーストリアの外相として公爵メッテルニヒは議長を務めた。各国代表は、イギリス、プロイセン、それにロシア等であった。皇帝フランツ二世の信頼が厚かったメッテルニヒは、一八一〇年ナポレオン一世と皇女マリア・ルイーゼとの結婚の仲介役となった。メッテルニヒは金髪巻き毛とした伊達男で、多くの姫君と浮名をながした。その後、失脚し、引退後、ロンドンに亡命した、そしてロンドンで演奏していたかつての政敵、作曲家シュトラウスと再会し、握手をかわし、抱き合い、涙をながして喜んだという。

カール・アウグスト・ヴァルンハーゲン・フォン・エンゼへ

侯爵宰相は、兵士達の疑念に対し、強い調子で言った。「自身には、大砲発射を命令するに、無力感で胸が張り裂けそうだ。大砲発射するときの大きな音に驚くのではなく、じっさいには兵士を点呼した、と」。決定的な数時間においては、メッテルニヒのこの主張は正しい、というのは、ナポレオンがエルバ島を脱出したとの報が届き、ウィーン会議はまったく準備されていなかった。メッテルニヒの機知にとんだ外交手腕を強固に発揮する姿は、来たるべきウィーン会議において、いずれにせよ証明された。

ウィーン、一八四〇年三月二七日

貴殿の最も新しい文書をお送り戴き、私は感謝の念にたえません。

時間がゆるすならば、その文書の一部分でも拝読しますものも、今はウィーン会議開催への準備がすべてです。

その文書は、私が良く知っている戦地に触れるものですから、その文書をいただきまして、心温まるものでした。描いてくださいました戦況の図は、やや修正すべきです、そうすれば、貴殿のお立場は、まったく真実のものになります。

貴殿に、私が気付いたことをお話しいたしましょう。それは歴史的な事実です。ゲンツ氏よりも、貴殿は印象を心に浮かべながらお書きになられました、ナポレオンのエルバ島からパリへ帰還して後に、ナポレオンと和解し、平和条約が締結されました。このことは偶然でして、我々の友の考えでは、重要な決定には何ら影響を及ぼすことはない、ということです。

事柄のいきさつは、次のごとくです。私がナポレオンに宛てで、短く機知にとんだ外交文書をわたしました。そうして戦争は、長期間無し、と決定されたのです、歴史にこのことをとどめてください。

エルバ島から脱出したナポレオンのイタリアからの最初の情報を、私が持っておりました。その情報は次なる方法で得たのです。五の強国とその全権を委任する強国たちとの間の会議におきまして、私の内閣は、深夜に、そして三月六日から七日にかけまして、早朝三時まで議論をしました。ウィーンの内閣は、議論に一致をみましたので、私は内閣の下僕に、命令しました、機密文書を携帯する特別の使者が深夜遅く到着したなら、眠っていたら邪魔するな、と。エスタフェッテから機密文書を、早朝六時ごろにうけとりました、それは、急報でした。私が封筒を開けますと、つぎのような言葉でした。ジェノヴァの全権大使が文書を朗読し、そしてその間、二時間ほどベッドにねころんで、聞いておりました、そして、私は、その機密文書が入った封筒を開けずに、すぐそばにありますナイトテーブルの上におき、再びねむりました。一度、(眠りを)邪魔され、ジェノヴァの全権大使が立っており、はっきりとは何もはなしませんでした。

朝七時半ごろに、私はその文書の封筒をこじ開けようとしました。文書では、六行で、通知状とありました。イギリスの国から一定の任務を託された特別委員カムプベル氏は今、港にあらわれ、ナポレオンがジェノヴァにあらわれたかと、尋ねました、というのは、ナポレオンはエルバ島から姿を消したらしく、その後は、ノーという答えに、イギリスのフレガッテ氏は、ためらうことなく、再び海へと走っていきました!

数分後、私は正装してすでに、八時前に皇帝陛下のそばにおりました。皇帝陛下は報告をお読みになられ、報告がお分かりになり、静かにお話しになられました。皇帝陛下は、報告はすべてとても重要な状況であった、そして次のごとく私に言われるのです。「ナポレオンは冒険遊びをしたいようだ。自分勝手にやればいい。ナポレオンは長年にわたり平和を乱してきたが、我々は、世界の平和を確実にすればよい」。貴殿はすぐさま、ロシアの皇帝とプロイセンの王に会いに行き、貴殿は、彼らに次のごとく言ってもらいたい。

「余はすでに、余の軍隊をいつでもフランスに向けて進軍させることを命令する準備ができている」、と。「両国の領主は余と、信頼関係をもっていることに、疑いないことと信ずる」、と。

九時十五分頃、私はアレクサンダー皇帝と合っておりました(寝不足で、記憶喪失)、その方は、私に、わがフランツ皇帝と同じようなお話しをしておりました。九時半には、バイエルンのフリードリヒ・ヴィルヘルム王のお口から直接、同じようなご説明を聞かせて戴きました。九時過ぎには、私は在宅しておりましたので、私はすぐに、陸軍元帥侯爵シュヴァルツェンベルクを呼び寄せました。

十時頃には、四の強国のそれぞれの大臣と、私の要請につきましての調整をしました。この時間頃にはすでに、副官達があらゆる方向から途中で待っており、退却する軍隊の一部隊に静止を命令しております。貴殿がご覧のように。戦争は、一時間ほどで終結されました。

大臣達が、私のもとに来られましたが、彼らにはこの事件について知らされておりません。タライラント大臣は、支持したはじめの人物です。私は、彼にジェノヴァからの通報文書を読むように促しました、彼は固くなって、我々に簡潔に、（フランス語で）こう話すのです。タライラント「ナポレオンはいまだ生存しているのですか？——私「報告によりますと、そのようです」、——タライラント「それでは、イタリア海岸か、スイスに到着したのですね」、——私「ナポレオンは、もうパリに滞在しております！」

このことは、とても単純な歴史であると考えられます。

数日後、タライラント侯爵、イギリスのウェッリントン大公それに私は、プレスブルグ（今日のスロバキア共和国の首都ブラチスラバ）に馬車で行き、その地におきまして、我々は、滞在されていましたザクセンの王と、ウィーン会議での委任どおり、平和条約締結を締結しました。ウェリントン大公は、その地で、平和条約の要約、抜粋をそれぞれ三人と、またその要約、抜粋をフランスの騎士連隊に帰国の途中、手渡し、観閲行進をさせるよう、要請しました。

ご尊敬するエンゼ閣下！

C・フォン・メッテルニヒ　再拝

アルブレヒト・フォン・ヴァレンシュタイン

一五八三年、ヘルマニチにて誕生。一六三四年、エッガーにて死去。

軍人、三〇年戦争の英雄。手紙にあるように、大変裕福な未亡人と結婚し、その未亡人の死後、莫大な金品や家屋等々を相続し、多くの傭兵を集めて三〇年戦争で戦った。その結果、神聖ローマ帝国公爵としてフリードランド領土を、皇帝フェルデイナンド二世より賜った。また世界的に有名な天才天文学者ケプラーを呼びよせた。『惑星は楕円軌道を描いて太陽の周りをまわる』

神聖ローマ皇帝フェルデイナンド二世へ

ヴァレンシュタイン率いる傭兵軍が、ドイツ、デッサウ近郊のエルベ川に架かる橋上において、スウェーデン軍マンスフェルド伯爵率いる軍に決定的な勝利をし、異例の出世を遂げた。カトリック教徒であったが宗派を変えて、大変裕福な未亡人と結婚し、その未亡人の死後、莫大な金品や家屋等々を相続し、多くの傭兵を集めて、プラハ近郊の白山の戦いから始まった三〇年間続いた宗教戦争で戦った英雄であった。一六二三年には神聖ローマ帝国侯爵となり、一六二四年には公爵としてフリードランド領土を賜り、一六二五年には神聖帝国軍の陸軍元帥、そして大元帥となった。こうしたことにより、他の高官の軍人達の妬みや、フェルディナンド軍に反逆するのではとの恐れから、フェルディナンド二世皇帝の命令によってエッガーにて刺殺された。これらの戦いに勝利し大元帥となったヴァレンシュタインの、いかにも軍人らしい手紙は、自意識過剰な調子が感じられる。

国王陛下

ツエルブスト、一六二六年四月二五日

陛下にあらせられましては、恭しくもご報告することがございます。今日、陛下とご一緒に作戦計画をたてておりましたが、陛下のご命令によりまして、私は、マンスフェルド伯爵の首を一撃のもとにはねてまいりました。また私の命令により、レオン・クルベッリ殿が陛下に、戦場でのあらゆることをご報告するよう申し付けました。

マンスフェルド一族は自身の稲をシュレジエン地方に植え付けるか、あるいは少なくとも、一定の期間をおいて、離れ離れになることでしょう。

陛下！

アルブレヒト　フリードランド領の公爵　再拝

エルヴィン・ロンメル

一八九一年、ハイデンハイムにて誕生。一九四四年、ウルム近郊ヘルリンゲンにて自殺。軍人、陸軍元帥。フランス、北アフリカでの戦闘指揮において驚異的な戦果をあげた傑出した指揮官。当時、アフリカリカ戦線で目覚ましい活躍を遂げ、イギリスの軍人たち、それにチャーチル首相から『砂漠のキツネ』といわれた。著書『歩兵攻撃』を著し、この著書に、ヒットラーは感激した。またチャーチル首相は『ロンメル、ロンメル、ロンメル、奴を倒すこと以上に重要なことなど存在しない』と言ったという。ロンメル元帥の自殺については諸説ある。（一）手紙の前文にあるように、敵前逃亡説、（二）よくいわれるシュタウフェンベルク参謀大佐によるヒットラー暗殺未遂事件に加担した、というものだが不明である。いずれにせよ、ヒットラーの部下に手渡された毒を、自宅の森の中で自ら飲み自殺した。英雄として人気が高いロンメルは、ヒットラーの思惑があってか、国葬にふされた。映画に、『ロンメル・第三帝国の最後の英雄』（ニキ・ステイン監督、一九七〇年）、『砂漠の鬼将軍』（ヘンリー・ハサウェイ監督、一九五一年）等々。

アドルフ・ヒトラーへ

プール・ル・メリット勲章を授けられた、第一次世界大戦における若き歩兵は、第二次世界大戦において、北アフリカのトリポリの前線では、「砂漠のキツネ（狐）」と呼ばれ、伝説的な人物となった。ロンメルは、敵軍の総元帥をして「我々の友ロンメルが、仮に、われわれの軍隊に所属したとしたら、わが兵隊たちは、ロンメルについてあれこれ噂するであろう」、そして「魔術師であり、子供たちを泣かせる男」と呼ぶであろう。しかしロンメルは、けっして超人ではない、誰もがロンメルのエネルギーと才能を疑うことはない、だから私は、ロンメルが、ドイツの大将たちの普通のタイプとは、かけ離れた存在であることを認めざるをえない」と言わしめた。連合軍がフランスに上陸後、ロンメルは一兵団を率いて戦うしかなかった。全体の戦況をかんがみて、ロンメルは撤退せざるを得ない、と考えた。

おそらくロンメルは、ドイツに撤退しつつ闘い、部下たちの家族を思いやり、また、祖国を廃墟、瓦礫の山としたくなかった、と考えたのであろう。ロンメルは一兵団を撤退させ、結果、逃亡罪で起訴され、死刑の判決がされた――二日後、戦闘で重傷をおい、ヒットラーから託された毒を飲み、十月十四日に自殺した。

一九四四年七月十五日

ノルマンディー前線の戦況は、日に日に悪化しております。また危機が近づきつつあります。我々の損失は、甚大なものでした。連合軍の物資はことのほか豊富で、砲兵隊と戦車群が投入され、周囲の戦闘地域は敵の空軍、飛行部隊に制圧されました。

連合軍は強く、意気が上がり、我々の師団の戦闘能力は低下しつつあります。

故郷からの補充隊はほんの少しだけ到着しましただけです。理由としましては、輸送状況が困難であったためと思われます。前線へは、ほかの補充部隊がようやく数週間後に到着しました。

これまで約九万七〇〇〇人もの兵が戦死し、そのうち二一六〇人の将校、二八人の将軍、三五四人の司令部たちが戦死しました。すなわち、毎日平均で、二五〇〇〜三〇〇〇人の戦死者の損失でして、これに対し総数で六〇〇〇人の補充隊が必要と思われます。

また、投入されました部隊の物資の損失も甚大でして、ですから、今日までほんのわずかな補充隊が必要でしたが、加えて、二二五の戦車群が必要かと思われますが、今日まで投入されたのは、たった十七の戦車群のみです。

新しく投入された師団は戦闘に慣れておりますが、砲兵隊の装備はわずかです。

また、敵の戦車群を破壊する兵器と、敵の戦車群が戦闘するに対する地雷等々が不足しております。連合軍の大きな戦闘能力により、数時間後に集中砲火をされ、爆撃飛行機から爆弾を地上に投下され、成功し、辺りいちめん焦土と化しました。

戦況がどのようかお示ししました如く、連合軍の物資の投入と、勇ましい部隊により、われわれの部隊などは一個、一個粉砕されました。

補給品、補給路についてお話ししますと、連合軍の飛行機の爆弾投下により、鉄道網は破壊され、また、前線の後ろ一五〇キロメートルまでは、街路と田舎道が大変危険にさらされてお

ります が、最も必要なもの、例えば、糧食、タバコ、コーヒー、衣類等々は、今の前線には補給することができ、とりわけ、砲兵隊とその弾丸はどこであろうとも、とても貴重なものでして、節約しなければなりません。

ノルマンディーの前線には、我々の部隊も投入できません。連合軍側では、日に日に戦車群や砲兵隊、空軍爆撃飛行機群、それにたくさんの量の戦争物資を前線に投入しております。連合軍の糧食、弾薬などの補給品は、我々の空軍では妨害することはできません。

連合軍の軍事的圧力は日々強まることと思われます。

これらの状況では、連合軍は近い将来、——二、三週間のうちに——我々の弱い前線、とりわけ、第七軍隊は突破され、フランスの領域まで突入することと思われます。

次のことは、歴然《れきぜん》としております。

故郷の人達、軍隊はあらゆるところで英雄的に戦っております、ですが、実力が違う戦いでは、敗戦に近かづきつつあると思われます。私は、このような戦況にありまして、ドイツ総統閣下がそくざにお答えくださるようお願い申し上げます。

私は、兵隊の集団を率いる最高司令官として、このことをはっきりと、明快に申し上げた次第であります。

ロンメル、陸軍元帥　再拝

ドイツ総統陛下

アルフレッド・クルップ

一八一二年、エッセンにて誕生。一八八七年、同地にて死去。

十九世紀、ドイツ最大の鉄鋼、兵器製造企業家。父が創設した小さな木造の工房で苦心して鉄鋼を発明した。その工房を相続し、現代でも巨大コングロマリットであるクルップ社に育てた。十九世紀新興軍事国のプロイセンに、高性能の大砲を供給し、「大砲王」「死の商人」と世間から言われた。ところで、一八七一年、ドイツ社会民主労働党によるゼネラルストライキをきっかけに、アルフッレド・クルップは、社内で疾病保険、養老保険などを整備し、労働者を保護した。なお最近、パリ、ポンピドウ文化センターの建設にあたって、クルップ社は鉄鋼部分を供給した。巨大なもののため、苦労の末、工場からパリ内部の建設敷地に運び、組み立てた。

造幣局長ゲデキングへ

鋳鋼工場の創設者であった父親のフリードリヒ・クルップは、若くして未だ四〇歳にもならぬうちに死去（一七八七年～一八二六年）され、そして遺されたのは、八個のストーブと五人の従業員、それに負債であった。そして、彼の長男は、母の補佐人として、死去した父の遺志にしたがって鉄鋼工場の社主を受け継いだ。工場では必要なところは整理、配列し、工場が存続することを確かめ、まず如何にして注文がとれるかが問題であった。叔父のカール・シュルツの助けをかりて十四歳になる長男が、ベルリンの造幣局宛てに手紙をしたためた。その内容は、この三年来、クルップ社は、鋼の注文がなかったので、ご注文をください、というものであった。

エッセン、一八二六年十月十五日

二年間にわたりまして、ほとんどベッドの上で寝たきり状態の病人が、前の日曜日、すなわち、この月の八日に永眠いたしました、私達、家族一同は悲しくて涙が止まりません。私は、私達の家庭でおきました悲しい出来事をお伝え申し上げました。なお、故人は、貴方とお友達になれたことは幸いであったと申しておりました。

また、一年前ほど、社主でありましたグレーヴェル氏が退職されましたが、まだお元気のご様子でした、そのことを私は貴方にお伝えいたします。

その後、父親が病気のあいだ、母は私に、会社が存続・操業できるよう、貴方にお願いするように、と言うのです。

商人が必要とする硬貨等々は、一年前から、私どもが高炉鋳鋼工場で製造し、今でも増加しつつあります。

ですが、もしも貴方が、我々にご愛顧のほど鋳鋼工場にご注文くだされば、さっそく高炉鋳鋼工場で硬貨等々を製造するよういたします。よろしくお願いいたします。

多くの友人たちの協力によりまして、過去の会社も、今の会社も存続されております。

造幣局長ゲデキング閣下

アルフレッド・クルップ　再拝

ウェルナー・ジーメンス

一八一六年、ハノーファー近郊のレンテにて誕生。一八九二年、ベルリン、シャルロッテンブルクにて死去。ドイツの企業家、電気工学者、発明家。コンダクタンスなどの『単位ジーメンス』に名を残している。小作農家の十四兄弟の四番目、兄のウィリアム・ジーメンスは『鉄鋼用のジーメンス平炉』を発明。また兄のフリードリヒ・ジーメンスは『蓄熱式加熱法を利用したガラス用のジーメンス炉』を発明。ウェルナー・ジーメンスは、陸軍に入隊し、工学を学ぶ。『電磁式指針電信機』（モールス信号を使わずとも、針で文字盤の文字を指さすことで、電文を伝える装置）の発明、また『地下ケーブル』を発明、一八六六年『ダイナモ』の発明、一八七七年『電流を振動に交換するコイル』の特許、一八七九年『電気機関車』を実用化、一八八〇年、世界初の『電気式エレヴェーター』を開発、一八八二年『トロリーバス』の開発、現代ではドイツ、バイエルン、ミュンヘンの大企業。もともと電信、電車、電子機器の製造から発展し、現在では『情報通信』『電力関係交通（自動車：B,M,B）』『防衛』『生産設備』『電器製品』『医療』『鉄道車両のインバーター』『M.R.I装置』『補聴器』『蒸気タービンの開発』、レントゲンがX線の研究で使った放電管は、ジーメンス社製品だった。

ウィルヘルム・ジーメンスへ

当時陸軍砲兵少尉であったウェルナー・ジーメンスは、さまざまな未来を見通した発明をしたが、一八四七年十月十二日、技術者ハルスケと共にベルリン、シェーネベルグ街十九番地に電信機の製造工場を創設した。ウェルナー・ジーメンスのたゆまぬ電信機の改良によって、すぐにロシアにまで製造工場を増設、新設するようになった。また、海外まで電信機のためのケーブルを敷く試みがされ、一八五〇年に至って、イギリスのドーヴァーとフランスのカレー間(ドーヴァー海峡)の、海底に敷設されたケーブルには対海水性がないことを、ジーメンスは気が付き、この問題にすぐにとりくんだ。はじめは人々から「(英語で)科学的にみてもナンセンスだ」といわれたが、深海底に敷設するケーブルを試験、調査し、イギリス式のケーブルの設置方法が最も良いと分かった。その後、紅海の海底にケーブルを敷設する工事について、イギリスに滞在している弟のウィルヘルム宛てのこの手紙は、まるで海底ではなく、明るい雲を集めるゼウスのような、空中に飛ぶようなタッチの筆づかいで書かれた、そこでの体験や経験、そしてケーブルを設置する計画等々についての、言葉がつぎつぎと彼の口をついて出た。スタッカートな、音を明瞭に切って簡潔な文章、感嘆符！　それに彼が語って秘書が速記したややイギリス調のこの手紙は、ここではじめて公表されたものであり、彼の普遍的精神を彷彿とさせるものである。いろいろな出来事が語られたドラマの舞台は、紅海であり、エジプト側の港町コサーとスアキン、アラビア海に面するモカ(イエメン)、当時、イギリス領のアデンとペリム島、それに紅海の南端に位置するハニシュ島、更にアラビアの南海岸の首都ハドラマウト。ムッリとは、シナイ半島のビルムッルのことらしい。連れ合いはケーブル製造会社のニューアール、その会社の出資者であるゴードン、また、ウィルヘルム・ジーメンスの義兄・イギリス政府の技師であるギスボーン、他の技師たち、そしてニューアール社、あるいはジーメンス社の従業員たち。

エロラ号の船内にて、一八五九年七月二日

親愛なる弟よ！

おまえは、ニューアール氏とゴードン氏による二つのイギリス宛ての手紙と、それに私の以前の二通の手紙によって、私達の稀なる運命について知っていると思います。

私は、おまえに一度エジプトから、そしてもう一度はスアキンから手紙を書きましたね。おまえが、これらの手紙を受け取ったのかどうかわかりませんので、この手紙で、私達の仕事や体験等について簡単に語ろうと思います。

私達の「皇帝号」はスエズに到着しました、これまでたくさんの興味深い実験をしました。私は、ケーブルに防海水材を巻き付けることが、とても効果的であることに気が付きました、先に、ベルリンに送った見本、試料をビルケンヘドにて調査したところ、それに大きく関係する長さに問題があったのです。

さらに私は驚いたことに、とても大きな電気力学的静電誘導『螺旋から螺旋へと作用する特別なクーラント（冷却液）』を私は見いだしました。

船内にある約八〇〇ノットの長さのケーブルでは長すぎてほとんど、話になりません。四〇〇ノットの長さのケーブルと強いバッテリーがあれば充分なのです。

海底にケーブルを設置する際に、電信機を用いて、話をする速度を速めます、そして私達がコッサーの地に到着しまして、残りの約一〇〇ノットの長さのケーブルを海底に設置し、以前より四倍おおきな声で、できるだけはやく話したのです。

このことは、重要な観察でした！

長いケーブルを海底の設置するさい、将来では、私達が後になって、コッサーとスアキンのあいだ、そしてスアキンとペリムのあいだにケーブルを準備したところから適当と思われる海底にねじを回してゆるめ、そして、金属製の防海水材を作りあげ、その間、人は話しておりまして、最終的には、長いケーブルを海底に設置し、それから再び金属製の防海水材をケーブルに巻き付け、そして、四〇〇ノットの長さまでわたすのです。そうしますと、電信機をもちいて、快適に話すことができます。

田舎でのような悪い話し方（方言、そうだっぺ、のたぐい）によって、人は驚いて飛びのくことがないようにしなければなりません！　それはたんにちがう話し方なのですから。

ですから、われわれの電信機を利用して田舎弁で話すことはやめてください、ほかの話し方、例えばスワヒリ語、日本語、オランダ人ではフィリピン語、スイス方言のフランス語でもどうぞ、たくさん試してください！

コッサールでは、聞きしにまさる暑さです！　スエズ運河に沿った鉄道線はひどいものでした。鉄道線と、紅海での船との連絡は馬鹿げたものでした。ゴードン氏による特別命令によって、これを書きました。

ですから、夜のあいだじゅう一人ぼっちで、暑さで気分も悪いし、そしてものすごい悪魔の夢を見て、とび起こされるのです。

日が昇りますと、一人ぼっちなことは、快適でして、ベッドの上で横たわっていますと、以前と同じように気分爽快です。しかし、突然、少々気分が悪くなります、と言いますのは、ケーブルが紛失していたからです。

つめたい水を含んだタオルを額の上におき、冷やした後は、一人ぼっちの寂しさもなくなりました。

おまえは後に、魔女キルケとして夢の中で登場します、すなわち船「皇帝号」の船内にあった電信線、それも重要な量が、例えば、完全に防海水されたマカラケーブル（防海水は、四回よこたわっておかせると、以前と同じようによくなりました！）紛失してしまったのです。

コッサールにおいては、私達は借家が見付かり、前々から意図していた木造の家を建てる必要がなくなりました。そこに長く滞在しました。

私達が、停車駅ごとに借家をみつけ、私達は少なくとも、二ヶ月間そこに滞在することになりそうで、三、四回、深海底に敷設するケーブルの試験、調査が必要になります。

鉄道線は、約二十一分の二ノットの長さのケーブルで行います。海底を掘ることは、仕事上の義務です、それでたった約二十一分の二フスの深さまで掘ります。これが終わった後も掘ることを続けますと、掘ったもののなかに防海水の誤りが、見つかりました。

私達は、その誤りを調査しました。その結果、十〜二〇フスの長さのエキセントリックな（奇矯な）ケーブルの一部がみつかったのです。おそらく、通常はあまり気にかけない太陽の熱が、グッタペルカ（熱帯植物の樹液から得られるゴム状の物質）を溶かしてしまったのではなかろうかと思われます。これがまちがった推測であったとしても、あつい熱は、タールとグッタペルカとの結合に作用し、それによって伝導し、それも一面的に伝導し、その結果、陽電流が減少するのです、陰電流はとても重要なのです――しばしば、十倍に――拡大します。

ですから、エキセントリックな、つまり奇矯な場所においては、実験によって認識することが必要です。また、補修用のゴム皮に伝導しますと、すぐにかなりの過ちに、私達は気付きました。

私達は逆に戻って、八ノットの長さのケーブルを再度、観察する必要がありました。そのケーブルには、裂け目があって、私達は、その欠陥に気付きませんでした。

私達が、十〜十二ノットの長さのケーブルを海底に設置した後、二日後に、同じことが、ケーブルに裂け目が起こりました。それは、明白にエキセントリックつまり奇矯なケーブルの位置、場所でして、おそらく、海岸の先端部分で変質したと思われます。ですから海岸の先端部分の海底に新しいケーブルを設置しましたので、その後、万事うまくいきました。

そして、私達は、何ら事故なくスアキンに到着しました。

これからは、わかりやすくまとめて、簡潔にお話しいたしましょう。

ここの暑さはひどいものでして、つねに湿気をふくんだ空気は息苦しいほどです。幸運なことに、私達はほかに客がいない立派な家を、それも驚くことに完成した家を見つけました。ですので、すぐに仕事にうつることができました。ニューアール社は幸福ものです！準備万端整いました。

ニューアール社の従業員の仕事ぶりは、熱心でして、ある一人の男はそれに輪をかけて熱心でして、うらやましいほどです。

デーデ氏とマイアー十一世氏はここに残りました。お二方は技術者です。コッサールには、ヘルツァー氏が残りました。

海岸の突端部分の海底には充分に注意しつつケーブルが敷設され、状態は良好であります。私達は、海岸に行き、約二〇〇ノットの長さの、改良された防海水がとりつけられたケーブルが海底に設置されていたものを、元の場所におきました。その場合、短時間のうちに大きな欠陥がみつかりましたので、私達は、しばらく滞在せねばなりませんでした。

その欠陥は、船内にある八〜十ノットの長さのケーブルにあると、特定しました。私達が、七本のケーブルを引き上げ、技術者であるデーデ氏にお会いしました。

ケーブルが破壊された、ということです。おそらく、はじめに海底にケーブルを設置する際に発生した、ということだそうです。

その後、アデンまでは事故はありませんでした。

ペリムについては、話題がありますが、いまは語るときではありません。それは、アデンまでは、まとめてはやくお話ししたい、と以前に説明したからです。

船に乗ってからは、防海水も、電信機を用いての話すことも、すべて順調でした。

その後、私達に告げることもなく、ニューアール社は逃げ去りました。

それでも私達は、ようやく二日後に、陸の税関においてニューアール社と連絡をとることができました。

そして重要な欠陥が見つかりました。私は、アデンから、それはたかだか十ノット、おそらく、七、八ノットの長さのケーブルにあると特定しました。

私達は、ケーブルを引き上げ、船内で、幸運にも欠陥をみつけました。

そして、まずさきにケーブルを持ち上げ、それからロープを数回研磨することによって、欠陥の箇所を修正することができました。このように、とても大きな欠陥を特定することができました。

私は今、欠陥の特定方法を探りだし、私達が、潜水して喜ぶ青年たちを訓練して教えこみ、給料を支払うことができましたなら、いかに素晴らしいことでしょう!

こうした今のような幸運をもたらす欠陥の特定方法を探りだすことによって、素晴らしく、確実にお互いの会話を楽しむことができ、また、ニューアール社が私達に敬意をはらい、スエズとアデンのあいだでも翻訳されつつ会話できることを促進させたのです。ニューアール社は、今とても好意的であって、潜水青年たちを私達のもとから、排除しようとは考えられないのです。

ですが、このことについては、あとでゆっくりお話しましょう！

欠陥が修理され、鉄道線に乗ることも素晴らしく、たった三分の一の強さのバッテリーをつかって、仕事ははやく、順調にはかどりました。それらのことを、私達は本に書きとめました。腕の良い従業員達が、八つの言葉を発すると、そして、疑いもなく、十の言葉を発してもバッテリーを強くしないでもすむのです、そして、もしも、鉄道線に乗る客が満員でも、良い翻訳者が雇用され、従業員達が、良く訓練されていればだいじょうぶなのです。その後、マカッラケーブルを海底に設置しました、その際、私は、アデンに残りました。一人ぼっちが気分爽快になるのです。

ここまでは、すべて万端良かったのです。アルマの港から乗船し、私達は八日、あるいは十一日に旅立つことにし、事実、旅立ったのですが、十二日の早朝に、船が岩と激突したようで、とてもいやな気分で目覚めました。

マイアー氏、私、ニューアール氏、ゴードン氏、ギスボーン氏そしてリスライ氏は共に船内にいました。マイアー氏と私は船のデッキで寝ました。はじめ、衝突で私達は目覚めました。すると、船が左弦に傾いているではありませんか。私達は船の右弦へと走りだしました、そして、明るい月の光の下で（午前二時半）、私達は、サンゴの岩の上にいるではありませんか！

みわたしますと、ハニシュ島と多くの島にとり囲まれていると、私は知りました。一分後、船の上を海水がながれ、そして、その後、すぐに、船の後部のデッキが水浸しになっているではありませんか！　おそらく、船が座礁するのではないか、と思いました。私達は、小さな住み心ちの悪い、荒涼とした岩の上で、水もなく、昼の太陽の日差しを防ぐ手だてもなく、一日たりとも、生きてはいけない、と思われました、私達には、食べ物がほとんどありませんでした。かわいそうな夫人たち、そしてかわいそうな子供たち、称賛に値する考慮でもって、先ずは助け出し、たいていの人はナイトガウンを着せられて、それを私たちが行うことが苦痛でした。

私は、丁寧に、上のほうを見上げますと、船のマスト、帆柱の塔を見つけたのではありませんか！　塔はだんだんと傾いていています。

そして、いくつかの塔が崩れ落ち、その後、すぐに船が座礁するではありませんか！　事実、止めることは、不可能でした。

先ず初めに、海水を汲みあげて、汽笛を鳴り響かせるのです、これが私の提案でした。

私達は、すべての人達を上陸させ、そのほとんどの人達は靴を履かないで寝ていましたので、悲しい状況でした、と言いますのは、鋭いサンゴがすぐに、人々の足を傷つけてしまうからです。マイアー氏の場合も同じようでした。

私は、ブーツすなわち長靴と背広の上着を持っていましたが、帽子、手紙用のカバン等々を失いました。

私は、ふたたび、すぐに座礁している船に乗り、水を確保し、スチュアルト氏の船室にあった、私達の有価証券を取り戻しました。

有価証券は私の手もとに、そして、マイアー氏の手もとには、長靴と帽子がわたり、大喜びでした。

スチュアルト氏のいくつかの有価証券のうち、ほとんどは船室にあったのです。一方私は、いくつかの下着が入った小さな手提げ用のトランク等々しかもっていませんでした。いくつかの大きなトランクは、すべて部屋にあり、損傷は受けてなかったのです！

不思議なことに、すべての旅客と多くの小さな子供たちが助けられて、そこにいたのです。

海岸線に沿っての旅は三日続き、それはもう苦痛の連続で大変でした。

船には帆船用の帆が張られ、ギスボーン氏はパーサーの役目を仰せ付けられました。彼は心を打たれたかのように感激し、とても熱心に、心をこめて私達にサービスしてくれたのです。

――むろんのこと、不平不満はありませんでした。

真水はたった数ガロン残っていましたが、それは夫人たちや、子供たちのためでした。

私達は、毎日、一杯のビールを飲みました――むろんのこと、この恐ろしいような日中の暑さに対してのせめてもの代償としての天からの贈呈なのです！

二日後には、氷貯蔵庫が見つかりましたので、真水の心配がなくなりました。

私達を元気づけるようなトランクが、落ちてしまいました！

マイアー氏、ゴードン氏、リスリー氏そして私は、並んで立っている堅固な小さな倉庫を所有していました。

ゴードン氏はちょうど、いんきんたむし（陰金田虫）になったそうですが、（私はすでに平気になっていますが、）でも恥ずかしからず、すぐに治り、平気になることでしょう。

また、かわいそうなゴードン氏は、すべての有価証券と歯までも失ってしまったそうです！

私達のすべての望みはニューアール氏にかかっていますが、この方は将校たちの内の一人と交通機関であるボートに乗ってモカに行きました、その地から、真水を送るそうです。

そして、ニューアール氏は、モカからさらにアデンにむかってボートに乗っていき、幸運にもペリムとアデンの間で（ギリシア神話のキュクロプス、一つ目の巨人がおこす）雷電を見たそうです、彼はまた、私達の友達のエッセルバッハ氏と共に船に乗ってスアキンまで行ったそうです。

四日の早朝、一隻の汽船が私達の目にはいった時は、大喜びでした！

私達の状況は、きびしくなってきました。私達は、一日につき、たった一杯のビールしか飲めないものですから。

二日目には、送られてきたボートに乗り、隣接する大きな島で真水があると期待しましたが、なく、その代わりに、少量の豚肉（ロース、脇腹肉）を発見しました。ですので私達は、ギスボーン氏がその豚肉を用いて作ったスープのごちそうにあずかりました。神々によって授かったようなとても美味しいものでした！

そして、ひとりの黒人の案内によって、ボートに乗って真水を得ようとするべく出発しましたが、無駄に終わりました。

他のボートは消え去っていました、おそらく、その泥棒は逃亡したのでしょう。船の乗員である黒人たちは（ヨーロッパ人は乗員としていませんでした）ビールは体質的に飲めなかったようです。

彼らは、そのかわりに真水をもらいました。だが、その黒人たちに疑念をいだくようになりました。乗客たちは銃を持ってはいましたが、肝心の弾丸がなかったのです！

私達は、二日の間、そうした状況にありましたが、その後、虹が海上に昇る美しい情景を体験しました！

それもすべて気分良く過ぎさりました。

船長のポリニ氏は、私達が期待していた夫人たちや子供たちだけではなく、すべての乗客を船に乗せました。船における真水の貯蔵庫には、喉が渇いて水を飲みたい人々に与えられる量はじゅうぶんにありました。

二日後、私達は、ふたたびアデンに滞在し、船を艤装し、できるだけ多くの支度を整えました。私達は、電報局に行きました。——船が破損した原因は、明らかに無責任な、いい加減なやり方にありました。

私達は、明確に見える高い島に針路をとり、八ノットの長さのケーブルを海底に設置しました。

さらに、もう一つの明確に見える島で、ところどころ長さ約二八フスのケーブルを海底からたぐりよせました。

ニューアール社の人達から——むろんのこと、歓喜の声をあげて私達とあいさつしました——悲しい知らせがもたらされました。それは、コッサールとスエズのあいだの連絡がとだえてしまったそうです。

それは、（電信機をもちいて）ケーブルをとおして話をしているあいだ、突然おこった破損です。私達の調査では、そのあやまちは、コッサール自体にあるのか、あるいは、海岸近くにあるのか、のどちらかにあります。残念ながら、コッサールとスアキン線においてもケーブルがとても大きく破損していました。そのあやまちは、スアキンの海岸線にあると推測されます。

それ以来、ケーブルをより深く設置し、この線の防海水性を改良して、スアキン―アデン線は悪かったのですが、今はとても良くなりました。

海岸の先端部分は、私の警告にもかかわらず、すべてまったく平らになっており、そこのケーブルを設置すると、海岸に簡単にうちよせられ、太陽熱がケーブルをすぐにいためてしまいます。

スアキンでケーブルを冷やすと、良くなりました。

将来、熱帯地方では、海水のなかでねじが付いた鉄の円柱状のケーブルを設置することにしなければなりません。同じように、ケーブルを高く設置し、高い屋根の雨に濡れない端に電線を設置し駅まで設置するのです。

残念ながら、デーデ氏とマイアー十一世氏は、スアキンにおいて重病になりました。

望むらくは、エッセルバッハ氏は、キュクロプスの雷電にあって、スアキンに行かれ、そして、スエズからコッサールに送られたプュチュ氏は、デーデ氏とヘルツアー氏と一緒に欠陥をなおしてくれるでしょう。

それから、すべての人達は、帰国すると思われます。

ですが、彼らはひどく疲れているようで、紅海での休暇が必要です。そして彼ら一行は、私が先に話したとおり、航路を帰国に向けない（休暇を取る）ようです。

現地の駅長たちは例外なく、何もしらないようです、何も勉強しなかったようです。

クラークス氏は、たった二、三人の優秀な女性の電信技術者しか、必要ないようです。

ですから、難しい航路もだいじょうぶです。

これからは、政治的な部分です。

ニューアール社との私達の関係は、とても良くなりました。ニューアール社の人達は、とても良く、親切にしてくれます。私がすでに言ったとおりです。

リドル氏は、新しい欠損を、さらに多く失いました。以前は、レフラー氏とリドル氏は、あやまりをおかした。それはエキセントリックなケーブルにある、というのです。それで強い電流を自身で作って、ケーブルを熱し、そしてこれによってグッタペルカ、つまり、熱帯植物の樹液から得られるゴム状の物質を溶かしてしまうのです!!（ジェンキンス氏?）

はじめのうちは、私は腹がたちましたが、リドル氏、ゴードン&ニューアール社のみならず、ギスボーン氏、そしてすべての会社を好機とみて、笑いものにしました。

ニューアール社の人たちは、それはリドル氏のジョーク、しゃれではなかったのか、というのです！

もしも君がその後、あちらこちらへと旅をしたとすると、そのことを君に知らせないほうがいいと思うかい？

リドル氏は、原則的に私達とそりが合わないものですから、ケーブルを海底に設置する任務から辞めさせねばならないでしょう。ニューアール&ゴードン社は、以前から言っています。リドル氏には運がない、と――私のために！――私達は、正直に役に立つことをしましたし、すべての人達は、このことを認めています――もしも妬みをかおうとも。

ですから、私達はあらゆる点において、敢然と、断固とした態度をとります。例えば、ニューアール&ゴードン社の電気技術者が私達の助手を、助手として使かったり、あるいは、ケーブルの海底設置の監視員のひとりとして使ったりすることは、どんな場合でも、絶対にありえません。

私は、その点から、資本の問題を討議することに賛成です。――ギスボーン氏は、私達にとってとても重要です。

私は、三ヶ月と半分の間、彼と毎日、一緒に暮らしていました、そして、私は、はじめのうちは彼にたいし不信感をいだいていましたが、今では信頼をよせ、事実、友達になりました。マイアー氏も同様です、友達です。彼との密接な関係は、私達にとりまして、必要になることでしょう。――おそらく、ニューアール&ゴードン社よりも。この会社は、ケーブルを海底に設置することに疲れ、嫌気がさしたようです。この会社は、私に多くの提案をしてきましたが、その提案については、帰国後、事務所で相談のうえ決定したいと思います。

――ギスボーン氏は、私達にとってとても重要な方です。私は、あの方と毎日、一緒に、二ヶ月のあいだ、暮らしました、そして、はじめのうちは、不信感をいだいていましたが、だんだんと信頼をよせるようになり、事実、彼とお友達になりました。マイアー氏も同様でして、お友達になりました。マイアー氏との緊密な関係は、私達にとって必要となることでしょう。

この会社は、私達と一緒でもなく、ケーブルを海底に設置するでもなく、いっそ、何もやらないのでしょう。——現在、この会社は、政府から、イギリスとジブラルタルとのあいだにケーブルを海底に設置する仕事の委託を受けています、さらには、その後、マルタ島とエジプトのアレクサンドリアのあいだにも。

そのケーブル設置のさい、私達の中から一人、政府の電信機技術者として働くことは如何かと、この会社は、提案してきました。私は社長のニューアール氏に、契約を結びたい旨貴社に伝えました——すなわち、OKです。

この事柄がニューアール氏による契約ならば、氏と仲良くやっていけますし、契約はとても良かったと思います。

契約高の一パーセントをニューアール社がとるらしい。政府は、リスク、危険を自身で負担するようだ。そして、ニューアール社は、ただケーブルを張るだけで、(私達の)作業員がケーブルを海底に設置することとなりました。

私達の会社が、イギリスにおいて当局からも、国民からも、高い信用を得ることが重要なことであると、いまさらながら気がつきました——そのことはニューアール社の場合でも難しいようです。

ギスボーン氏は、まもなくおまえのところに訪ねていくことでしょう。彼に信頼を寄せて、歓迎してあげてください、それからイギリス紳士流のひかえめな態度も忘れないように。彼は、他の多くの人々と同じようにその点（イギリス紳士の控えめな態度）に関しては、イギリス人ではないのです！

彼には、多くの敵がいることは確かなようですし、それも身から出た錆のようなものだと思います。

彼は、とくべつ優秀な技術者ではなく、平凡な技師であると思いますし、私達に謙虚であり、あらゆる電信機関係についての私達の知識に対し、畏敬の念をいだいているようです。

もしもニューアール社との契約を私達が結んでいるとしたら、（私はまだ心に決めてはいないが）、うまくケーブルを海底に設置するでしょう。そうすれば、私達にとっては、ギスボーン氏と良好な意見が一致し、協定をむすぶにあたって良い基盤ができたということです。

むろんのこと、ギスボーン氏がまえまえから考えているように、彼の下っ端の技術者ではなく、私達は。自立した、優秀な電信機の製造に熟練した技術者にやってもらおうと思っています。

イギリスとジブラルタのあいだの海底にケーブルを設置する仕事のN&CO社との契約を、私は結びたいと思っています。

この仕事には、大きなリスクが伴いますが、これにはあきあきしています。

ゴードン氏が言うには、政府は、グッタペルカ（熱帯植物の樹液から得られるゴム状の物質）社にケーブルを注文し、海底にケーブルを設置するリスクを自身で負担する、ということらしいです。

　しかしながら、ゴードン氏は、ケーブルを張り、社の船からそのケーブルを海底に設置する仕事の契約を、N&CO社と交渉しているようです。

　すなわち、私達が、防海水グッタペルカ社の工場でケーブルを試し、そして良いと分かれば利用する——大変賢明なことです！　おそらく、私達は政令で定める二分の一パーセントの金額を得るよう、N&CO社から簡単に同意を得られると思います、必要な場合には一〇〇パーセントも。

　また、ゴードン氏は、二つめの提案をしました、それが実現されればおそらく、私達の会社は、大会社として、業界において重鎮として崇め奉られることになるでしょう！

　イギリスとジブラルタルのあいだに、防海水性のケーブルを海底に設置することは、私達の会社の従業員で特別優秀な技術者たちの指揮のもと、とてもうまくいきました、その技術者のひとりは、とても「(へたな英語で) おどろいた」というのです、電信機をもちいて、私達が通訳をとおしてスエズの人と急いで話をした時、また通訳をとおしてスアキンの人と話した時を見たときのことです。

　さらにゴードン氏は、会社のバカ者と短い時間でもいいから話しをしてみないか、というのです。それで、彼、ゴードン氏はムッリ (原注：シナイ半島のビル　ムッルのことか？) のアレクサンドリアとカラチのあいだに、私達の優秀な技術者たちによってケーブルを海底に設置し、電信機の操業を始めないか、というのです。

私達は駅に、電信機とバッテリーを充電して、私達の費用で、陸上線と（英語で）海岸の突端二〇ひろ（一尋：約一・八メートル）深くケーブルを海底に設置しました。

ゴードン氏は、仮に、各駅毎（ごと）に千ルスト（貨幣単位）と言うのですが――それでは、少なすぎます。私達なら一五〇〇ルストを支払うべきでしょう。

私達は次のごとく計算しました。

一、駅長　三〇〇ルスト
二、代理人　二〇〇ルスト
三、二人の執事、多分インド人　一五〇ルスト
四、アレクサンドリア、アデン――カラチ（インド）

そこでは、電報をしばしば、あるいはいつも受けとりました、ですから二回ごとに一五〇ルスト。

夜も昼間も仕事に従事するのですから、こうした計算では採算にあいません。

さらには、三年ごとに（ロシアでの場合と同じように）ヨーロッパ中を仕事で旅をし、同じように三ヶ月間、休暇を取り、従業員達に給料を支払い、仕事での旅行費用もこっちもち（会社が負担）です。さらには、スアキンのように二ヶ月ごとに体調不良の為に各駅毎、職員たちが交代せねばなりません。そのことは、各駅毎、少なく見積もっても四〇〇ルストの費用がかかることを意味します。それは、あくまでもおおざっぱに見積もったものです。

また、電信機の維持費と新しいものと交換する費用、電信機の耐用は、一年ほどで、ごみと

さび付きのため、毎月洗浄しなければなりません。それらに対する費用は、たったの二〇〇ルストであり、いくつかのバッテリー費は、約一〇〇ルスト（うまく見積もった）、そうすると、全額一五〇〇ルストの支払い、それ以上ではありません！

おそらく、そうありそうなことですが、後になって貯金できるかもしれません、もっともながら、人というものは、お金をも稼ごうとするものです！

熟慮すべきは、私達が、紅海の海底と、おそらく、ずっと後、ものすごく深い海底にケーブルを設置する仕事が手に入るのではないかと思います、そうすると、会社の操業はさらに好転するのではないかと思われます！

――すなわち、すべてが楽観的な考え方です！　むろんのこと、ロンドン支店長であるおまえが、海底にケーブルを設置する仕事を、とくべつ優秀な技術者を雇用して、引き受ける意志があればできるのです、むろん、私達の強力な援助によって！

時間がないので、これ以上手紙に書くことがありません、終りとします。

私はフランスのマルセイユを経てドイツのレーブルクに行き、その地で八日間滞在し、私の最近のいんきんたむしを治療したいと思っています（私は、その病気のことで気に病んでいましたものですから）。

こちらに手紙を書いてください。

もう結婚しているのですか、あるいはまだですか？

もしも結婚して新婦がいるならばその方によろしくお伝えください。

ゴードン氏は、事実、ほんとうの紳士です。ですが、人は、ゴードン氏に、温かい親切な心でもって接してはおりません。そのことはゴードン氏の本質にあるのかもしれません、すなわち、自身のせいです。彼が今後、八日間、エジプトのアレクサンドリアに滞在することは、おまえはよく知っていることでしょう。

ではお元気で、親愛なる弟よ！　目の病にくれぐれもご自愛ください！

ウェルナー

追伸：マクッラケーブルを、私が効果があるか、どうかと試してみる機会がありましたが、ライデン瓶の底を利用することがわかりました。その利点は、事実、意味があって、それを目でもって確かめることができるからです。ライデン瓶が、バッテリーのためではなく、リレー、継電器のために利用するのでしたら、瓶の利用価値はあまり大きくありません。

ベルリンにおいて、絹の布地をかぶせて同じくらいの大きさの瓶をシェックラク氏に作らせます。分極バッテリーの場合でもうまくいきます（私達は、ロシアにおいても、長く利用しました）。半分のバッテリー量を節約し、そして、加速できます。

ニューアール氏は、瓶に特許があるかもしれない、と言うのです。誰の特許でしょうか？ひょっとするとジェンキンス氏の特許でしょうか？

ケーブルか、ライデン瓶に特許が認可されるようです。そのことはとても重要です。――さらに、私達は、海底にケーブルを設置するさい、電気測定機を試みました。すべてはうまく作用して、大喜びです。構造は、十分に強くはありませんでした。ですから、今、新しく構造を作らせるところです。

将来、業界の重鎮を担う会社になりそうです。

そして、特許を取らねばなりません。次になすべきことは、多くの特許を認可していただくことです。電気測定機の特許を、何の反対もなく、認可させねばなりません。

電動の計数器と機械的な測定機との組み合わせは、特許申請ができないものでしょうか？

もし、可能なら、最高の気分です。

他社への注目の的となったとすれば、時間がなく、はやく行動にうつしましょう。

カール・ベンツ

一八四四年、カールスルーエにて誕生。一九二九年、ラーデンブルクにて死去。

自動車製造販売者。

E・A・フォーワードへ

偉大な技師の創造的思考は、その成果をすぐにでも発表することをためらった。とても簡潔なこの手紙は、早期の自動車製造の歴史の証明書となったことは、明らかだ。我々は、ロンドン科学博物館の館長が、自身のために収集した一八八八年当時の自動車に関する資料をみせていただき、館長に感謝するものである。

カール・ベンツは、偉大にも自身で製造した過去の技術を、このようにひかえめに、実務的に、詳細に説明している。ドイツ、マンハイムにおいて「自動車製造のパイオニア」として設立された記念碑の前面には、作業着姿の発明者が描かれ、そのよこには、一八八五年に製造された彼の最初の、未だ三輪の自動車も描かれている。ようやく、九〇年代初頭にハンドル付きの四輪の自動車が製造された——実用となる四輪自動車の製造に、想像力を駆使して、どれほどの年月がかかったのか、簡潔に書かれた手紙の行間から読み取れる。

ラーデンブルク、一九一四年二月十八日

E・A・フォーワード様へ
科学博物館の皆様方へ

南ケンシングトン　ロンドンS・W・

一九一四年一月九日付けの、貴方の価値あるお手紙を拝受・拝読致しました、そして、最初に私が製造しました自動車につきましての、貴方のお問い合わせに対する、お答えをいつでも喜びつつさせて戴きます、ただし、今日、私が思いだすかぎりのことです。

モーターの垂直のクランクシャフト、そして、水平に積んだ弾み車が付いている自動車につきましては、私は、明確に言えます。垂直のクランクは、私が製造しましたし、たった一台の車をパリのロジャー氏に売却しました。ですがロジャー氏自身は、モーターも、自動車すら自身で製造したのではなく、当然のことながら、すべて私達が製造したものです。

水平に積んだ弾み車がつけられましたこの自動車は、数台しか製造されておりません。弾み車は、当初から水平にベアリングがとりつけられていたのです。それは自動車のハンドル操作が損なわれないためです。その後、実際にテストのために、それを動かしますと、ハンドル操作は充分でありまして、その後からは、力の伝動に、より効果がある車軸を水平にベアリングをとりつけるようにしました。

一八八八年、ミュンヘンにおいて展示されました自動車は、貴方がロンドン科学博物館において所有されておりますものと、同じ構造です。申し上げましたとおり、このタイプの自動車は少しだけ製造されまして、その理由は、ドイツでは買う人が見つからなかったためです。

当分の間、製造中止とし、ほとんど製造されませんが、改良されつつあります。

はじめに、パリのロジャー氏に、私達が新型自動車を製造したことを、書簡にしてお報せし、その自動車をパリに輸出し、ロジャー氏が買われました。また一八八八年、そのうちの一台をパンハルド氏とレヴァソール氏が共同で買われ、私達、工場製造業者は、丁寧に顧客を迎え、自動車のメカニズムやハンドル操作、ブレーキのかけ方等々をご説明しました。そして顧客が増え、工場ではフル操業となりました。

私は思いますに、一八九〇年代の自動車は、水平に積んだ弾み車でもって製造されたものです。

点火は、先ず初めに、小さな発電機と誘導コイルとによってうまくいきまして、それから、二つのクロム酸素のエレメントと誘導コイルを使います。アクムラトーレンは、当時、売っておりませんでした。点火のための電流の遮断は、もともと、高電圧電線によっておこなわれましたが、その後では、一次電流のエレメントを使うようになりました。

自動車の両方の後車輪は、鉄のタイヤでできておりまして、前の車輪は、すべてゴム製です。

速度の調整は、はじめの自動車の場合、運転席の下にあるキャブレターの点火装置で行っておりましたが、最終的には、四つの割れ目、コインの投げ入れ口を装置いたしました。これらのコインの投げ入れ口は、ねじが付けられたホイールキャップによって大きくもなり、小さくもなり、あるいは、(ホイールキャップを)完全に閉じることができます、ですから、ホイールキャップへの空気の流入はかんぜんに遮断されます。

このような方法で、モーターのシフトは回転速度計、タコメーターによって制御されます。

もう一つの方法では、制御可能な点火装置に空気を流入させても、結局のところ、同じように運転席の下にあります、運転者がキャブレターをふめばおのずと混合物が出ます。むしろ、混合物が、動くシリンダーに入っていきますし、必要に応じて、新鮮な空気が入っていきます。それは、混合物が正しく爆発力を与えるからであり、キャブレターの中で得られた混合物は、通常、ベンジンでして、充分に保管されております。

貴方のご希望に沿いまして、私は、貴方に私の写真を送ります。最初にベンジンオイルで走る自動車が製造されました時に撮影しました写真です、そして貴方のお車のお写真も同封させて戴きます。

もしも、貴方が、私どもの何か自動車等に関しましての、ご疑問・ご質問の点がありましたなら、何なりとお申しつけください、私はできうるかぎり、準備万端、整えてお答え申し上げます。

E・A・フォーワード様

C・ベンツ　再拝

あとがき

近代の著名なドイツ人の書簡集であるが、読むとそれぞれの人物像が鮮明に眼に浮かぶようである。

これまでいろいろな出版社に、この書簡集の出版をお願いしてきたが、いずれも拒否され続けてきた。最近の出版界の低迷が原因の一つであろうが、ある出版社は、「メンデルの手紙を読む人が存在するのであろうか?」その手紙には、エンドウを交配させたり、ミツバチを利用して発芽させたり、遺伝の法則の確立に向けて、努力に努力を重ねていく姿に、私たちは感動しないではないか！　そして、メンデルの名前も知らなかった人たちは、読むことによってメンデルの名前や業績：メンデルの遺伝の法則ぐらい（たとえ手紙の内容を僕を含めて理解できなくても）、知ることになるのではあるまいか！

大学、高校、中学の教師がそれぞれの人物の小説、詩集、劇作などから自分が好きな小説を読んで、その生徒、学生たちにその小説を学校の図書館で借りて、読ませて、その読後の感想文を課題にしたらどうでしょう！　僕が一番、教師達に推薦する本は、あの有名な天文学者のケプラーによる『ケプラーの夢』です。ケプラー自身と母親が月面着陸して、月の妖精と平和条約を締結する、傑作小説です。これなら大学、高校、中学の教師達も喜んで読み、ケプラーの人となり、母ピャが魔女とされ火あぶりの刑とされる直前に、ケプラーが助けたといった話も知り、一体全体魔女狩りの背景は？　ケプラーの業績は？　という課題は如何でしょうか？　あるいは、アインシュタインやレントゲン、コッホの業績を課題としたら？　学生、生徒たちは図書館、あるいは、事典で簡単に探し出せ、知り、教養にもなるでしょう。

ニーチェ、カント、ヘーゲル、ショウペンハウアーなどの哲学者の名前ぐらいは知っているでしょうけれども、これを機会にニーチェの著作『愉しい学問』の読後感想文を課題としたら如何でしょうか？　この課題はむしろ、大学、高校、中学の教師たちへの課題かもしれません。これまで、本書の持つ意義・活用法などについて語りましたが如何でしょうか？

そして、以前、上智大学において開催されたシンポジウム、木村直司編『ウィーン世紀末文化』を出版した東洋出版に今回も出版を引き受けていただき、社長、編集部のみなさま、とりわけ秋元麻希様には、校正その他いろいろお世話様になりました、感謝申し上げます。

なお、校正の労をとった、妻千衣子に感謝します。

湯河原吉浜海岸にて

編・訳者　伊藤哲夫

編・訳

伊藤哲夫

1967年早稲田大学理工学部建築学科卒業、69年同大学院都市工学修士課程終了。

西ドイツ、カールスルーエ工科大学に学び、スイス、アトリエ5ドイツの設計事務所勤務。

1977年国士舘大学工学部建築デザイン工学科助教授、86年教授、2006年同理工学部教授、2011年退任、名誉教授。この間ウィーン国立美術工芸大学教授。

著書
・『アドルフ・ロース』鹿島出版会SD選書、1980
・『森と楕円 アルプス北方の空間』井上書院、1992
・『場と空間構成 環境デザイン論ノート』大学教育出版、2004
・『景観のなかの建築』井上書院、2005
・『装飾と犯罪－建築・文化論』アドルフ・ロース、中央公論美術出版、2005
・『ローマ皇帝ハドリアヌスとの建築的対話』井上書院、2011

共著
・『低層集合住宅』西本圭敦、長谷山純共著 井上書院 設計計画シリーズ、1989
・『ウィーン 多民族文化のフーガ』饗庭孝男、加藤雅彦、小宮正安、西原稔、檜山哲彦、平田達治共著 大修館